ULLSTEIN

Das Buch

Die Jagd nach dem Glück lässt immer mehr Menschen enttäuscht und erschöpft zurück. Die Glückssucher arbeiten sich in der hedonistischen Tretmühle ab – aus Vergnügen wird Mühe, Genuss erzeugt Überdruss. Und inmitten der glücksfixierten Gesellschaft wächst die Zahl derer, die unfähig sind, Freude zu empfinden, und an Depressionen und Ängsten leiden. All dem liegt der Irrtum zu Grunde, Glück sei jederzeit durch Tipps und Tricks erreichbar. Doch Glück ist mehr als die Summe von positiven Erlebnissen. Erst wenn kurzfristiger Genuss und langfristige Zufriedenheit in Balance sind, entsteht Glück als Folge eines im Ganzen gelingenden Lebens. Seit langem beobachtet Heiko Ernst den Wandel unserer Vorstellungen vom »guten Leben« sowie die wechselnden Trends in der wissenschaftlichen Beschäftigung mit dem Glück. In diesem Buch zieht er Bilanz und berichtet von den Erkenntnissen und Erfahrungen, die am überzeugendsten auf die wichtigste aller menschlichen Fragen antworten: Wie kann ich glücklich leben?

Der Autor

Heiko Ernst, Jahrgang 1948, ist Diplom-Psychologe und seit 1979 Chefredakteur von *Psychologie Heute*. Er hat zahlreiche Bücher veröffentlicht.

Heiko Ernst

Das gute Leben

Der ehrliche Weg zum Glück

Ullstein

Besuchen Sie uns im Internet:
www.ullstein-taschenbuch.de

Umwelthinweis:
Dieses Buch wurde auf chlor- und säurefreiem Papier gedruckt.

Ungekürzte Ausgabe im Ullstein Taschenbuch
1. Auflage März 2005

Umschlaggestaltung: Nele Schütz Design, München
Titelabbildung: Corbis/Koopmann
Satz: Franzis print & media GmbH, München
Druck und Bindearbeiten: Ebner & Spiegel, Ulm
Printed in Germany
ISBN 3-548-36723-2

Inhalt

Vorwort 7

1 Die Idee des guten Lebens
Im Labyrinth des Planens und Genießens 13

2 Das bin ich! Bin ich das?
Die Übereinstimmung mit sich selbst 51

3 Vom Wissen zur Weisheit
Lebensklugheit in Aktion 97

4 Die Abwehr der Zumutungen
Stress und Informationsflut managen 117

5 Verstehen und vergeben
Die Tugenden des Clans neu entdecken 143

6 Die Alchemie der Seele
Glück im Unglück finden 173

7 Der Rausch des Gärtners
Das gute Leben und das Glück 219

Literatur 251

Vorwort

»Jeden mit Glück erfüllen, auch sich. Das ist gut.«
BERTOLT BRECHT

Wenn es richtig ist, dass etwas dann besonders intensiv erforscht und diskutiert wird, wenn es vom Verschwinden bedroht ist, dann steht es offenbar ziemlich schlecht um unser Glück. Denn so viel Glücksfixierung wie heute gab es nie: Mit immer neuen Formeln, Traktaten, Symposien, Ratgebern und Religionsimporten will man uns nahe bringen, wie wir glücklich werden können. Die Rezepturen erscheinen oft merkwürdig bekannt – so taucht das Glück des einfachen Lebens ebenso auf wie die hohe Schule der Genussverfeinerung oder Jahrtausende alte Prinzipien praktischer Philosophie und Lebenskunst. Neu hinzu kommt eine Glückstechnologie, die auf der Grundlage jüngster Erkenntnisse über Hormone, Emotionen und Gehirnstrukturen ein wissenschaftlich fundiertes Glücksmanagement verheißt. Und über alledem schwebt lächelnd, wie ein Big Brother der Glücksideologie, der omnipräsente Dalai Lama.

Vom Glück ist offenbar umso mehr die Rede, je größer die Furcht wird, in individuelles Unglück abzugleiten. Die Basis unseres privaten Glücks war lange Zeit eine mit Zahlen und Wachstumskurven beschreibbare Lebensqualität in Gestalt von Wohlstand und Konsum. Und nun fängt dieser Boden an zu wanken. Angeblich haben wir über unsere Verhältnisse gelebt. Haben wir etwa *zu viel* Glück gehabt? Werden wir schon bald auf die letzten 50 Jahre als eine glückliche, relativ unbeschwerte Zeit zurückblicken, in der es im Großen und Ganzen immer nur aufwärts und vorwärts ging? Eine neue Ära kündigt sich an: Der Umbau der besonderen deutschen Spielart des Wohlfahrtsstaates steht auf der Agenda. Unsere Vorstellungen vom guten Leben waren immer sehr eng an das materielle Wohlergehen geknüpft, aber auch an Garantien für die existenzielle Absicherung. Die Wohlfahrts-, Sicherheits- und Rundumversorgungsansprüche werden nun gedeckelt. Bedeutet dies auch das Ende eines bestimmten Gesellschaftsmodells, dessen jüngste Ausformungen als Spaß-, Freizeit-, Options- und Erlebnisgesellschaft bezeichnet wurden?

Ernüchterung und Krise sind gute Ausgangspunkte, um über die eigene Zukunft und damit auch über andere, neue Formen eines guten Lebens nachzudenken. Und ein Stimmungsumschwung zeichnet sich bereits ab. Was das gute Leben sein kann und sein sollte, wird tatsächlich neu definiert – jenseits politischer Beschwichtigungsrhetorik und oberflächlicher Glücksrezepturen. Die Frage lautet: Was trägt uns, wenn sich die alten Gewissheiten in Luft auflösen und der bisher für selbstverständlich gehaltene Wohlstand wegzubrechen droht? Welche Werte und Prinzipien brauchen wir, um nicht lähmender Zukunftsangst zu erliegen? Plötzlich stehen Erziehung und Bildung wieder hoch im Kurs. Die Renaissance einiger bürgerlicher Tugenden ist in diesen Zeiten zu beobachten: Persönlichkeitsbildung, Gemeinsinn, ästhetische und moralische Sensibilität. Das gute Leben – das ist Selbstbestimmung und Selbstverantwortung, aber auch erneuertes soziales Engagement.

Ob Verarmungsphantasien und daraus resultierende heftige Verteilungskämpfe oder gar eine neue Bürgerlichkeit die Lebensform der meisten Menschen in den nächsten Jahren und Jahrzehnten prägen werden, wissen wir noch nicht. »Vorhersagen sind schwierig, besonders wenn sie die Zukunft betreffen«, meinte schon Niels Bohr.

Dieses Buch entwirft deshalb auch kein Szenario. Es plädiert für die Besinnung auf einige psychische Kerntatsachen menschlicher Existenz, deren Beachtung es uns ermöglicht, die Herausforderungen der Zukunft zu meistern. Der Plan des Buches ist, die wichtigsten Elemente eines guten Lebens vorzustellen und sie auf die Situation des heutigen Menschen anzuwenden.

Die Grundlage des guten Lebens besteht darin, den eigenen Lebensplan zu suchen und zu finden: Was ist mir angemessen, was ist »mein Ding«? Wie kann ich sein, was ich wirklich sein will? Gut leben heißt, seiner Berufung zu folgen, das Beste aus sich zu machen, nicht hinter dem zurückzubleiben, was einem »in die Wiege gelegt« wurde, das eigene Potenzial an Intelligenz und Begabung auszuschöpfen. Wissen und Können zu vervollkommnen und, wenn möglich, über sich hinauszuwachsen sind anstrengende, aber lohnende Ziele: Glück ist auch eine Überwindungsprämie. In Übereinstimmung mit sich selbst zu leben heißt auch, das eigene Leben als eine Geschichte zu sehen, diese Geschichte erzählend weiterzuentwickeln und unseren Frieden mit ihr zu machen.

Gutes Leben muss heute gegen einen permanenten und wachsenden Überwältigungsdruck verteidigt werden. Der Siegeszug von Technik und Wissenschaft hat eine Umwelt geschaffen, die die menschliche Anpassungsfähigkeit zu überfordern droht. Unsere Lebenswelt entwickelt sich zu schnell und ist zu unübersichtlich geworden, trotz aller Annehmlichkeiten und Freiheiten, die sie auch bietet. Wenn wir gut leben wollen, müssen wir deshalb das Tempo aus dem Leben herausnehmen und den Stress entschärfen, der durch immer neue Anpassungsleistungen entsteht. Die Abwehr von Zumutungen und Bevormundungen, aber auch von Manipulation und Fremdbestimmung kann jedoch nur gelingen, wenn wir unsere kritische Kompetenz schärfen, wenn wir Distanz zur Umwelt schaffen können und lernen, Wichtiges von Unwichtigem zu unterscheiden.

Das gute Leben gründet auf der Fähigkeit, enge und positive Beziehungen zu anderen Menschen aufrechterhalten zu können. Diese soziale Basis zu schaffen wird in der Massengesellschaft offenbar immer schwerer, wie Demografie und Alltagsbeobachtungen zeigen. Jede dritte Ehe scheitert, Familien zerbrechen oder werden erst gar nicht gegründet: In den deutschen Großstädten ist fast jeder zweite Haushalt ein Singlehaushalt. Konkurrenzdruck, Neid und Aggressionen vergiften die Beziehungen zwischen Kollegen und Nachbarn. Alle sehnen sich nach Freundschaft und Geborgenheit, Millionen konsumieren mit Rührung und Anteilnahme die fiktiven Idealisierungen des harmonischen, freundschaftlichen Zusammenlebens in Filmen und TV-Serien. In der Realität scheitern die Versuche, menschliche Nähe zu finden, allzu oft an unrealistischen Erwartungen und an mangelhaft entwickelter sozialer Intelligenz. Der Mensch, das »soziale Tier« (Aristoteles), muss sich auf die zwei elementaren Fähigkeiten zurückbesinnen, die das Zusammenleben überhaupt erst ermöglichen: zum einen auf die Empathie, das Verstehen- und Sich-Einfühlen-Können in die Empfindungen und Gedanken eines anderen Menschen; und zum anderen auf das Vergeben- und Verzeihen-Können, das sozialen Beziehungen erst Beständigkeit auch über unvermeidliche Krisen hinweg verleihen kann. Diese Fähigkeiten waren von Anbeginn die Geheimwaffe der menschlichen Spezies in einer lebensfeindlichen Umwelt. Heute könnten sie sich als ebenso wichtig für das Überleben wie für das Glück erweisen.

Das gute Leben ist nicht die lebensfremde Utopie eines sorgen- und problemfreien Daseins. Im Gegenteil: Es beweist sich erst in der Bewältigung von unausweichlichen Krisen und unausbleiblichem Unglück. Wir können Pech veredeln und an Niederlagen wachsen. Glück entsteht auch, wenn wir aus Schwächen und Fehlern lernen und Alternativen in unserem Lebensweg entwickeln können. Diese Fähigkeiten gewinnen heute besonders an Bedeutung, denn wir werden immer häufiger zu Improvisation und Neuorientierung gezwungen. Das gute Leben gründet auch auf dem Stolz, Rückschläge und Schicksalsschläge erfolgreich gemeistert zu haben: Glück ist ein Kontrasterlebnis.

Seit drei Jahrzehnten beobachte ich die Konjunkturen der wissenschaftlichen Beschäftigung mit dem menschlichen Glück, aber auch die gesellschaftlichen Trends in der Auffassung dessen, was jeweils als »gutes Leben« gilt oder gelten soll. Als Psychologe, mithin als Experte für menschliches Bewusstsein und unbewusste Antriebe menschlichen Verhaltens, fühlt man sich ohnehin mehr als andere »zuständig«, wenn es um Fragen des richtigen und des guten Lebens geht. In diesem Buch habe ich vor allem die Erkenntnisse der Sozial- und Persönlichkeitspsychologie verarbeitet, aber auch der Evolutions- und der Psychotherapieforschung. Zudem habe ich die Flut von neuen Studien und Theorien gesichtet, die eine neue Schule, die Positive Psychologie, produziert.

Als Angehöriger der ersten Nachkriegsgeneration habe ich auch meine ganz persönlichen Erfahrungen, was die unterschiedlichen Wege zum guten Leben betrifft. Die prägendste Erfahrung für die Lebensverhältnisse meiner Generation war sicher der langsam, aber unaufhaltsam steigende allgemeine Wohlstand der Bundesrepublik. Nachhaltiger noch als der materielle Wohlstand hat uns jedoch die dramatische Liberalisierung geprägt, die sich seit den noch sehr autoritär geprägten Nachkriegsjahren vollzogen hat und die schließlich in der Kulturrevolution der Studentenbewegung kulminierte. Der langsame Abschied vom Muff der Adenauer-Zeit und von den so genannten Sekundärtugenden der Wirtschaftswunderjahre veränderte das Klima, in dem neue Glücksansprüche wucherten und sich die Vorstellungen davon, was gutes Leben sei, vervielfachten und ideell wurden – um dann im letzten Jahrzehnt doch wieder auf eine zentrale Verrechnungseinheit des Glücks zurückzuschrumpfen – aufs Geld.

Dieses Buch ist die Quersumme dieser Beobachtungen und Erfahrungen, ich stelle darin die Erkenntnisse und Theorien vor, die am überzeugendsten – für mich am überzeugendsten – die wichtigste aller menschlichen Fragen beantworten: *Wie kann ich gut leben?* Ich lasse die naturwissenschaftlichen Versuche, das Glück in seine Moleküle zu zerlegen und seine Substrate einzukreisen, weitgehend außer Acht und konzentriere mich auf eine eher lebenspraktische Betrachtungsweise, die die psychologischen Elemente eines guten, und das heißt: eines erfüllten, zufriedenen, verantwortungsbewussten Lebens herausstellt.

Deshalb sind viele der hier vorgestellten Konzepte nicht konkret glücksbezogen. Denn das Glück ist keine Droge oder ein Gegengift gegen die Zumutungen der Welt. Die zentrale These dieses Buches ist: Glück ist ein legitimes Lebensziel, aber es lässt sich auf direktem Wege nur selten erreichen. Es ist weniger ein Projekt als das Nebenprodukt, der Überschuss eines gut gelebten Lebens. Und das gute Leben ist der ernsthafte Versuch, der eigenen Existenz eine Gestalt zu geben und nach bestimmten Prinzipien und Werten zu leben. Gutes Leben umfasst weit mehr als die Summe seiner glücklichen Momente – es ist das große Ganze unseres Daseins.

1 Die Idee des guten Lebens

Im Labyrinth des Planens und Genießens

Als sich der Abend über das weite Tal der Vézère senkt, hat sich der Clan um drei lodernde Feuer unterhalb der hellen Kalkfelsen versammelt. An der Felswand lehnen die Jagdwaffen der Männer, und in einigen Körben findet sich die Tagesausbeute an Beeren und Pilzen, die die Frauen in den weitläufigen Auwäldern und in den Hügeln entlang des Flusses gesammelt haben. Der Duft von gebratenem Fleisch erfüllt die Luft, Gelächter ist zu hören.

Plötzlich wird es ruhig, einer der Männer ist aufgestanden. Er hebt die Hände zum Himmel, dreht sich ein paar Mal um die eigene Achse und beginnt mit rauer Stimme zu sprechen. Sofort schlägt er die anderen Mitglieder des Clans in seinen Bann. Mit theatralischen Gebärden berichtet er, unterbrochen nur von gelegentlichem ehrfürchtigen Raunen, von der langen Jagd auf eine Herde von Wildrindern. Nach einigen fehlgeschlagenen Versuchen sei es ihnen, den Jägern des Clans, schließlich gelungen, ein Tier von der Herde abzutrennen und ins seichte Wasser des Flusses zu treiben, wo es schließlich den Speeren der Männer zum Opfer fiel. Das Fleisch des Tieres steckt nun auf Hölzer aufgespießt am Rande der Feuer.

Der Jäger beendet seine Erzählung und setzt sich wieder, unter dem anerkennenden Gemurmel der anderen. Ein hinkender, älterer Mann – der Schamane – greift sich die Hörner des erlegten Rindes, hält sie sich an den Kopf und tanzt um die drei Feuerstellen, das Gebrüll des Wildrindes imitierend. Gelächter und Rufe treiben ihn an, bis er erschöpft ins Gras fällt.

Als das Fleisch schließlich durchgebraten ist, war die Nacht bereits hereingebrochen. Die Clanmitglieder essen und schmatzen und kauen andächtig. Das Feuer lässt die fetttriefenden Gesichter aufleuchten. Allmählich wird es ruhig, die Satten ziehen sich in die mit Fellen ausgekleideten Felsnischen am Steilufer der Vézère zurück. Nur der Schamane und ein paar Frauen bleiben am Feuer und werfen ab und zu einige Zweige hinein.

Ein Tag im Jahre 17003 vor unserer Zeitrechnung, ein Tag im Leben der Cro-Magnon-Menschen von Lascaux geht zu Ende.

Diese frühen Europäer waren in der Sprache der Anthropologen bereits homo sapiens sapiens, also die doppelt weisen Vorfahren des modernen Menschen, schon äußerlich wesentlich entwickelter als die Neandertaler, von denen zu dieser Zeit nur noch wenige, weit verstreute Kleingruppen zu finden waren. Die Cro-Magnon-Menschen lebten als halbnomadische Jäger entlang der Wildpfade im südwestlichen Frankreich und ernährten sich von Fleisch, Knochenmark, Wildpflanzen und Früchten. Die berühmte Höhle von Lascaux mit ihren prachtvollen Malereien beweist, dass diese Menschen schon vor neunzehntausend Jahren ein ausgeprägtes Sozialleben und eine hoch entwickelte Kultur besaßen. Es muss also neben der notwendigen, lebenserhaltenden Arbeit des Jagens, des Sammelns von Früchten und der Herstellung von Waffen und Kleidung so etwas wie »Freizeit« gegeben haben – Zeit für kreative und kultische Aktivitäten. Das soziale Leben in den aus mehreren Familien bestehenden Clans war komplex, die Sprache bereits hoch entwickelt, und ihre polychromen Felsmalereien stellen einen ersten Höhepunkt menschlicher Kultur dar.

Ob wir uns dieses Leben als naturnahe Idylle, vielleicht sogar als verlorenes Paradies vorstellen müssen oder eher als harten Kampf um das durchschnittlich sehr kurze Leben, ist auch heute noch umstritten. Die Phantasien und Spekulationen der Frühgeschichtler und Anthropologen zeichnen unsere Vorfahren einmal als friedliche Jäger und Sammler, die in perfekter Harmonie mit ihrer Umwelt lebten, ein anderes Mal entwerfen sie das Bild eines Wesens, das zugleich verängstigt und aggressiv und abergläubisch ein hartes Leben fristete.

Verlorenes Paradies oder Hölle auf Erden?

Das lange Zeit gültige Urteil über die Früh- und Vorgeschichte der Menschheit hat der englische Philosoph Thomas Hobbes (1588–1679) gesprochen. In seinem Hauptwerk *Leviathan* vertrat er die Ansicht: »Das menschliche Leben war einsam, armselig, widerwärtig, brutal und kurz.« Auch Charles Darwin (1809–1882) sah die frühe Menschheit vor allem den »feindlichen Kräften der Natur« ausgeliefert – unsere Vorfahren wurden geplagt von Kälte und Hitze, gejagt von Raubtieren oder feindlichen Clans, gepeinigt von Hunger und Parasiten. Das Leben war zum größten Teil ein einziger Kampf ums Überleben in einer widrigen Umwelt, und die wichtigste Entscheidung in diesem Kampf war immer wieder: flüchten oder angreifen? Beides verursachte, in heutiger Sprache ausgedrückt, Stress ohne Ende.

Andere Szenarien fallen wesentlich freundlicher aus. Immerhin stellt die Evolution des Menschen eine lange Erfolgsgeschichte dar: Trotz widrigster Umstände ist es dem »Mängelwesen Mensch« (Arnold Gehlen) gelungen, in jeder Generation genügend Nachkommen am Leben und so die Art zu erhalten. Der »nackte Affe« (Desmond Morris) rannte zwar nicht schnell genug, um den Raubtieren zu entkommen, er war nicht stark genug, um Bären zu besiegen, er konnte noch nicht einmal ohne künstliche Hilfsmittel die große Kälte überleben, doch seine wichtigste Waffe, schärfer und tödlicher als die gefährlichsten Zähne der Raubtiere, wurde das Gehirn.

In der frühsteinzeitlichen Welt, also etwa in der Eingangsszene am Ufer der Vézère, erkennen Evolutionspsychologen bereits die wesentlichen Elemente des menschlichen Strebens nach dem guten Leben und nach Glück. Die Evolution des Gehirns ist nämlich nicht nur die Erfolgsgeschichte eines Überlebensorgans, sondern auch die Entstehungsgeschichte eines Glücksgenerators. Selbst wenn die Annahme angesichts der schwierigen Lebensumstände in grauer Vorzeit abwegig erscheinen mag: Glücksempfindungen haben eine wesentliche Rolle in der Erfolgsgeschichte des Menschen gespielt. Die Entwicklung des menschlichen Gehirns ist die Geschichte der evolutionär entstehenden positiven Gefühle. Sie sind keine Laune der Natur, auch kein Ausgleich oder Trost für ein ansonsten schwer erträgliches Dasein. Das ganze Spektrum positiver Empfindungen – Lust, Genuss, Vergnügen, Erfüllung, Liebe und Sinn – war die notwendige Voraussetzung für den Überlebenserfolg der menschlichen Art. Alles, was dem einzelnen Menschen gut tat, all das, was ihn kurzfristig glücklich und langfristig zufrieden machte, garantierte auch sein Weiterleben.

Der Mensch ist einerseits ausgestattet mit einem Repertoire negativer Gefühlsreaktionen wie Wut, Aggressivität, Angst oder Ekel. Diese Gefühle sind überlebenswichtige Signale und mobilisieren eine schnelle Reaktion auf akute Gefahren. Daneben aber sind andererseits eine ganze Reihe von arterhaltenden Verhaltensweisen an positive Gefühle gekoppelt. Zufriedenheit, Geborgenheit, Freundschaft, Glück sind die evolutionäre Prämie für richtiges und sinnvolles Handeln. Es sind vor allem diese Gefühle, die den Erfolg der Spezies Mensch begründet und die Entwicklung seiner Intelligenz vorangetrieben haben.

Auch schon zu Zeiten, als die Menschen noch keinen Begriff dafür hatten, ging es ihnen darum, ein gutes Leben zu führen. Die kulturellen Spuren der Cro-Magnon etwa sind ein Beweis dafür, dass es in ihrem Leben eine ästhetische, rituelle und spirituelle Dimension gab. Über das bloße Überleben hinaus versuchten Menschen schon sehr früh, ihr psychisches und physisches Wohlbefinden in einen größeren Zusammenhang einzubetten.

Das Leben war für den frühen Menschen gut, wenn er seine wichtigsten körperlichen, sozialen und psychischen Bedürfnisse befriedigen konnte. Das begann mit dem Finde- und Jagdglück, das ihm die Befriedigung eines gefüllten Magens verschaffte. Tieferes Behagen empfand er in der relativen Sicherheit seines Clans, wenn er sich am wärmenden Lagerfeuer für ein paar Stunden geborgen fühlen und mit einem Sexualpartner unter die Felle kriechen konnte. Und pures Glück mag ihn durchströmt haben, wenn er im Kampf um die Rangordnung innerhalb seines Clans triumphiert hat und den Respekt der anderen genießen konnte.

Von der Kooperation zum Glück der Unverbindlichkeit

Das eigentliche Glück des frühen Menschen – darüber sind sich die unterschiedlichsten Schulen der Anthropologie und der Evolutionspsychologie einig – lag jedoch in seinem sozialen Leben begründet. Die Menschheit überlebte, weil sie die besondere Fähigkeit entwickelte, kooperative Koalitionen zu bilden und viele Konflikte halbwegs friedlich zu lösen. Diese evolutionspsychologische Erkenntnis mag dem Bild des keulenschwingenden, aggressiv grunzenden Urmenschen widersprechen, aber dieses Bild ist eher eine Karikatur. Tatsache ist, dass der Mensch – bis er in der neolithischen Revolution als Bauer und Viehzüchter sesshaft wurde – ein vergleichsweise friedliches Wesen war, das Konflikten aus dem

Wege ging oder sie, immer noch schwer zu glauben, auf dem Verhandlungswege löste. Seine einzigartige Stellung im Tierreich verdankt der Mensch weniger seinen Werkzeugen, sondern vor allem seiner *sozialen* Intelligenz.

Der enge Zusammenhalt der urzeitlichen Arbeits- und Zweckgemeinschaften war nützlich, aber er ließ sich nur festigen und erweitern durch die allmähliche Ausdifferenzierung von positiven sozialen Gefühlen und Strategien, die die Ordnung innerhalb dieser Gemeinschaften regelten: Aus Hilfe auf Gegenseitigkeit wurde Freundschaft, aus der Fürsorge für die Kinder stammten Verantwortungsgefühl, familiäre Bindung und Liebe. Die geradezu kindlich anmutende Sehnsucht des heutigen Menschen nach engen Bindungen, nach Zugehörigkeit zu einer Gruppe Gleichgesinnter, nach Freundschaft, Geborgenheit und Gemeinschaft ist ein Erbe dieser frühen Zeit.

Das gute Leben des *homo sapiens* bestand schon sehr früh in weit mehr als nur in der schnellen Befriedigung seiner animalischen Bedürfnisse. Die positiven Gefühle und das anhaltende Wohlbefinden sind von Anbeginn der Menschheit an ein Projekt, das Planung und Reflexion erforderte. Um die Bedürfnisse nach Nahrung, Wärme, Sicherheit, Sexualität und Geborgenheit anhaltend zu befriedigen, musste der Mensch sein Leben so zu organisieren lernen, dass die positiven Erfahrungen die negativen überwogen. Der frühe Mensch war irgendwann fähig, den »Schatten der Zukunft« zu erkennen: das Wissen, wie sein Verhalten hier und heute die Befindlichkeit und die Beziehungen von morgen beeinflussen kann. Dazu waren komplexe und kreative Anpassungsleistungen nötig, ein immer differenzierteres Denken, Abwägen und Reflektieren – und schließlich die Formulierung einer Idee vom guten Leben selbst.

Seit Beginn der Menschwerdung definiert jede Generation für sich das gute Leben neu. Ob sie es als generelle Zufriedenheit mit dem eigenen Los buchstabiert oder als Selbstverwirklichung, als Lebensqualität und Wohlstand oder als gelungenes und erfülltes Leben – eine Idealvorstellung davon, wie das Leben sein sollte, überwölbt jeden Alltag. Die Erfahrungen des eigenen Lebens werden an dieser Idee gemessen und bewertet. Erst die Idee eines guten Lebens gibt unserem Dasein Tiefe, Sinn und Richtung.

Wir haben seit der Frühzeit der Menschheit einen weiten Weg zurückgelegt. Aus den geselligen, in Übereinstimmung mit ihrer inneren und äußeren Natur lebenden *Nomaden* sind *Monaden* geworden, wie der Ethnologe Hans-Peter Dürr meint – in seinen Augen keine besonders glückliche Entwicklung. Irgendetwas im langen Prozess der Zivilisierung ist schief gelaufen. Die Menschen heute haben offenbar wichtige Elemente dessen verloren, was das Leben lebenswert und gut macht. Sie klagen über Stress und Gefühle der Sinnlosigkeit, über Werteverlust, soziale Kälte und Isolation, sie kritisieren die zwischenmenschliche Lieblosigkeit – der anderen. Sie haben nicht begriffen, wie weit sie sich von den Wurzeln einer menschengemäßen Existenz entfernt haben. Diesen Verrat an der eigenen Geschichte kommentiert Dürr so: »Die persönliche Identität des Menschen ist an Werte und Normen gebunden, die eine lange Geschichte haben. Je mehr man sich von der Tradition abkoppelt, desto mehr löst sich die eigene Identität auf. Einen solchen Identitätsverlust können wir im Prozess der Moderne beobachten ... Es sind *Happy-go-lucky*-Gemeinschaften. Man hat zum Beispiel gesagt, die *Raver* hätten eine neue Sozialform entwickelt. Auf den *Raves* tanzen jedoch Monaden, die sich zur Schau stellen und dabei scharf beobachten, wie sie auf andere wirken. Auf die Frage, was denn die Leute miteinander verbinde, sagte eine *Raverin*: die Unverbindlichkeit.«

Asymmetrie der Affekte: Gibt es heute mehr Ärger als Glück?

Auch die Evolutionspsychologen sehen nur dann eine Chance für den heutigen Menschen, das Projekt eines guten Lebens fortzusetzen, wenn wir uns auf einige zentrale Wahrheiten und Erbschaften besinnen. Unsere »innere Umwelt«, geprägt in Millionen Jahren der Evolution, ragt in die heutige Zeit. Viele Probleme und Leiden unserer hyperkomplexen Überflusskultur seien auf den *mismatch*, auf eine Fehlanpassung zwischen unserer steinzeitlichen Psyche und unserer modernen Umwelt zurückzuführen. So sind wir beispielsweise auf ein Leben in überschaubaren Gruppen von 50 bis 200 Menschen programmiert. In dieser Großgruppe spielte sich das gesamte soziale Dasein ab, und unsere soziale Intelligenz entwickelte sich im Umgang mit den Verwandten, Partnern, Freunden, aber auch Konkurrenten oder gar Feinden. Heute leben wir in verstädterten, anonymen Gesellschaften, in der wir zwar sehr viele flüchtige Kontakte haben können, aber nur wenige enge Bindungen. Sicherheit und Hilfe in schwierigen Situationen erwarten wir von anonymen Institutionen, wir wagen beispielsweise kaum noch, andere mit Bitten um Unterstützung zu behelligen.

Unsere Lebensgewohnheiten machen uns tendenziell tatsächlich zu Monaden, die sich in Klein- und Restfamilien immer stärker isolieren. Der amerikanische Evolutionspsychologe David Buss sieht besonders in der Massenkultur und in den Massenmedien Einflussgrößen, die unsere psychische Struktur überfordern: Der Maßstab für unsere Selbsteinschätzung ist ins Unendliche erweitert worden – wir vergleichen und messen uns nicht mehr mit zehn oder hundert Menschen, sondern mit Millionen – und wir werden ständig mit den geschönten, idealisierten Bildern fremden Lebens konfrontiert.

Auf lange Sicht unterhöhlt dieser überdimensionale, das menschliche Maß überschreitende Dauervergleich unser

Selbstkonzept und unsere emotionale Kapazität. Er steigert aber auch unsere Erwartungen ins Irreale – und so werden wir über Gebühr neidisch, wenn wir uns mit so vielen erfolgreicheren, glücklicheren, schöneren Menschen kontrastieren müssen; aber wir empfinden auch Machtlosigkeit und Angst, weil wir kaum noch Einfluss und Mitsprache in unseren Mega-Gruppen haben, und das Gefühl der eigenen Bedeutungslosigkeit stürzt uns in Depressionen.

Auch andere negative Gefühle, etwa Eifersucht, Schadenfreude und Ärger, würden in der Massengesellschaft und durch den Einfluss der Medien ins Überdimensionale gesteigert. Buss konstatiert eine schleichende »Asymmetrie der Affekte«: Die positiven Gefühle, die uns einmal zu dem hoch entwickelten und intelligenten Wesen gemacht haben, das wir sind, wiegen die Vielfalt und die Wucht der erlebten negativen Gefühle nicht mehr auf. Das Gewinnen ist nicht mehr so schön, wie das Verlieren schmerzhaft ist.

Liegt die menschliche Zukunft in der Vergangenheit?

Wir zahlen unbestritten einen hohen Preis für Wohlstand, Sicherheit, Individualismus und Freiheit und alle anderen Errungenschaften des menschlichen Denkens und menschlicher Kultur. Sollte nun, zweihundert Jahre nach Rousseau, ein erneutes und vielstimmiges »Zurück zur Natur!« ertönen? Solche Rufe sind in der Neuzeit oft erklungen, und zu häufig schon wurden vermeintlich verlorene Paradiese zu Lebensmodellen verklärt. Die guten alten Zeiten sind heute deshalb besonders attraktive Fluchtpunkte, weil sie in besonderem Kontrast zur Zerrissenheit und Unübersichtlichkeit unserer Zeit erscheinen. Das Glück ist offenbar immer dort, wo wir nicht sind: im Schlaraffenland, in Shangri-la, in irgendeiner heilen Welt der Vergangenheit. Dass der »schönen neuen Welt« von morgen und ähnlichen Utopien zu misstrauen ist, haben wir inzwischen in harten historischen Lektionen gelernt: Eine tiefe Zukunftsskepsis ist das Ergebnis vieler grausam enttäuschter Hoffnungen. Und wir scheinen auch zu wissen, dass nahezu jeder Fortschritt ein Doppelgesicht hat – er macht unser Leben oft bequemer und sicherer, aber auch immer komplizierter und stressiger. Also suchen viele das gute Leben jenseits der kalten, materialistischen und unübersichtlichen Errungenschaften: Das gute Leben ist das einfache Leben. Und doch will im Ernst niemand mehr zurück in die Enge einer Clangesellschaft oder auch nur in die verlogene Idylle einer vormodernen Kleinstadt.

Selbst wenn man für solche Nostalgieschübe nicht anfällig ist und skeptisch bleibt gegenüber der Parole, wir müssten wieder »natürlicher leben«, um gut zu leben, so steht uns doch eine Prüfung moderner Lebensgewohnheiten im Lichte der jüngsten Erkenntnisse über die menschliche Evolution an. Offenbar lassen sich einige Grundbedürfnisse des Menschen besser befriedigen, wenn seine Lebensbedingungen auf das menschliche Maß zugerichtet sind – ein Maß, das in seiner Entwicklungsgeschichte festgelegt wurde und dessen Leugnung mit den Leiden an der hyperkomplexen, überfordernden Umwelt bezahlt werden muss.

Was sind diese »menschlichen Grundbedürfnisse«? Die Evolutionspsychologie zählt dazu den Wunsch, sich als erfolgreich und wirksam zu erleben: Der Mensch muss ein Mindestmaß an Kontrolle über seine Umwelt ausüben können, muss sich selbst als Ursprung und Verursacher der für ihn wichtigen Veränderungen begreifen können – ein Bedürfnis, das in postmodernen Zeiten immer häufiger unbefriedigt bleibt. Das Gefühl, anonymen oder auch bekannten Mächten mehr oder weniger ausgeliefert zu sein und ohne Einfluss selbst auf wichtige Lebensumstände zu bleiben, ist ein Hauptgrund für die schnell anwachsende Quote von Depressionen und Ängsten.

Zu den elementaren Bedürfnissen des Menschen zählen vor allem die sozialen: Wir sind entwicklungsgeschichtlich auf Gegenseitigkeit geprägt – wir verspüren immer noch den natürlichen Impuls, anderen zu helfen, und wir erwarten von anderen, dass sie uns in der Not helfen. Aber diese Reziprozität findet in der Massengesellschaft immer weniger als unmittelbarer Austausch statt – wir spenden vielleicht großherzig für die Katastrophenopfer in einem fernen Land, schauen aber beflissen (und oft auch aus guten Gründen) weg, wenn wir persönlich um Hilfe angegangen werden.

Ein weiteres Grundbedürfnis, dessen Befriedigung zunehmend in Frage steht, ist das Verlangen nach Vertrautheit und Nähe mit mehr als nur einem Menschen: Freundschaften sind uns lieb und teuer, aber die Zahl der als eng und anhaltend beschriebenen Freundschaften nimmt in unserer Gesellschaft kontinuierlich ab. Ein Grund dafür mögen die oben beschriebenen überhöhten Ansprüche und Erwartungen an eine Beziehung sein – wir erwarten viel, vielleicht sogar zu viel, und wir haben gleichzeitig verlernt, uns in Freundschaften einzuüben.

Paradox erscheint, dass wir in einer Überflussgesellschaft wie der unseren das elementare Bedürfnis nach leiblich-sinnlichen Wohltaten nicht ausreichend oder »nicht gut genug« befriedigen können. Gutes Essen, körperliche Zärtlichkeit und die Lust an ästhetischen Erfahrungen – alles wird reichlich angeboten, und doch breitet sich die Unfähigkeit zum Genießen epidemisch aus.

Es ist also mehr als romantisierende Naturnostalgie oder pop-ethnologische Zivilisationskritik, wenn wir uns auf unsere Entstehungsgeschichte und die bio-psycho-sozialen Grenzen der menschlichen Belastbarkeit besinnen. Der Nobelpreisträger und Mitentdecker der Doppelhelix, James Watson, sagte in einem *Spiegel*-Interview (9/2003): »Ich glaube an die Natur des Menschen. Sie gibt die natürliche Moral vor. … Der Mensch ist von Geburt an mit einer Anlage zur Empathie ausgestattet, zur Mitleidensfähigkeit mit anderen Menschen. Wie Ärger und Wut sind auch Mitleid und Liebe Teil unserer Natur. Sie liegen in unseren Genen. …

Unsere Fähigkeit, andere Menschen zu mögen, ist die Grundlage aller sozialen Organisation. Wir können lieben, weil die Evolution uns zu sozialen Wesen gemacht hat.«

»Mehr ist besser« – das fatale Prinzip

Die Evolution hat uns besondere Verhaltensweisen eingeprägt, die wir zunächst zu unserem Vorteil, neuerdings wohl aber eher zu unserem Nachteil ausgelebt und weiterentwickelt haben. Diese Mitgift wirkt sich heute noch nachhaltig auf unseren Lebensstil aus: das psychische Programm, immer etwas mehr haben zu wollen, als man gerade hat. In seinem Buch *How to Want What You Have,* dem vielleicht ersten Selbsthilfebuch, das auf der Evolutionären Psychologie basiert, schreibt Timothy Miller: »Die Menschen leben ein Leben lang in dem ehrlichen Glauben, dass sie fast genug von dem haben, was sie gerne hätten. Nur ein klein wenig mehr würde sie auf den Gipfel der Zufriedenheit bringen.«

Diese tief in der Psyche verankerte Illusion des »Mehr ist besser« ist also ein Trick der Natur, um die Art zu immer neuen Anstrengungen und Verbesserungen zu motivieren. So hat sie schließlich immer wieder das Überleben der Gene in der nächsten Generation gesichert. Dieses Verbesserungs- und Steigerungsmotiv klingt beispielsweise auch in dem Satz nach, dass es »unsere Kinder mal besser haben sollen«. Und es setzt sich heute, so meint Hans-Peter Dürr, im kapitalistischen »Steigerungsimperialismus« fort, dem »Grundprinzip der Moderne«.

Auch für den Soziologen Gerhard Schulze ist Steigerung das »anthropologische Basisprogramm« des Menschen, dem er sich nicht entziehen kann. Allerdings verfügen wir spätestens seit Mitte des 20. Jahrhunderts in den westlichen Industriestaaten über genügend materielle Ressourcen, um die Jahrtausende alte Überlebensorientierung in eine völlig andere – in eine Erlebensorientierung – zu verwandeln. Es scheint, als ob die Menschen der reichen Industrieländer vor einem tief greifenden Mentalitätswandel stünden. Trotz wiederkehrender Wirtschaftskrisen verändern sich die zentralen Lebensmotive: Nicht mehr Kampf, Leistung und Wettbewerb stehen ganz oben auf der Werteskala, sondern »sinnvolles Sein«. Diesen Wandel sieht Gerhard Schulze so: »Im alten Paradigma war die Welt das Gegebene, an das sich das Ich anzupassen hatte. Im neuen Paradigma hat sich das Verhältnis um 180 Grad gedreht – wenn überhaupt noch etwas als gegeben betrachtet wird, dann das Ich. Anzupassen hat sich die Welt, die in atemberaubend kurzer Zeit zu einem Ambiente größtmöglicher beliebiger Wünsche hochgerüstet wurde: Was will ich und wo bekomme ich es?«

Was bedeutet dies für unsere Vorstellungen vom guten Leben? Jede Generation, wie schon gesagt, definiert es neu. Mit besonderer Intensität tun dies die Generationen, die heute, in der so genannten reflexiven Moderne leben, auch Postmoderne genannt. Wie keine Epoche davor verspricht diese dem Einzelnen nahezu unlimitierte Zugänge zum guten Leben. Die *reflexive* Moderne – das meint vor allem das permanente Reflektieren, das Be-Denken und Kalkulieren der persönlichen Lebensmöglichkeiten jenseits der Traditionen und Gewissheiten, auf die sich noch die Generationen bis in die Nachkriegszeit stützen konnten. Reflexion bedeutet heute auch, widersprüchliche Informationen zu verarbeiten und vielfältige Lebensentwürfe zur Kenntnis zu nehmen, unablässig Gespräche und Verhandlungen zu führen, um unterschiedlichste Interessen zu versöhnen, einen Konsens oder Kompromiss herbeizuführen. Kurz: Wir müssen unser Leben managen, müssen uns selbst managen – und das tangiert immer wieder unsere Vorstellungen vom guten Leben. Eigentlich haben wir es gut: Wir können unter sehr vielen Wegen und Modellen eines guten Lebens wählen. Die Kehrseite dieser Wahlmöglichkeit ist der permanente Zweifel: Folgen wir der richtigen Idee vom guten Leben? Haben wir den besten Weg gewählt? Sind unsere Werte und Ziele vereinbar mit denen unserer Partner, Familien, Freunde?

Die Chancen, ein gutes Leben zu leben, haben sich vervielfacht. Wir leben in relativer Sicherheit und in vergleichsweise großem Wohlstand. Wir können genügend Zeit, Energie und Geld aufwenden, um unsere Wünsche zu befriedigen. Wir sind frei, die Chancen auf unterschiedliche Art zu nutzen; keine Tradition, keine Autorität sagt uns, wie wir zu leben haben. Wir haben den Gedanken verinnerlicht, dass wir tatsächlich »unseres Glückes Schmied« sind. Wie immer man auch unsere Epoche definieren oder etikettieren mag – in der Frage des guten Lebens markiert sie den Abschied von den autoritären oder totalitären Beglückungs- und Erziehungsprojekten der Moderne. Diese versuchte auf verschiedene Arten, die Menschheit zu ihrem Glück zu bekehren oder gar zu zwingen – zunächst und paradoxerweise dadurch, dass sie aufgeklärte und mündige Bürger aus ihnen machte, autonome Subjekte und Selbstdenker. Das war zumindest der Anspruch. Aber die Moderne entgleiste, und gewaltsamere Modelle kamen zum Zuge – etwa das reaktionäre Glück der »Volksgemeinschaft« oder das revolutionäre der Erziehungsdiktaturen und ihres »neuen Menschen«.

Wie steigern wir uns auf der Befindlichkeitsskala?

Die Befreiung von wissenschaftlichen und ideologischen Beglückungsversuchen lässt sich durchaus als Fortschritt ansehen. An die Stelle von Dogmen und verordneten Glücksrezepturen ist der kritische, ironische oder spielerische Umgang mit Vorschlägen und Glücksformeln getreten. Auch das Recycling der Praktischen Philosophie und ihrer teilweise Jahrtausende alten Anleitungen zur Lebenskunst findet eher experimentell und ohne ideologischen Eifer statt.

Die heutigen Versuche, unter den Bedingungen der reflexiven Moderne gut zu leben, entsprechen der Haltung, die Michel de Montaigne in seinen *Essais* vorgab: Das Leben unter der Bedingung der Ungewissheit sei am besten als experimentelle, als essayistische Existenz zu führen. Wenn nichts mehr selbstverständlich ist, muss der Einzelne selbst darauf kommen und probieren, wie er sein Leben am besten gestaltet. Dafür braucht er keine »Große Weisheit« mehr, sondern eine *petite prudence*: die kleine Alltagsklugheit, die weder Genüsse verleugnet noch sich von ihnen beherrschen lässt; die an den Tod denkt, aber dabei das Leben nicht aus den Augen verliert; und die bei aller Vernunft das Träumen nicht vergisst.

Die akademische Psychologie hat vor kurzem eine Wende in ihrer Betrachtung des guten Lebens vollzogen, genauer: Sie findet es nun überhaupt einer intensiveren Beachtung würdig. Was auch heißt: Sie versteht sich nicht mehr nur als therapeutischer Reparaturbetrieb für die Schäden, die das Leben in der fortgeschrittenen Zivilisation anrichtet. Der Initiator und Chefpropagandist dieses Paradigmenwechsels von der problemzentrierten Psychologie hin zur glücksorientierten *Positiven Psychologie*, Martin Seligman, hat ein neues Goldenes Zeitalter, eine Renaissance ausgerufen. Eine Mehrheit der Menschen in den westlichen Zivilisationen sei von den drückendsten materiellen Problemen befreit und könne sich endlich einmal wieder der Optimierung ihrer psychischen Befindlichkeit zuwenden: »Wenn sich eine Kultur mit Krieg und sozialen Krisen auseinander setzen muss, geht es um Schadensbegrenzung, Heilung und Korrektur der Fehler. Kulturelle Blütezeiten dagegen – etwa das Athen des Perikles oder das Florenz der Renaissance – bleiben die seltene Ausnahme. … Weltgeschichtlich sind die reichen Nationen des Westens heute in einer ähnlichen Lage. Die Prosperität erlaubt es, uns stärker mit den positiven Fragen zu beschäftigen. … Es geht nicht mehr nur darum, Schäden zu begrenzen – und von minus acht auf minus zwei der Befindlichkeitsskala zu kommen –, sondern darum, wie wir uns von plus zwei auf plus fünf verbessern können: Was macht das Leben lebenswert?«

Dass die Ausrufung eines neuen, perikleischen Zeitalters der Positiven Psychologie durch einen amerikanischen Psychologen genau zwei Jahre vor dem 11. September 2001 erfolgte, erscheint wie eine Ironie der Geschichte. Ob sich die Wissenschaft Psychologie nun weiterhin mit der gewünschten Intensität dem »lebenswerten Leben« zuwendet oder doch wieder vorwiegend Problemlösungen und Traumabewältigung beisteuern muss, bleibt offen. Aber der sich abzeichnende »Zusammenstoß der Kulturen« und die neue Weltunordnung durch Terror und Krieg müssen dem Projekt nicht unbedingt abträglich sein. Dramatische historische Ereignisse beeinflussen, zumindest kurzfristig, auch die Einstellungen zum guten Leben und zur Lebensführung auf manchmal paradoxe Weise. Nach den Terroranschlägen des 11. September 2001 wurde ein Verlust an Zuversicht und Weltvertrauen befürchtet. Aber es breitete sich keineswegs jenes Gemisch aus Angst, Zynismus und Verzweiflung aus, das küchenpsychologisch prognostiziert worden war – im Gegenteil. Im Frühjahr 2002 antworteten 68 Prozent der vom Allensbacher Institut für Demoskopie befragten Bundesbürger auf die Frage *»Worin besteht für Sie vor allem der Sinn des Lebens?«*: »Dass ich glücklich bin und viel Freude habe«. Vor den Anschlägen, im Januar 2001, lag der Wert nur bei 64 Prozent. An zweiter Stelle (55 Prozent gegenüber 27 Prozent im Jahr 1974, als diese Frage zum ersten Mal gestellt wurde) folgte die Antwort: »Der Sinn des Lebens besteht darin, es zu genießen.«

Der Lebenshunger nimmt ganz offensichtlich immer dann zu, wenn die Möglichkeiten des Unglücks vor Augen geführt werden und an die Vergänglichkeit der eigenen Existenz erinnert wird. Unter dem Eindruck von Erschütterungen und Bedrohungen wächst die Begierde nach schnellem, intensivem Lebensgenuss – aber erst recht auch die Sehnsucht nach einem sinnvollen, geglückten Leben.

In der Idee einer Positiven Psychologie, die das Glück erforschen und befördern will, spiegelt sich ein Erbe der Moderne: ihr technologischer Optimismus. Und so hat der Machbarkeitsglaube, unter anderem, auch zu einer Psychologisierung des Glücks geführt. Denn wenn Glück vor allem ein emotionaler Zustand ist, und wenn wir immer besser verstehen, wie Gefühle entstehen und funktionieren, dann können wir sie durch geeignete Psychotechniken beeinflussen und steuern. Die emotionale Befindlichkeit wird zu einer Größe, die sich immer genauer regulieren lässt: durch die richtigen Trainingsprogramme, durch maßgeschneiderte Spaßangebote, durch Drogen oder Psychopharmaka. Die neuen Techniken mögen etwas differenzierter sein als das Soma, das Aldous Huxley in seiner Zukunftsvision *Schöne neue Welt* als Glücksdroge für die Massen entwarf – aber auch über der Positiven Psychologie schwebt als Symbol das gelbe Smiley-Gesicht: *Have a nice day!*

Eine entschiedene philosophische Gegenposition zu diesem Machbarkeitsoptimismus vertritt Odo Marquards in seiner *Philosophie des Stattdessen.* Er ist der Auffassung, dass der Mensch »mehr seine Widerfahrnisse als seine Leistungen« sei – er bleibt also tendenziell eher ein leidendes als ein handelndes Wesen: »Mehr als durch seine Ziele ist er bestimmt durch seine Hinfälligkeiten. … Er lebt nicht primär auf etwas hin, sondern vor allem von etwas weg: Der Mensch ist überwiegend nicht Zielstreber, sondern Defektflüchter. … Er eilt nicht von Sieg zu Sieg, sondern muss Niederlagen und Schwächen ausgleichen: Der Mensch triumphiert nicht, sondern er kompensiert.«

Das hieße, dass auch das gute Leben im Grunde gegen die Macht des Schicksals, gegen unplanbare Ereignisse und Widerfahrnisse erkämpft werden muss – und dass wir weit weniger unseres Glückes Schmied sind, als es der psychologische Optimismus suggeriert. Wenn Marquard Recht hätte, und wenn sich seine These quantifizieren und so beweisen ließe – so stellt dieses Menschenbild dennoch nicht die grundsätzliche Möglichkeit des Glücks in Frage. Glück ist möglich – als aktiv »herbeigeführtes« ebenso wie als ein den unberechenbaren Mächten abgerungenes oder aus dem Unglück durch Kompensation destilliertes.

Das gute Leben ist letztlich ein kunstvolles, intelligentes Arrangement sehr unterschiedlicher Methoden und Mittel: Einmal geht es darum, den Widrigkeiten des Daseins tagtäglich positive Erfahrungen abzutrotzen, dann wieder darum, das Leben als Ganzes so zu ordnen, dass es als sinnvoll und befriedigend gesehen werden kann. Jedes dieser Arrangements stützt sich auf aktive und reaktive (oder kompensatorische) Strategien. Glück ist manchmal einfach das geschickte und kluge Nutzen der Chancen, die sich ergeben – das Glück der »kleinen Dinge«, die man nur sehen muss, um sie lustvoll genießen zu können. Manchmal entspringt es planvoller Aktivität – etwa einem erfolgreich abgeschlossenen Projekt oder einem lustvoll ausgeübten Hobby. Und manchmal ist es sogar das Resultat einer gelungenen Verarbeitung der »Widerfahrnisse« – das Stolzglück, das aus der Überwindung von Krisen, Zufällen und Unglück erwächst.

Der lange Weg vom Wohlstand zum Wohlbefinden

Eine Psychologie des guten Lebens muss nicht nur die Evolution der Gefühle beachten, sondern auch den Zeitgeist, der sie überformt: Welche Rolle spielen also die historische Entwicklung und die rasche Abfolge der allgemeinen Glücksvorstellungen? Für das beginnende 21. Jahrhundert ist der Zeitrahmen seit dem Ende des Zweiten Weltkriegs von Bedeutung. Nach 1945 hat sich der tief greifende Wandel von der Moderne zur reflexiven Moderne vollzogen. Diesen Wandel hat erstmals der amerikanische Soziologe Ronald Inglehart in seiner maßgeblichen Studie *Modernization and Postmodernization* beschrieben.

Es liegt in der Natur der Sache, dass jede Kultur längere Zeit resistent gegenüber Veränderungen bleibt – Kontinuität ist erst einmal ein hoher Wert. Die Mitglieder einer Kultur übernehmen zunächst bereitwillig, was ihnen die gesellschaftlichen Institutionen wie Familie, Schule, Religion und Staat an Überzeugungen und Übereinkünften vermitteln. Aber die Weltsicht eines Menschen ebenso wie die einer ganzen Generation bildet sich letztendlich durch die eigenen, direkten Erfahrungen.

Wenn beide Quellen in Widerspruch zueinander geraten, wenn Tradiertes und Selbsterlebtes kollidieren, dann wirkt die unmittelbare Erfahrung auf Dauer überzeugender. Ein solcher Widerspruch tauchte auf, als die erste Generation der Nachkriegsgeborenen, also der so genannten *Babyboomer*, erkannte, dass ihre Existenz nicht mehr durch Kriege und Mangel gefährdet war: Stabilität und Kontinuität des Wohlstandes blieben im Großen und Ganzen gesichert. Die Ängste der Generationen, deren Erfahrungen noch durch Krieg und Kalten Krieg geprägt war, und die aus den Ängsten geborenen Wertvorstellungen schlugen auf die Nachkriegsgeborenen nicht mehr durch.

Ohnehin war diese lang anhaltende Phase der Prosperität und des Friedens während der fünfziger, sechziger und siebziger Jahre in den westlichen Industrieländern eine historisch bis dahin unbekannte Erfahrung. Sie beeinflusste die Weltanschauung der mit ihr Aufwachsenden nachhaltig und tief greifend. Diese Generationen haben in den Jahrzehnten der Sicherheit und des relativen Wohlstands gelernt, dass die Maximierung des ökonomischen Wachstums alleine das subjektive Wohlbefinden nicht mehr steigern konnte. Für die Elterngeneration war es noch selbstverständlich, dass ihr gutes Leben sich dem steigenden materiellen Wohlstand nach langen Jahren der Entbehrung verdankte.

Der Wandel von Werten und Lebensstilen vollzieht sich meist unbewusst und breitet sich dann von Minderheiten innerhalb einer Generation auf die Mehrheit aus. Neue Lebensstile entstehen graduell. Sie setzen sich dann erfolgreich durch, wenn sie das subjektive Wohlbefinden maximieren. Der Weg zum guten Leben führte in der deutschen Nachkriegszeit über den wachsenden materiellen Wohlstand – markiert durch Fress- und Reisewellen – in die immer weiter steigende »Lebensqualität«. Er mündete schließlich in eine völlig neue Epoche, die der postmaterialistischen Werte: Auf der Grundlage einer gewissen Saturiertheit war nun nicht mehr die Steigerung des Lebensstandards per se wichtig. Als neuer zentraler Wert eines guten Lebens rückte nun die Verbesserung des psychischen Wohlbefindens in den Vordergrund: etwa die Möglichkeit, die eigene Individualität entfalten zu können, sich zu verwirklichen. So entstanden in den Nachkriegsjahrzehnten allmählich die Werte, die eine dramatische Abkehr von der protestantischen Leistungs- und Aufschubsethik darstellten – mit ihren Sekundärtugenden Fleiß, Sparsamkeit, Ordnung und Gehorsam.

Diese von Inglehart erstmals so genannte *Postmodernisierung* hat die lange Zeit unbezweifelte Strategie der Moderne – schnellstmögliches ökonomisches Wachstum – durch eine neue Kombination von Werten und Zielen abgelöst. Die Moderne hat es geschafft, durch verbesserte Produktionsmethoden und durch schnell steigende Löhne und Einkommen die wirtschaftliche Situation der meisten Menschen, den Lebensstandard dramatisch zu verbessern. Allerdings – und das ist die Erfahrung der Nachkriegsgenerationen – brachte der wirtschaftliche und technische Fortschritt nur noch marginale Zuwächse an subjektiver Lebensqualität; diese Erfahrung zeigt auch noch heute ihre Wirkung. Die psychischen und gesundheitlichen Kosten, die aufzubringen sind, um am Wohlstand teilzuhaben (oder ihn auch nur zu erhalten), steigen dramatisch – sie sind zu entrichten als Stress, Erschöpfung, Isolation oder Ausgebranntsein.

Die Wachstumsstrategie als alleiniger Garant für Wohlstand und Wohlbefinden scheint tatsächlich an ihre Grenzen zu stoßen – seien sie ökologischer, sozialer oder psychischer Art.

Die Menschen haben gelernt, der Ökonomie als Glücksmaschine zu misstrauen; zu unberechenbar sind ihre Ausschläge. Krisen wie der Zusammenbruch der New Economy und die dramatisch steigende Arbeitslosigkeit auch bei hoch qualifizierten Arbeitnehmern schärfen das Bewusstsein für die Zusammenhänge von materiellem Wohlstand und subjektivem Wohlbefinden – zumindest bei einer »postmateriellen Avantgarde« à la Inglehart: Ein Mindestmaß an Einkommen ist nötig, um ein gutes Leben führen zu können. Umgekehrt steigt die psychische Lebensqualität nicht automatisch mit dem Einkommen. Das Sein bestimmt immer noch das Bewusstsein, aber wer einmal auf einer bestimmten Erkenntnisstufe angelangt ist, wird auch bei verschlechterten Seinsbedingungen kaum wieder zurückfallen in die Schaffe-schaffe-Häusle-baue-Mentalität der Nachkriegszeit.

Das Leben – ein Traumschiffurlaub?

Die allgemeinen Glücksverheißungen haben heute einen Grad der Verbreitung und Penetranz erreicht, der historisch einmalig sein dürfte. Wir sind buchstäblich umstellt von den »Kulissen des Glücks«, wie es der Soziologe Gerhard Schulze nennt. Das Versprechen des guten Lebens ist inzwischen das eigentliche Verkaufsargument in jedem Werbespot. Wenn wir einen Urlaub planen, planen wir die schönsten Wochen des Jahres; wir hoffen wöchentlich auf das Lottoglück, um unsere Glücksvorstellungen noch besser inszenieren zu können. In den Klischees der Werber bedeutet dies mit enervierender Stereotypie unweigerlich Palmen, Strand und süßes Nichtstun.

Unsere Kultur ist imprägniert mit Vorbildern und Modellen des guten Lebens, es ist das unterschwellige, aber allgegenwärtige Dauerthema aller Medien und Konsumangebote: Urlaube sind heute weit mehr als bloße Erholungswochen oder konfektionierte Pauschal- oder Bildungsreisen. Jeder Urlaub wird tendenziell zur Mikroversion einer persönlichen Idee des guten Lebens. Auf Traumschiffen und in Themenparks, auf Safaris und in den All-inclusive-Ferienparadiesen entfaltet sich das ganze Spektrum der Bedürfnisse, wenigstens auf Zeit dem Ideal, »wie das Leben *eigentlich* sein sollte«, nahe zu kommen.

Im Alltag bespiegeln Hunderte von Zeitschriften die individuellen Varianten des guten Lebens. Alle Liebhabereien und Obsessionen werden bedient; Wohn-, Mode- und Gartenzeitschriften bieten Tipps zur Vervollkommnung des eigenen Lebensstils und der dazu nötigen Accessoires und Environments; Gourmet- und Reisezeitschriften halten auf dem Laufenden, was die Verfeinerung der Genüsse betrifft, und unzählige Yellow-Press-Titel bieten zumindest eine Teilhabe am Leben der Reichen und Schönen.

Fernsehserien wie *Ally McBeal*, *Sex and the City*, *Friends* oder auch *Lindenstraße* oder *Gute Zeiten, schlechte Zeiten* unterhalten nicht nur ihre jeweiligen Zielgruppen, sie verhandeln auch unterschiedlichste Modelle des guten Lebens: Wie lassen sich beispielsweise privates Glück, sexuelle Wünsche, berufliche Pläne und Selbstverwirklichung unter den heutigen Bedingungen miteinander vereinbaren? Manche TV-Serien sind regelrechte Lebensabschnittsbegleiter für bestimmte Generationsmitglieder. Sie dienen als Projektionsfläche eigener, unbefriedigter Wünsche und als Guide für die Bewältigung des Lebens – bis in Sprache, Mode und Umgangsformen hinein.

Auf dem Buchmarkt sind Ratgeber eine stabile Säule des Sortiments: Sie bedienen das Bedürfnis, die wichtigen Dinge im eigenen Leben richtig machen zu wollen. Gerade weil es keine verbindlichen und selbstverständlichen Lebensmodelle mehr gibt, weil Erziehung, Sexualität, Partnerschaft, Bildung, Karriere, Gesundheit, Sinnfindung zu Problemfeldern wurden, auf denen man sein Glück verspielen oder die Weichen falsch stellen kann, wächst das Bedürfnis nach Anleitung, Rat und Trost – und neuerdings auch nach »ganzheitlichen« Lebensmodellen philosophischer, psychologischer und spiritueller Art. Die Wiederentdeckung der philosophischen Lebenskunst, die Wellness-Welle, die Propagierung diverser Glücksformeln oder der Import exotischer Lebensweisheiten und spiritueller Rituale zeugen von dem starken Motiv, dem Leben Richtung und Tiefe zu geben und seine Ansprüche an das Glück zu verwirklichen.

Woran erkenne ich, ob ich glücklich bin?

So sucht, wählt und gestaltet der Mensch heute nahezu alle Situationen nach dem Kriterium, ob sie ihm lustvolle Erfahrungen verschaffen. Mit ein bisschen Phantasie kann nahezu jeder Lebensbereich zur Quelle von Spaß und Lust umfunktioniert werden. Das hedonistische Situationsmanagement ist am einfachsten, wenn man sich in die bereitgestellten Kunstwelten begibt: Fernsehprogramme, Erlebnisgastronomie, Wellness-Hotels, All-inclusive-Urlaubszentren, Themenparks, Kulturevents, Abenteuer- und Extremsport, virtuelle und reale Partnermärkte.

Die zunehmende Freizeit ist eine notwendige Voraussetzung für diese Expansion des guten Lebens gewesen. Die Arbeit ist für viele nur noch Prolog und Vorbedingung für das eigentliche Leben. Und das ist die Freizeit: Hier kommen wir zu uns selbst, zumindest erhoffen wir uns das. Selbst wenn die Freizeit unter dem Druck der wirtschaftlichen Krise wieder schrumpft, gibt es Kompromisslösungen in Gestalt von After-work-Partys, Arbeitsessen, Incentive-Tours und so weiter. Auch die Familienplanung unterliegt dem Kalkül des guten Lebens: Kinder werden bewusst geplant, wenn darin eine Bereicherung des Erlebnisspektrums gesehen wird, oder sie werden »ausgespart«, wenn sie als Hindernis betrachtet werden.

Die Versuche, gut zu leben, unterliegen einer Steigerungslogik: Es darf keine zweitbeste Lösung geben, Perfektion ist das Ziel. *Schöner wohnen* war gestern. Heute ist das Ziel: *noch* schöner wohnen! Ein weit ausdifferenzierter Erlebnisreichtum ist der Inbegriff des guten Lebens. Selbst momentaner Stillstand erzeugt sofort Unbehagen, denn die Vergleiche zeigen, dass mehr und Neues möglich ist. Das gerade Erlebte muss bald überboten werden, um der Furcht vor der Stagnation zu entkommen.

Trotz des Reichtums an hedonischen Angeboten, trotz des Überflusses an Genuss- und Erlebensmöglichkeiten ist es gar nicht so leicht, sich ein schönes Leben zu machen. Das Problem: es fehlt an Maßstäben und Vergleichen. In welchen Größen und Maßstäben kann das gute Leben gemessen werden? Wann wissen wir, ob es wirklich gut ist?

Da sich über Geschmack streiten und subjektiv empfundenes Glück nicht eindeutig messen lässt, bleibt oft nur die Flucht in objektive Maßstäbe. Greif- und deutlich sichtbare, somit materielle Indikatoren des guten Lebens müssen her. Nicht mehr Statussymbole, sondern Glückssymbole brauchen wir – ihre Botschaft lautet nicht: Ich bin reich und mächtig, sondern: Sehr her, mir geht es gut – hier, das ist mein Haus, mein Auto, meine Pferdepflegerin.

Sind die menschlichen Grundbedürfnisse befriedigt, ist für Wohnung, Nahrung, Telefon, Transport gesorgt, dann verliert Geld seine Bedeutung und andere Werte treten in den Vordergrund. In einem Experiment des Sozialpsychologen Fritz Strack hatten die Versuchspersonen die Wahl zwischen zwei Spielmöglichkeiten: *Wollen Sie lieber 100 000 pro Jahr verdienen, wenn alle anderen 120 000 bekämen, oder wollen Sie lieber nur 80 000 nach Hause bringen, und niemand bekäme mehr?* Alle Versuchsteilnehmer entschieden sich für die zweite Variante.

Der Baron de Montesquieu schrieb schon im 17. Jahrhundert: »Wenn man nur glücklich sein wollte, wäre das bald geschafft. Aber man will glücklicher sein als die anderen, und das ist fast immer schwierig, da wir die anderen für glücklicher halten, als sie sind.« Die Maßstäbe bleiben auch heute und besonders heute unser Problem: Weil die Attribute des guten Lebens heute weitgehend in genormten Angeboten zur Verfügung stehen, weil aber Glück und Zufriedenheit nur subjektiv empfunden werden können, sind Unsicherheiten und Unklarheiten programmiert.

Die modernen Glückssucher leben mit einem ständigen Enttäuschungsrisiko: Gelingt denn auch alles, was sie unternehmen, um ihre Gefühle so zu trimmen, dass diese überwiegend im »rosa Bereich« gehalten werden? Es klappt offenbar zunehmend weniger: Der Kultfilm ist stinklangweilig, der Hyperevent entpuppt sich als fades *Remake,* der Traumurlaub wird von nervenden Missgeschicken sabotiert, die drei Tenöre singen immer das Gleiche.

Und so gerät die Suche nach den guten Erlebnissen immer öfter zum Flop: Freizeit ist eine enorm stressige Sache geworden, zu hohe Erwartungen machen Urlaube und Feste zu faden Imitationen der gängigen Glücksklischees. Die Angst vor Langeweile und Wochenendfrust steigt: Die Menschen wollen alle unsterblich sein, aber sie wissen schon an einem verregneten Sonntag nichts mit sich anzufangen. Ernüchterung breitet sich aus. Der Steigerungsdruck nimmt zu – und macht unglücklich, weil das Maximum nie erreicht wird und Überdruss oder schlichte Erschöpfung der Glücksjagd Grenzen setzen.

Das gute Leben in der Spaßgesellschaft

Das kulturpessimistische Etikett »Spaßgesellschaft« ist eines der meistbenutzten Klischees, wenn über den Zeitgeist geurteilt wird. Mit dem Begriff lässt sich das Angewidertsein von der Oberflächlichkeit und Belanglosigkeit der Massenkultur artikulieren, einer Unkultur, die das Vergnügen und die schnellen Lacher zum Maß für das gute Leben gemacht hat. »Spaß« steht für eine Haltung des permanenten Unernstes und für die Abkehr vom Leistungsethos vergangener Jahrzehnte. In der Spaßgesellschaft gleicht das Leben einem immerwährenden Kindergeburtstag. Die Spaßvögel scheuen jede gedankliche und moralische Anstrengung, *easy* und *fun* sind ihre Schlüsselbegriffe.

Entsprechend verkommen, so meinen die Kritiker der Spaßgesellschaft, sind die Leitlinien für das öffentliche und private Leben, die gedanken- und rücksichtslose Jagd nach angenehmen Reizen habe andere Werte abgelöst – etwa Verantwortung, Fürsorge, Leistung.

Inwieweit »Spaßgesellschaft« wirklich eine zutreffende Charakterisierung der gegenwärtigen Verhältnisse ist – oder ob der Begriff nur ein Unbehagen an Auswüchsen der Unterhaltungsindustrie artikuliert –, sei dahingestellt. Aber im Grunde verkörpert die Spaßgesellschaft einen uralten Menschheitstraum: Wäre es nicht schön, wenn wir wirklich alles, was Unlust erzeugt, tatsächlich vermeiden könnten? Wenn wir Mühe, Not und Sorge weitestgehend verbannen könnten und das Leben vor allem aus Lust und Genuss bestünde? Der Mythos vom Schlaraffenland belehrt schon die Kinder, dass diese Formel nicht aufgeht: Zu viel des Guten ist nicht gut. Lust und Genuss brauchen das Widerlager von Entbehrung und Arbeit – in einem bestimmten Maße zumindest.

Die Spaßgesellschaft treibt jedoch ihre eigene Negierung und Kritik hervor. Denn in der Steigerungslogik zerbröselt die gute Laune zum immer fader werdenden Vergnügen. Eine höchst paradoxe Entwicklung: Der Sinn für Fun geht im Überangebot verloren. Die Einwohner der Spaßgesellschaft langweilen sich schrecklich oder sind gestresst, weil auch der Gute-Laune-Konsum zur Leistung wird. Und als ob das nicht genug wäre, kommt noch die Säuerlichkeit der Spaßverderber aus kultureller Berufung hinzu: Sie schmuggelt den Geist der Arbeit und das Ethos der Mühe in die Lustbarkeiten ein.

Ausgelassenheit wird zur Last, Frohsinn zur Anstrengung, Gutdraufsein zum Leistungssport. Unsere Kultur sendet zwiespältige Botschaften an ihre Mitglieder: Habt Spaß – aber mit schlechtem Gewissen! Esst, trinkt, reist, lacht, verwöhnt euch! Aber tut auch was gegen die Folgen! Die hedonistischen und die asketischen Appelle liegen im ständigen Widerstreit.

Diese Verwirrung wurzelt in einem Missverständnis – Spaß und Lust werden als alleinige Komponenten eines guten Lebens gesehen. Deshalb leidet die Gesellschaft unter einer Art bipolarer Störung: Ähnlich wie bei bestimmten psychisch gestörten Menschen oszilliert sie zwischen manischen und depressiven Phasen. Sie spielt einmal die Kultur gegen die Lust aus, ein anderes Mal inszeniert sie einen Kult der Lust. Die Verdammung des Lustprinzips, das Erbe der frühen Industriegesellschaft und die permanente Verführung zur Lust, die der Konsumkapitalismus betreibt, sind zwei Seiten einer Medaille. Das schlechte Gewissen der Spaß-, Konsum- und Überflussgesellschaft zeigt sich im anhaltenden Diskurs über Glücksansprüche. Der französische Essayist Pascal Bruckner schreibt in seinem Buch *Verdammt zum Glück*: »Wir sind vermutlich die ersten Gesellschaften in der Geschichte, in der die Menschen dazu gebracht werden, unglücklich darüber zu sein, dass sie nicht glücklich sind.«

In das gleiche Horn stoßen auch andere Kritiker des glücksversessenen Zeitgeists: In einem Essay mit dem Titel *Healthy, Wealthy and Unhappy* (Gesund, reich und unglücklich) wundert sich der amerikanische Kolumnist Gerd Behrens im *TIME Magazin* (19.7.1999): Warum erzeugt so viel Wohlstand so wenig persönliche Zufriedenheit? Und er zitiert eine Untersuchung, in der 1998 ein so genannter »Hoffnungs-Index« erhoben wurde: Europäer, insbesondere die Deutschen, sind im Vergleich zu den Einwohnern anderer Erdteile auffällig pessimistisch und unzufrieden. So gehört es offenbar inzwischen zu den Merkmalen europäischer, besonders der deutschen Kultur, dass es kaum erfolgreiche Romane oder Filme über glückliche, zufriedene Menschen gibt. Angst, Neurosen und Verzweiflung sind die hoch angesehenen Merkmale des tiefen Denkers, und ein »glücklicher Intellektueller« ist ein Oxymoron. Die problemlösenden Klassen in Europa, so Behrens, müssten sich Probleme schaffen, um ihre Daseinsberechtigung zu fundieren. Der intellektuell angesehenste Lebensstil in den reichen Ländern sei nach wie vor auf Arbeit, Stress und Sorge aufgebaut.

Eine Mehrheit jedoch lebt anders, den Lebensstil des »gedankenlosen Hedonismus«, das jedenfalls meint der Mitbegründer der Positiven Psychologie, Mihaly Csikszentmihalyi, und der scheint auch wieder nicht recht zu sein, denn er fröne der Anhäufung von Besitz und dem Genuss, ohne die Folgen dieses Konsums zu berücksichtigen. Die sozialen Indikatoren für die psychische Befindlichkeit einer Gesellschaft – die Zahl der Selbstmorde, Depressionen, Scheidungen, das Ausmaß des legalen und illegalen Drogenkonsums – lassen vermuten, dass materieller Wohlstand und bedenkenloser Hedonismus nicht glücklicher gemacht haben.

Das Recht auf Reklamation für entgangenes Glück

In der Konsumgesellschaft lautet der heimliche Befehl: Du musst dich gut fühlen! Der Terror der guten Laune ist allgegenwärtig, und die Modelle fürs Glück liefert in allen Varianten die Werbung. Wer auch nur eine Stunde fernsieht, bekommt es mit allen einschlägigen Klischees und Wunschbildern zu tun. In den Werbespots versammeln sich superglückliche Familien fröhlich um den Frühstückstisch, süße Kinder spielen mit bilderbuchnetten Großeltern oder tollen mit Hunden über Frühlingswiesen. Cliquen von gut aussehenden Freunden feiern permanent Partys. Man kann das Glück sogar trinken: Glück, glück, glück, macht die Flasche. Die Botschaft des Marketing lautet: Du kannst alles haben –

das Haus im Grünen, prickelnde Erotik und tollen Sex, Traumurlaub am Traumstrand, Erfolg und Karriere im Beruf, Abenteuer und Spaß ohne Ende. Wenn du nicht glücklich bist, bist du irgendwie selbst schuld.

Nicht das absolute Niveau der Lebensqualität bestimmt das subjektive Wohlbefinden, sondern das relative. Herausgefunden hat dies der Ökonom Paul Krugman. Robert Samuelson spricht in seinem Buch *The Good Life And Its Discontents* von einem »Lebensstandard der relativen Deprivation« – die Ansprüche wachsen gerade bei Menschen, denen es schon sehr gut geht.

Die Glücksmaschine kann sich selbst aber nur erhalten, wenn sie immer neue Bedürfnisse erzeugt. Dazu muss sie unser Selbstgefühl (ver-)formen und uns suggerieren, wir hätten ein Recht auf perfektes Glück. Die Reklamation ist die Kehrseite der Glückserwartung. Schon auf dem Hinflug nach Shangri-la wird das Beschwerdeformular ausgefüllt. Wehe, wenn im Flugzeug der Champagner nicht kalt genug ist! Die Deutschen sind inzwischen Weltmeister im Reklamieren, wenn es um »entgangene Urlaubsfreuden« und um Mängel in den Paradiesen auf Zeit geht.

Die Vorstellung vom guten Leben wird immer häufiger verengt auf Fragen des finanziellen Erfolgs und des Lebensstils. Für ein erfülltes oder sinnvolles Leben gab es in früheren Gesellschaften weit mehr erstrebenswerte Modelle oder Wege als heute – vor allem gab es eine größere Bandbreite im Angebot: Jemand konnte ein Heiliger, ein Bonvivant, ein Weiser, ein Lebenskünstler, ein guter Handwerker, ein Wohltäter oder ein engagierter Bürger sein – und in jeder dieser Lebensformen ein gutes, erfülltes Leben führen. In unseren Zeiten ist das Bankkonto das Maß aller Dinge. Selbst Macht, früher ein sich selbst genügendes Motiv, ein Endzweck, ist für die Mächtigen von heute vielfach nur ein Mittel, um Reichtümer anzuhäufen (siehe das Modell Berlusconi). Die »Hegemonie der materiellen Belohnung« (Csikszentmihalyi) beherrscht das Denken und

Streben. Sie schränkt die vielfältigen Möglichkeiten zum guten Leben ein, und sie hat dazu geführt, dass unsere Gesellschaft nur noch eine Entlohnung für erwünschtes oder sozial sinnvolles Verhalten kennt.

Die große Unlust – und der Versuch, ihr zu entkommen

Anhedonie – wörtlich: Lustlosigkeit, oder auch: Unfähigkeit, glücklich zu sein – ist heute eines der beiden auffälligsten und häufigsten Symptome in der Psychotherapie. Unlust und Unfähigkeit zum Genuss sind fast immer Teil des Syndroms aus Ich-Störungen, Sinnverlust, Depressionen und Ängsten. Anhedonie ist aber keineswegs nur ein Phänomen, das in den Sprechzimmern der Therapeuten sichtbar wird. Es durchzieht auch den Alltag und zeigt sich beispielsweise als chronisch schlechte Laune, die in vielen Büros und Dienstleistungsbetrieben herrscht. Sie erscheint als Stress, als Aggressivität und Reizbarkeit, als Lustlosigkeit, als Depressivität und Langeweile.

Der Philosoph Peter Sloterdijk hatte in seiner *Kritik der zynischen Vernunft* beobachtet, dass selbst die Gutgestellten, also die materiell gut versorgten Menschen von heute die »Mentalität von Schiffbrüchigen« hätten und von einer Sorgekultur infiziert seien. Vor allem die Sorge um den Weiterbestand des Wohlstands scheint das Glücksmotiv komplett aufzusaugen.

Anhedonie lässt sich definieren als die Summe vitaler Unfähigkeiten, vor allem der Unfähigkeit, Freude zu empfinden und das Leben zu genießen. Lust- und Freudlosigkeit erscheinen besonders fatal angesichts der Freiräume und objektiven Glückschancen, die die Möglichkeitsgesellschaft bietet. Ein Mensch mit einer Lebenserwartung von 80 Jahren hat immerhin etwa 250 000 bis 300 000 Stunden Freizeit, die er füllen kann – oder muss.

Um der Langeweile und der Ödnis eines einzig hedonistisch ausgerichteten Lebensstils zu entkommen, hat sich eine wachsende Zahl von Menschen auf die Suche nach neuen Varianten eines guten Lebens gemacht. Sie suchen ihr Heil in Werten wie Gesundheit, Fitness, persönlicher Reife. Sie wollen sich abheben von einer dumpfen Spaßkultur und verzichten auf das passive Konsumieren der hedonischen Angebote. Das gute Leben ist für sie Resultat eines Tauschhandels: Getauscht wird Anstrengung gegen Lebenszeit. Für ein gewisses Maß an Askese und Verzicht gibt es ein gesteigertes Selbstwertgefühl, Selbstgenuss. Dieses Glück erwächst aus einer Art Erweckungserlebnis, es ist das Glück des Richtig- und Bessermachens. So ist etwa körperliche Fitness, erkauft mit Stunden schweißtreibender Schufterei auf Tretmühlen, Laufbändern oder Muskelmaschinen, ein neues Statussymbol in der gehobenen Angestelltenkultur. Askese *light* wurde zur Quelle tiefer Zufriedenheit – der Zufriedenheit über eine gelungene Selbsttransformation – und des Stolzes auf diese Leistung.

Das neue Ideal ist ein evolutionäres Persönlichkeitsmodell. Der Mensch akzeptiert nicht nur die Forderung nach »Arbeit am Selbst« und nach lebenslangem Lernen, er sieht darin überwiegend die Chance der Entfaltung und Weiterentwicklung. Er nutzt Sabbaticals, nimmt kreative Auszeiten, taucht ein in die expandierende Workshop- und Weiterbildungskultur. Glück wird ihm zu einer Frage der Balance und der »Ganzheitlichkeit«. Beides, Balance und Ganzheitlichkeit, sind Zauberformeln in Medizin, populärer Psychologie und Alltagsphilosophie geworden: Die Begriffe stehen für das erneute Anerkennen der Tatsache, dass wir biologische, psychische und soziale Wesen sind, ausgestattet mit spirituellen und mythischen Bedürfnissen, und dass diese Anteile sich wechselseitig beeinflussen und unser Wohlbefinden bestimmen. Dauerhafte Vernachlässigung eines dieser Persönlichkeitsanteile, etwa durch Verkopfung, durch Arbeitssucht und Karrierestreben, zieht die Strafe von Krankheit oder emotionaler und sozialer Verarmung nach sich. Gerade in Zeiten fortschreitender Komplexität, Segmentierung und Parzellierung des Lebens wächst offenbar die Sehnsucht nach ganzheitlichen, das heißt harmonischen oder ausgeglichenen Lebensentwürfen.

Balance ist das neue Zauberwort – gemeint ist damit das Austarieren von verschiedenen Ansprüchen und Wünschen an das eigene Leben und das Ausgleichen von erkannten Defiziten oder die Reparatur von Einseitigkeiten, etwa der Wiederentdeckung der Familie, die lange vernachlässigt wurde, oder der Partnerschaft, der Hobbys und Talente jenseits des Arbeitslebens. Nicht nur Beruf und Privatleben werden in eine neue Balance gebracht, sondern auch gegensätzliche und widersprüchliche Anteile der eigenen Persönlichkeit. Deshalb ist der Dalai Lama für viele zu einer Art Persönlichkeitsmodell geworden, weil er die Koexistenz sehr unterschiedlicher Eigenschaften personifiziert: gelassene Heiterkeit neben gedanklicher Tiefe, Zähigkeit und politisches Engagement neben gelöstem Geschehenlassen, Humor neben Ernst. Dass der Buddhismus überhaupt zur Modereligion geworden ist und Fernöstliches wie Feng Shui und Tai Chi gängige Begriffe sind, deutet auf diese neue Suche nach Balance hin. Nicht mehr in der Leistungsoptimierung oder der Verabsolutierung von Zielen liegt das Glück, sondern in der Persönlichkeitsentfaltung unter Berücksichtigung ihrer kreativen, sozialen und emotionalen Bedürfnisse. Das gute Leben ist der gelungene Balanceakt zwischen Muss und Muße, diese Variante ist zumindest in Teilen eines reflektierenden Sozialmilieus zum neuen Leitbild geworden.

Das gute Leben ist offenbar doch mehr als die Summe aller Genüsse, ist auch mehr als nur Wohlstand und Sicherheit. Seine Reduktion auf ein vergleichsweise leicht zugängliches hedonistisches Glück entpuppt sich als Irrweg, wenn wir es der allzu simplen Ökonomie der Lustmaximierung unterwerfen. Das gute Leben gleicht dann der Karikatur eines Lust erzeugenden Automaten, so effizient und aufs Wesentliche reduziert wie die Masturbationsmaschinen des Tomi Ungerer oder andere künstliche Paradiese und Schlaraffenländer.

Nimm zwei: Hedonismus und Glückseligkeit

In der Lebenswirklichkeit der meisten Menschen vermischen sich ohnehin die unterschiedlichen Modelle und Formeln des guten Lebens. Dennoch spaltet sich die noch junge Bewegung der Positiven Psychologie bereits in zwei Denkschulen, die unterschiedliche Formen der Glückssuche favorisieren.

Das gute Leben ist für viele Menschen die Summe der hedonistischen Momente, und das zu Recht, meint die eine Schule: Da das große Glück ohnehin etwas Seltenes oder gar Unmögliches ist, erscheint es vernünftig, das Glück, das im Augenblick liegt, im Genuss, in der Sinneslust, im Vergnügen zu suchen. Es kommt darauf an, und das propagiert der hedonistische Flügel der Glückspsychologen nachdrücklich, die Kunst des augenblicklichen Glücks zu kultivieren, die glücklichen Momente sich ereignen zu lassen, wann und wo immer es möglich ist. Glück ist die Begabung, die Chancen auf das Erleben guter Gefühle wahrnehmen zu können, wann immer sie sich bieten (eingeschränkt einzig durch die epikuräische Vernunft, nach der nur so viel Genuss erlaubt ist, wie künftige Freuden nicht gefährdet sind. Übergenuss könnte danach zu Krankheit oder anderen Selbstschädigungen führen). Für gastronomische, ästhetische, sexuelle oder sonstige Wonnen gilt höchste Subjektivität sowie ein demokratisch begründeter Pragmatismus: Glücklich ist, wer sich selbst für glücklich *hält* – und wer tun kann, was ihn glücklich macht. Das Recht auf persönliches Glück, das jeder nach seiner Fasson verwirklichen kann und soll, wird von den Hedonismustheoretikern als große Errungenschaft gesehen. Und als Emanzipation von den Glücksideologen jeglicher

Couleur, die uns sagen wollen, was gut für uns ist. Wir selbst sind die einzige und letzte Glücksinstanz.

Das wahre Glück, so lautet die eudämonische Gegenposition, ist mehr als die Summe der Lust, es ist die Erfüllung eines Plans: Das menschliche Glücksstreben wird zum Projekt, das auf die gesamte Lebensspanne ausgerichtet ist, auf ein Ganzes, auf eine ästhetische Gestalt. Glück ist das gelingende, geglückte Leben. Der eudämonische Weg ist eine bewusste Wahl, eine bewusste Entscheidung dafür, nach Vollkommenheit und Tugend zu streben, wie es Aristoteles gefordert hatte, oder nach Selbstverwirklichung und Selbstentfaltung, wie es die Humanistische Psychologie der sechziger Jahre postulierte. Ein gutes Leben hat geführt und als glücklich preisen kann sich, wer auf seine zurückgelegte Wegstrecke zurückschauen kann, sie als lebenswert beurteilt und Befriedigung darüber empfindet, dass er den eigenen Werten und Idealen zumindest annähernd gerecht geworden ist. Das eudämonische Glück entspringt der zufriedenen Rückschau.

Es ist deshalb über-sinnlich, komplex und kognitiv. Es gründet auf einer Selbstprüfung, die zu überwiegend positiven Urteilen über das eigene Handeln und die eigenen Projekte gelangt. Das schließt zwar den hedonistischen Lebensgenuss ausdrücklich ein, aber auch die Bewältigung des Unglücks und den kreativen, gelassenen Umgang mit den Schattenseiten des Lebens.

Die Philosophie hat sich seit der Antike mit der »Sorge um sich selbst« (cura sui) beschäftigt. In der Neuzeit war es vor allem der französische Philosoph Michel Foucault, der in der »Selbstsorge« die Grundlage für ein bejahenswertes Leben sah: Nur wenn wir uns angemessen um uns selbst, um unsere Gesundheit, Autonomie, um unsere Fähigkeiten und Bedürfnisse kümmern, können wir das Leben in Würde und Selbstverantwortung bestehen. In moderner Terminologie umschreibt diese Selbstfürsorge das Programm des »Selbstmanagements« – der vernünftigen Selbst*einschätzung* und Selbst*steuerung*.

Selbstmanagement mit dem eudämonischen Ziel, das Beste aus seinen Fähigkeiten zu machen und sich optimal zu entfalten, beginnt mit der Selbstbeobachtung: Unter welchen Bedingungen gelingt uns das, was wir anpacken? Der kluge Einsatz der Fähigkeiten und Talente bewahrt uns vor Irrwegen, Frustrationen und Enttäuschungen. Und wir brauchen zur erfolgreichen Selbststeuerung ferne Großziele, die uns Orientierung und Sinn geben, daneben aber auch einige mittel- und kurzfristige Ziele, deren Erreichen uns die Erfahrung der Selbstwirksamkeit verschafft.

Wir sind Immigranten aus einer fernen Vergangenheit und tragen tief verwurzelte psychische und soziale Bedürfnisse und Eigenschaften in uns. Dieses evolutionäre Erbe müssen wir zunächst als solches erkennen – und damit in einer hoch technisierten, hyperkomplexen Umwelt zurechtkommen. Unsere kulturellen Leistungen und unsere technischen Fortschritte haben uns immense Freiheiten und Glücksmöglichkeiten beschert. Aber die selbstgemachte, künstliche Umwelt droht auch, uns zu überfordern, und sie lässt wesentliche psychische und soziale Bedürfnisse unbefriedigt. Deshalb müssen wir eine *perspektivische Intelligenz* entwickeln – die Fähigkeit, Vergangenheit, Gegenwart und Zukunft im Auge zu behalten: Wie sind wir geworden, individuell und kollektiv, was wir sind? Wie sehr prägen historische Mitgift und Zukunftserwartungen unsere Gegenwart? Und wie wollen wir in Zukunft leben?

Was also ist das »gute Leben«? Eine psychologische Antwort

Die Psychologie besitzt den Vorteil – etwa gegenüber den philosophischen Entwürfen einer Lebenskunst –, ihre Antworten auf der systematischen Beobachtung und Erforschung geglückter Lebensentwürfe zu gründen. Eine der wichtigsten dieser empirischen Erkenntnisse ist diese: Ob wir unser Leben als gelungen, befriedigend, glücklich bewerten, ob wir unsere tagtäglichen Erfahrungen positiv oder negativ einordnen können, hängt weniger von unseren ererbten Eigenschaften oder vom Temperament oder gar einem »Talent zum Glück« ab, sondern von der aktuellen Befriedigung elementarer psychischer Grundbedürfnisse. Diese Grundbedürfnisse sind als Seelennahrung ebenso essenziell wie die Nahrung für den Körper – ohne ihre Befriedigung verkümmern psychisches Wachstum, Integrität der Person und seelische Gesundheit.

Die amerikanischen Psychologen Edward L. Deci und Richard M. Ryan nennen drei essenzielle seelische »Nährstoffe«: *Autonomie*: Menschen müssen ihre eigenen Aktivitäten selbst wählen und in Übereinstimmung mit den zentralen persönlichen Werten und Einstellungen leben können. Innere und äußere Freiheit begründen das wichtige Gefühl der Identität. *Kompetenz*: Menschen müssen sich als kompetent und wirkungsmächtig erfahren können, das heißt, sie müssen selbst gesteckte Ziele erreichen und einen bestimmten Einfluss auf ihre Umwelt ausüben können. Dazu ist ein Mindestmaß an Anstrengung, Leistung und Lernbereitschaft nötig. Und *Bezogenheit*: Menschen brauchen die Nähe und Verbundenheit zu anderen Menschen. Intimität, das Gefühl der Zugehörigkeit und der Anerkennung durch andere sind elementare Glücksfaktoren. Um die Beziehungen so zu gestalten, dass sie als befriedigend und beglückend erlebt und erfahren werden, müssen soziale Intelligenz und guter Wille aufgebracht werden.

Wenn es in unserem Leben genügend Gelegenheit gibt, diese drei Lebensziele auszuleben, dann erhöht sich unser subjektives Wohlbefinden. Umgekehrt erzeugt eine »Unterernährung« Unbehagen, Unzufriedenheit, Depression, Gefühle der Isolation und Machtlosigkeit.

Ein gutes Leben konstituiert sich also nicht allein durch günstige Persönlichkeitseigenschaften oder durch die Vielzahl von lustbetonten Erfahrungen, die ohne Anstrengung und passiv konsumiert werden können. Ein gutes Leben resultiert maßgeblich aus der Verwirklichung zentraler psychischer Bedürfnisse und Wertvorstellungen im Alltag.

Diese drei Grundbedürfnisse geben den weiteren Plan dieses Buches vor: Das Bedürfnis nach Autonomie als gelebte Übereinstimmung mit sich selbst und selbst gewählter Aktivität und selbst gewählten Zielen wird in Kapitel zwei abgehandelt: Folgen wir auch wirklich unserem inneren Plan, unserer Berufung? Und stellt unser Leben eine zusammenhängende, sinnvolle Geschichte dar? Sich als kompetent und effektiv erfahren zu können ist das Grundbedürfnis, das in Kapitel drei erläutert wird: Welche besonderen Kenntnisse und Schlüsselfähigkeiten brauchen wir, um in unserer Umwelt bestehen zu können und uns selbst als wirksam erleben zu können? Wie erreichen wir ein Niveau des Könnens, das uns wirklich befriedigt? In Kapitel vier wird zudem erörtert, wie wir uns vor Zumutungen und Überforderungen schützen können.

Das Bedürfnis nach Bezogenheit und Zugehörigkeit betrifft unsere sozialen Beziehungen: In Kapitel fünf werden die zwei Basisfähigkeiten dargestellt, die es uns ermöglichen, befriedigende und stabile soziale Bindungen einzugehen, indem wir Empathie und Verständnis lernen, und wie wir solche Bindungen und Beziehungen aufrechterhalten, indem wir die wichtige Fähigkeit des Verzeihens praktizieren. Schließlich erläutert Kapitel sechs, wie wir die psychischen Grundbedürfnisse auch dann befriedigen können, wenn wir in schwieriges Fahrwasser geraten. Wir müssen lernen, uns mit Krisen, Niederlagen und Schicksalsschlägen auseinander zu setzen: wie wir Glück aus der Bewältigung des Unglücks ziehen können. Im abschließenden Kapitel sieben wird die Synthese unserer Glücksvorstellungen und Wünsche mit den psychologischen Erkenntnissen über unsere Grundbedürfnisse versucht: Wie können wir möglichst viele kurzfristige positive Erfahrungen mit einem weiter gehenden Plan eines guten Lebens in Einklang bringen? Wie lassen sich die Wünsche nach Lust und Genuss mit der übergreifenden Idee des guten Lebens vereinbaren?

2 Das bin ich! Bin ich das?

Die Übereinstimmung mit sich selbst

Die Vorladung des Schicksals

Die Entzauberung des Menschen durch die Wissenschaften schreitet rasch voran. Das Genom-Projekt, die Technik des Klonens und die Fortschritte der Reproduktionsmedizin ermöglichen in naher Zukunft menschliche Maßanfertigungen. Krankheiten und Charakterfehler werden pränatal ausgeschaltet. Psychische Probleme lassen sich durch hochwirksame Präzisionspsychopharmaka wegbügeln.

Diese schöne neue Welt weckt mehr Ängste als Hoffnungen. Ist Persönlichkeit in Zukunft eine Frage der Wunschliste oder eines Konstruktionsplans? Was geschieht mit der Individualität des Einzelnen? Wie eine unbewusste Auflehnung gegen den wissenschaftlichen Machbarkeitswahn erscheint es, wenn sich Millionen von Menschen intensiv mit Biografien beschäftigen: Filme und Bücher sind dann besonders erfolgreich, wenn sie detailliert individuelle Schicksale nacherzählen. Interesse finden dabei nicht nur die Lebensgeschichten von Berühmtheiten, sondern auch die von Durchschnittsmenschen, die das Lebensgefühl einer Epoche oder eine exemplarische Existenz verkörpern. Biografien gehören seit vielen Jahren zu den erfolgreichsten Sachbuchgenres, und selbst in den seichtesten Talkshows des Fernsehens scheint noch der Wunsch auf, die eigene Geschichte ausbreiten zu können und zu dürfen.

Das Teilhabenwollen am Leben anderer ist mehr als Voyeurismus. Wir lassen uns gerne vom Geheimnis eines Menschen und der Besonderheit seines Charakters faszinieren, weil wir auch uns selbst als einzigartige Wesen begreifen wollen: Wer bin ich wirklich – und was mein Schicksal? Was kann ich aus meinen Begabungen und Talenten machen? Was ist »mein Ding«? Und warum tue ich es (noch) nicht? Wozu bin ich berufen?

Dem eigenen Charakter auf der Spur

Berufung – das erscheint uns als antiquierter Begriff, den wir vielleicht aus der Bibel oder aus der Kunst kennen, oder aus einem Berufungsverfahren an den Hochschulen. Wer wird heute noch »berufen« – und wozu? Der Beruf ist meistens ein Job, sehr viel seltener Berufung. Und *wer* sollte uns rufen?

Und doch gibt es Stimmen, die uns zu unserer *Bestimmung* rufen. Jeder Mensch ist zu etwas berufen, wenn er genau hinhört. Wer diesen Ruf überhört, wer nicht erkennt, was »sein Ding« ist, wer sich seiner Berufung verweigert, wer ihr ausweicht oder sie verleugnet, zahlt dafür einen hohen Preis. Die Berufung zu erkennen, ist ein häufig unterschätztes Element der Persönlichkeitsentwicklung. In Übereinstimmung mit seinem inneren Auftrag, mit seinem Charakter und seinen Talenten und Fähigkeiten zu leben, ist eine Bedingung des guten Lebens.

Niemand wird als Durchschnittstyp geboren, jeder Mensch hat das Potenzial, auf mindestens einem Gebiet etwas Besonderes zu sein. Wir leben, um Begabungen zu entfalten, einen persönlichen Plan zu erfüllen und eine Spur unserer Erdentage zu hinterlassen, davon ist der jungianische Psychotherapeut James Hillman überzeugt. Als Wortführer einer

»Schicksalspsychologie« fordert er uns auf, unsere Einzigartigkeit wiederzuentdecken. In jedem von uns, so lautet das Credo dieser Psychologie, ist von Geburt an ein unverwechselbarer Charakter angelegt: eine individuelle Mischung von Eigenschaften, Talenten und Begabungen. Um ein gutes, erfülltes Leben leben zu können und um seelisch und körperlich gesund zu bleiben, müssen wir diesen Charakter als unser Schicksal respektieren.

Der Charakter teilt uns auf vielerlei Art mit, was er mit uns vor hat. Aber unsere Lebensweise drängt uns häufig vom Kurs ab. Wir vernachlässigen unsere besondere Begabung, weichen der Mühe aus, unser Potenzial voll auszuschöpfen, und opfern unsere Träume faulen Kompromissen. Wir gehen zu oft den bequemeren Weg. Schließlich verlieren wir unsere Berufung ganz aus den Augen, mit der Folge, dass wir nicht die sind, die wir »eigentlich« sein wollen und können. Wir werden uns selbst fremd.

Der Gedanke, Charakter und Persönlichkeit zu entschlüsseln, um Identität und Lebensziele definieren zu können, ist nicht neu. Es war von jeher das Ziel der Psychologie herauszufinden, wie und warum ein Mensch zu dem wird, was er ist. Allerdings hat sie dabei vorwiegend mit Ursache-Wirkungs-Modellen gearbeitet, was den Blick auf das, was das Wesen des Menschen ausmacht, sehr verengte. Weil fast alle psychologischen Schulen das früh Erlebte – und vor allem: das früh Erlittene – so für unsere weitere Entwicklung verantwortlich machen, stehen Komplexe, Symptome und Verletzungen im Vordergrund der Betrachtung. Und so hat die Psychologie maßgeblich dazu beigetragen, dass sich immer mehr Menschen als Opfer begreifen. Kaum noch ein Lebensbereich, der nicht zur Problemzone erklärt, kaum eine Verhaltensweise, die nicht klinifiziert wurde. Die Zahl der Störungen und Symptome ist explodiert. Der Zeitgeist favorisiert eine Opfermentalität, die Dysfunktionalität wird zum Normalfall. Deshalb gleicht das Leben vieler Menschen heute einer klinischen Fallgeschichte, deren trauriger Held ein traumatisiertes oder milieugeschädigtes Wesen ist. Es muss sein »inneres Kind« erlösen, seine Komplexe aufarbeiten und lebenslang an den erlittenen Erziehungsfehlern und anderen Verletzungen laborieren.

Diese traditionelle psychologische Betrachtungsweise von Entwicklung und Wachstum stellt Hillman auf den Kopf: Die Aufgabe des Menschen sei nicht, »aufzuwachsen«, sondern »herunterzuwachsen«. Er muss herausfinden, wer er bereits ist, nicht was er wird – etwa so, wenn Picasso sagt: »Ich entwickle mich nicht – ich bin!« Nur wer sein Fundament, seinen Grund gefunden hat, kann seine Persönlichkeit entfalten. Die eigentliche Menschwerdung gelingt erst dann, wenn wir in Übereinstimmung mit unserer Bestimmung leben und dem Ruf unseres Schicksals – der Berufung – folgen.

Dieses Schicksal haben wir uns als eine Idee vorzustellen, als Lebensprogramm *in nuce*, das uns von Anfang an mitgegeben ist. Wir kommen mit einem Plan auf die Welt. Der Plan determiniert jedoch nicht unser Leben, er ist vor allem eine Möglichkeit, *die* Möglichkeit. Damit wir den Plan einhalten können, ist uns ein Dämon zugesellt. Der *daimon* ist eine Denkfigur Platos, ein Seelengefährte, den er in seinem Schöpfungsmythos beschreibt. In der römisch-antiken Philosophie beseelt er als *genius* den Menschen. Jeder Mensch betritt die Welt mit einem unsichtbaren Doppelgänger, der ihn zeitlebens begleitet und zu seiner Bestimmung und Entfaltung leiten will. Der Dämon hilft uns und beschützt uns vor zahllosen Gefahren – er ist der »gute Geist«, der uns einen schlimmen Sturz heil überleben lässt, er ist der »Zufall«, der uns etwas längst Vergessenes wiederbringt, er ist die »Eingebung«, die uns vor einem großen Fehler bewahrt oder »intuitiv und instinktiv« das Richtige tun lässt.

Der Dämon erhält heute nur noch selten eine Chance, auf uns einzuwirken. Die meisten Menschen ignorieren seinen Ruf oder haben verlernt, seine Botschaften zu entziffern. »Berufung« erscheint den meisten als irritierendes, antiquiertes Konzept, mit dem sie nichts anfangen können. Es passt so gar nicht in die heutige Gesellschaft, in der Flexibilität eine Kardinaltugend ist und *proteische* Anpassungsfähigkeit verlangt wird (nach dem griechischen Gott Proteus, der jede beliebige Gestalt annehmen konnte). Welche Bedeutung hat »Charakter« noch für moderne Biografien, in denen es wie selbstverständlich jede Menge »Brüche« gibt, die sie zu »Bastelbiografien« und ihre Protagonisten zur »Patchwork-Persönlichkeiten« machen? Berufung und Charakter sind das genaue Gegenteil solcher Lebensentwürfe. Sie geben ein Leitmotiv vor, sie legen auf einen Weg fest und betonen den Eigensinn und die Unverwechselbarkeit der Person.

Auch in den jetzt lebenden Persönlichkeiten bleibt die Präsenz des Dämons erkennbar, trotz all ihrer Fluidität und Flexibilität. Gerade in Zeiten der Beliebigkeit spüren wir immer wieder, wie »Etwas« versucht, uns in eine bestimmte Richtung zu drängen, wenn wir gegen unsere Berufung leben. Wir können die innere Stimme hören, die uns sagt: »*Das* musst du tun! *Das* ist dein Weg! *Das* ist deine Rolle im Leben!« James Hillman meinte in einem Interview (*Psychologie Heute*, 5/1998): »Ich glaube, wir erleben einen Paradigmenwechsel. Die Menschen sind nicht länger zufrieden damit, ihre persönliche Geschichte als eine Geschichte von Kausalitäten zu sehen – wobei die Mütter die fundamentalen Agentinnen der Kindheits- und Entwicklungspsychologie darstellen. Diese Betrachtungsweise hilft überhaupt nicht dabei herauszufinden, warum wir hier sind, was wir mit unserem Leben anfangen sollen oder was unser persönliches Schicksal ist. Die herrschende Psychologie ist eine Psychologie der Ableitungen, wir sind am Ende nichts anderes als ein *Resultat*. Das Modell, nach dem wir die meiste Zeit in diesem Jahrhundert unser Leben erklärt haben, löst sich auf – es hat uns nicht wirklich geholfen. Ich glaube, dass der universale, in den meisten Weltkulturen anzutreffende Mythos uns weiterhelfen kann: dass ein Kind die Welt mit einer Berufung betritt, mit einem individuellen Schicksal. Dieser Mythos könnte uns helfen, unser Leben in einem neuen Licht zu betrachten. Ich glaube, das ist auch der Grund, warum dieser Mythos sofort verstanden wird. Er ist archetypisch – er befriedigt sofort ein tiefes Bedürfnis, das die genetische Betrachtungsweise oder die Umwelt-Betrachtungsweise unseres Schicksals nicht erfüllt. Die meisten Kulturen dieser Welt pflegen den Gedanken, dass es für unsere Existenz einen Grund gibt. Du bist ein einzigartiges Geschöpf, und diese Einzigartigkeit ist nicht genetisch begründet, nicht familiär, nicht durch die Tatsache, dass man der erste Sohn oder die dritte Tochter ist.«

Die Zeichen des Dämons entziffern

Selbst wenn wir bereit sind, auf die Stimme des Dämons zu hören – wie teilt sie sich mit? Wie können wir seine Signale herausfiltern aus dem Rauschen von Hunderten und Tausenden von Stimmen, die ständig auf uns einreden? In der Flut von Informationen und Zeichen, die täglich über uns hinwegrollt, ist es schwierig geworden, die »Vorladungen des Schicksals« zu entziffern.

Schwierig, aber nicht unmöglich: Die ursprüngliche Kraft des Charakters zeigt sich beispielsweise, wenn ein Kind scheinbar aus dem Nichts heraus etwas kann oder eine bestimmte Leidenschaft entwickelt, einen ausgeprägten Willen zeigt, ohne dass wir die üblichen psychologischen Gründe dafür finden können. Oft wird das erste Aufscheinen des Charakters für eine kindliche Marotte oder eine Verhaltensauffälligkeit gehalten: Eigensinn, Obsessionen, Widerspenstigkeit, Schüchternheit, Exzentrik, generell alle Formen von Unangepasstheit sollten aber nicht sofort als Störungen oder Symptome angesehen werden, sondern als Ausdrucksformen des Dämons. Der einzigartige Charakter eines Menschen versucht, sich Bahn zu brechen, und unvermittelt wird eine Berufung sichtbar. Yehudi Menuhin wünschte sich als Vierjähriger eine Geige. Als man ihm eine Kindergeige aus Blech schenkte, zertrümmerte er sie wütend und ruhte nicht eher, bis er eine richtige bekam.

Ein subjektives Anzeichen für die Gegenwart des unerhörten Dämons ist die »archetypische Einsamkeit«, ein plötzliches und unerklärliches Gefühl des Ausgeschlossen- oder Exiliertseins, das uns selbst in geselligen und glücklichen Momenten überfällt. Wir sind scheinbar ohne Grund melancholisch und spüren eine namenlose Sehnsucht oder innere Leere. Schon Kinder empfinden mitunter diese existenzielle Einsamkeit. Sie fühlen sich für Momente fremd und isoliert, selbst wenn sie geborgen und eingebunden in Familie und Freundschaften aufwachsen. Auch im späteren Leben tauchen Phasen dieser seltsamen Entpersonalisierung auf – in Augenblicken, in denen wir für eine Zeit lang aus der Welt herausgefallen zu sein scheinen. Meistens beunruhigt uns dieser Zustand, und anstatt ihn zu entschlüsseln, versuchen wir, ihm zu entkommen. Wir erklären ihn, wenn er uns hartnäckig zu schaffen macht, mit soziologischen oder psychologischen Theorien wie Entfremdung, falschem Lebensstil oder unverarbeiteten Kindheitstraumata. Einsamkeit ist aus der Sicht der Schicksalspsychologie ein Symptom dafür, dass die Seele noch keine Wurzeln geschlagen hat und wir unserer Berufung nicht folgen.

An einer Vielzahl von Zeichen lassen sich die Kräfte erkennen, die uns auf die Bahn der Berufung lenken wollen:

- Immer wiederkehrende Träume.
- Körperliche Symptome mit offensichtlich metaphorischem Charakter: Etwas sitzt uns im Nacken, geht uns an die Nieren.
- Anhaltende Konflikte, Reibungen und Krisen, die immer nach dem gleichen Muster ablaufen, sind Hinweise darauf, dass wir festgefahren sind und etwas Wesentliches nicht stimmt. Sie verlangen eine Entscheidung, etwa in Beruf oder Partnerschaft: bleiben oder gehen?

- Gefühle der Stagnation und der inneren Leere quälen uns: Bedeutet die Langeweile, dass ich endlich etwas Neues versuchen, den Wechsel riskieren soll? Oder muss ich die äußeren Bedingungen verändern?
- Wir müssen auf ein Ultimatum reagieren, oder darauf, dass uns jemand anscheinend eine Entscheidung abnimmt: Bedeutet eine Absage, dass ich für eine Stelle doch nicht geeignet bin – oder soll ich jetzt erst recht drum kämpfen?
- Ein alberner Schlagertext, eine Redensart oder eine Zeile aus einem Gedicht geht uns nicht aus dem Kopf.
- Das Gefühl, sich selbst oder anderen etwas beweisen zu müssen: Ertappen wir uns häufig bei Phantasien, in denen wir es den anderen mal so richtig zeigen?
- Manche Zufälle sind keine: Wir greifen scheinbar wahllos nach einem Buch und finden dort eine Antwort, nach der wir lange gesucht haben. Wenn wir meditativ oder kontemplativ gestimmt sind, erkennen wir diese »Zufälle« leichter.

Um solche Omen des Alltags entschlüsseln zu können, braucht es Selbstbeobachtung und Reflexion. Der inneren Stimme können wir nur Gehör verschaffen, wenn wir für innere und äußere Ruhe sorgen und auf Empfang schalten. Dabei ist es oft hilfreich, sich zurückzuziehen und alle Ablenkungen auszublenden, etwa durch ein Medienfasten, aber auch durch Enthaltsamkeit bei der eigenen Kommunikations- und Mitteilungsbereitschaft. Mit der Haltung »aktiver Geduld« können wir die nötige Achtsamkeit und Konzentration aufbringen, um die innere Entwicklung unserer Wünsche und Leitmotive zu beobachten und auf die oft leisen Stimmen von Intuitionen zu hören. Eine »poetische Haltung« erleichtert das Lesen der Zeichen, die der Dämon geben will – sie schärft die Sensibilität für Bilder, Metaphern und Symbole.

Ohnehin funktioniert eine künstlerische Betätigung wie ein seelisches Radar, indem sie uns empfänglicher für Signale aus dem Unbewussten macht. Beim Malen oder Zeichnen gewinnt manches von dem Gestalt, was aus Träumen und Gefühlen aufsteigt; beim Schreiben und Erzählen entwickeln sich Geschichten mit oft überraschenden Zusammenhängen und Einsichten; Tanz und Theaterspielen sind Möglichkeiten, um die Sprache des Körpers zu entschlüsseln. Das Argument, dazu brauche man eine künstlerische Begabung, gilt nicht: Jeder Mensch kann sich in irgendeiner Form künstlerisch ausdrücken. Als Kinder haben wir alle gerne gemalt, getanzt oder Theater gespielt. Später haben wir den Kontakt zu unseren Begabungen verloren und unsere Talente verkommen lassen. Die Sinne wurden abgestumpft und durch die Konfektionskultur verdorben. Wie vieles andere haben wir auch die Kreativität an die »zuständigen« Experten oder Profis delegiert.

Der Vorteil von Erkenntnisprozessen, die durch expressive und künstlerische Zugänge zu unseren Träumen, Wünschen und Begabungen in Gang gesetzt werden, ist, dass wir sie selbst finden. C. G. Jung schrieb, dass Menschen nur sehr selten in ihr System von Überzeugungen integrieren, was ihnen andere sagen, selbst wenn sie teuer dafür bezahlen (wie etwa in einer Therapie). Bleibenden Eindruck hinterlässt dagegen alles, was wir selbst herausgefunden oder als Botschaft von unserem Unbewussten erhalten haben.

Was ist »mein Ding«?

Woran lässt sich erkennen, ob wir einen Ruf, eine Berufung richtig erkennen – oder ob wir nur momentanen Impulsen oder einem Wunschdenken folgen? Der amerikanische Mythenforscher Joseph Campbell nennt als wichtigstes Kriterium das plötzliche Gefühl von Lebendigkeit. Wer seinen Weg erkennt, wird von einem Schub an Vitalität und Energie beflügelt. Für James Hillman ist das wichtigste Kriterium ein Ergriffensein, ein Gepacktwerden, die plötzliche Überzeugung: Jetzt steht das Ganze auf dem Spiel! Die Berufung gilt nicht den Details und Nebenaspekten des Lebens, sie zielt auf den gesamten Lebensentwurf. Die Leidenschaften und Begabungen eines Menschen sind aufgerufen, und er muss seine Mission erkennen.

Aber was genau sagt uns der Dämon? Er kann uns zu sehr konkreten Zielen drängen: Man kann sich berufen fühlen, eine künstlerische, wissenschaftliche oder handwerkliche Begabung auszuleben, für andere Menschen zu sorgen oder sie zum Lachen zu bringen oder eine Familie zu gründen. Der Ruf kann uns befehlen, in einer bestimmten Gegend zu leben oder eine bestimmte Lebensart zu pflegen.

Manchmal sind wir auch zur Verwirklichung von eher abstrakten Werten und Idealen berufen: Unser »Ding« ist dann die Verwirklichung von Prinzipien wie Freiheit, Sicherheit, Gerechtigkeit. Der amerikanische Motivationsforscher Steven Reiss hat in umfangreichen empirischen Studien 16 Lebensmotive identifiziert, von denen jeweils eines das Motivprofil eines Menschen dominiert:

- *Macht:* Streben nach Erfolg, Einfluss, Führung.
- *Unabhängigkeit*: Streben nach Freiheit, Selbstgenügsamkeit und Autarkie.
- *Neugier*: Streben nach Wahrheit, Wissen und Gewissheit.
- *Anerkennung*: Streben nach sozialer Akzeptanz und Zugehörigkeit.
- *Ordnung:* Streben nach Klarheit, Organisation und Stabilität.
- *Sparen:* Streben nach Eigentum und materiellen Gütern.
- *Ehre*: Streben nach moralischer und charakterlicher Integrität.
- *Idealismus*: Streben nach Fairness und Gerechtigkeit.
- *Beziehung*: Streben nach Freundschaft und positiver Bindung.
- *Familie:* Streben nach Familienleben und Kindern.

- *Status*: Streben nach öffentlicher Anerkennung und Bedeutung.
- *Rache:* Streben nach Konkurrenz, Kampf und Vergeltung.
- *Romantik:* Streben nach Erotik, Sexualität und Schönheit.
- *Körperliche Aktivität*: Streben nach Bewegung und Fitness.
- *Ernährung:* Streben nach Essen und Genuss.
- *Ruhe:* Streben nach Entspannung und emotionaler Sicherheit.

Gelegentlich wird das Gefühl, eine Mission zu haben, so aufgebläht, dass sie in übersteigertem Sendungsbewusstsein oder gar Größenwahn endet. Die Selbsterforschung nach einer Berufung sollte deshalb nie die Fähigkeit zur Selbstkritik und zur ironischen Selbstdistanz außer Kraft setzen.

Der Jonas-Komplex

Aufforderungen, die unsere innere Stimme an uns richtet, kommen häufig sehr ungelegen. Zwar erkennen die meisten Menschen an irgendeinem Zeitpunkt des Lebens ihre Berufung, aber viele hängen ihren Träumen nach und bedauern, dass sie (noch) nicht dazu gekommen sind, die zu sein, die sie »eigentlich« sind. Es gibt ja auch so viele Gründe, der Botschaft des Dämons nicht zu folgen, doch die Nicht-Beachtung der Berufung kommt einer psychischen Selbstverstümmelung gleich. Bewusstes Zurückbleiben hinter den eigenen Möglichkeiten, falsche Bescheidenheit, faule Kompromisse und Rücksichtnahmen, das Zurückschrauben der eigenen Ansprüche an sich selbst, sich dumm stellen – all das sind Formen der Selbstverleugnung, die Abraham Maslow, der Begründer der Selbstverwirklichungs-Psychologie, in dem Begriff »Jonas-Komplex« zusammenfasste. Der biblische Jonas weigerte sich, dem göttlichen Ruf Folge zu leisten und die Stadt Ninive zu missionieren. Er schützte mangelnde Begabung zum Prediger vor und begab sich stattdessen auf eine Schiffsreise. Das Schiff geriet in einen Sturm, und anstatt zu helfen, verkroch sich Jonas auch vor dieser Herausforderung. Schließlich warfen ihn die Seeleute über Bord. Ein großer Fisch verschlang ihn und spuckte ihn drei Tage später wieder aus, am Gestade seines »Bestimmungsorts« Ninive.

Der Jonas-Komplex entspricht unserem natürlichen Instinkt, auf Herausforderungen erst einmal vorsichtig zu reagieren. Wir sehen vor allem die Risiken und Anstrengungen, die ein Ruf mit sich bringt, und suchen Deckung. Dort verharren wir dann allzu oft. Das Hinauswachsen über den Durchschnitt und die Mühen der Veränderung machen Angst, das Verlassen vertrauter Rollen und Verhältnisse verlangt einen hohen Preis. Deshalb flüchten wir oft in Ausweichmanöver und Selbstverleugnungsstrategien. Wir wollen Zeit gewinnen, um die Folgen eines Rufes zu bedenken, wir wollen die Angst vor dem Ja dämpfen und dem Schuldgefühl eines Nein entkommen.

Die Interpretation der eigenen Lebensgeschichte ist häufig die größte Ausrede, um sich einer Berufung zu verweigern. Wir schreiben unserer Biografie – meist zu Unrecht – eine Folgerichtigkeit zu, die alles so und nicht anders gefügt hat. Um Klarheit über seinen Charakter und das weitere Leben zu gewinnen, muss man als Revisionist auf das bisherige Leben zurückschauen und zu Korrekturen bereit sein: Stimmen die Erinnerungen überhaupt – oder sind es nur selbstgestrickte Legenden und Lebenslügen? Wann wurden von wem die Weichen gestellt, was hat uns wirklich zu dem gemacht, was wir heute sind? Viele der mitgeschleppten Geschichten und Urteile sind möglicherweise unzutreffend: Haben wir wirklich zwei linke Hände? Sind wir tatsächlich für Zahlen oder für Sprachen oder für Sport unbegabt? Haben wir den Ausbildungsgang, das Studienfach oder den Beruf alleine gewählt? Sind wir wirklich der geborene Arzt oder die geborene Lehrerin? Oder sind das Zuschreibungen, die wir – manchmal wider besseres Empfinden – unseren Eltern und Lehrern geglaubt haben?

Wenn wir solchen Fremdbestimmungen, Prägungen und Legenden auf die Spur kommen, können wir die Geschichte umschreiben und – vor allem – Kurskorrekturen einleiten. Und wir können der Berufung folgen. Fragen wir uns also, ob es wirklich zu spät ist, um doch noch auf einen bisher nicht beschrittenen Weg zu wechseln. Fragen wir uns, ob es nicht an der Zeit wäre, vergessene oder verleugnete Begabungen wiederzubeleben. Manchmal hilft es, den eigenen Lebensfilm im *Director's Cut*, in der unzensierten Version, zu betrachten, um die neue Richtung herauszufinden.

Allerdings macht vieles von dem, was bisher nicht gelebt werden konnte, auch Angst. Eine Kurskorrektur kann gewaltige Turbulenzen nach sich ziehen. Lohnt es sich, auf den Ruf einer inneren Stimme hin sein Leben umzukrempeln? Rechtfertigt die vage Hoffnung auf mehr Authentizität, dass man Gewohntes verändert, Bequemlichkeiten aufgibt und mühsam getroffene Kompromisse und Arrangements über den Haufen wirft?

Das Hinauszögern von Entscheidungen, das Aufschieben und Mäandern, das Herumtrödeln und Nicht-zu-Potte-Kommen, die Flucht in Scheinaktivitäten – wer sich vor der Berufung drücken will, findet viele Taktiken des Vermeidens. Selbst die Arbeit kann zu einer Form des Kneifens werden. Manche Workaholics verstecken sich vor ihrer eigentlichen Berufung hinter dieser sozial respektierten Art des Ausweichens.

Ein Ruf kann auch zu Tode analysiert werden. Endlos lassen sich Pro und Contra abwägen, denn, nicht wahr, alle Konsequenzen müssen sorgfältig bedacht und weitere Informationen eingeholt werden.

Viele hören die Botschaft wohl – allein, der »richtige Augenblick« muss abgewartet werden: Erst wenn die geeignete Konstellation von Zeit, Gelegenheit, Geld, Freiheit, Energie gegeben ist, legen sie los und folgen dem Ruf – also nie.

Und vielleicht gibt es ja einen risikolosen Parallelweg: Wir folgen der Berufung, wir gehen durchaus in die richtige Richtung, aber nicht mit letzter Konsequenz. Wir werden lieber Kunstkritiker als Künstler, lieber Vereinsvorsitzender als Politiker, wir spenden für Greenpeace, statt uns selbst in Aktionen zu stürzen.

Und dann gibt es die vielen subtilen Formen der Selbstsabotage. Wir haben einfach »Pech« und sind sozusagen krankheitshalber entschuldigt: Man vermasselt die entscheidende Prüfung oder das entscheidende Bewerbungsgespräch – und muss die anspruchsvolle Stelle nicht antreten. Oder man »vergisst«, einen Antrag oder ein Aufnahmeformular rechtzeitig abzuschicken.

Wer das häufig genug praktiziert hat, landet schließlich bei der Mutter aller Selbstbetrügereien – der ausgewachsenen Lebenslüge. Lebenslügen sind in der Regel Konstruktionen, die das Selbst vor unerträglichen Wahrheiten schützen sollen. Aber sie sind auch nicht selten Rechtfertigungen dafür, dass jemand der Herausforderung seines inneren Rufes ausweicht und seine Möglichkeiten verleugnet: Ich hatte einfach nicht das Talent, die Beziehungen, das Startkapital. Ich habe nie eine Chance gekriegt.

Eines der größten Hindernisse für das Ausleben einer Berufung ist die Angst vor der Meinung anderer. Häufiger, als wir uns eingestehen mögen, hindern uns falsch verstandene Rücksichtnahmen, die Angst vor Scham oder schlichter Konformitätsdruck daran, das zu tun, was wir tun wollen und für richtig halten: Was werden die anderen denken? Allzu oft wollen wir die Erwartungen anderer erfüllen, und so gestatten wir ihnen, ihre Macht- und Kontrollspiele mit uns zu spielen. Wir ertragen ihre Zumutungen, weil wir verinnerlicht haben: Bloß nicht auffallen! Nimm Rücksicht! Sei ja nicht egoistisch! Du kriegst keine Extrawurst! Du bist nichts Besonderes!

Die nüchterne Analyse zeigt, dass wir vielfach einem kleinen Kreis von Menschen eine schier unglaubliche Macht über uns und unser Verhalten eingeräumt haben. Sie kontrollieren und manipulieren uns oft auf eine Weise, die uns nicht mehr bewusst ist. Wir sind abhängig von ihrer Zustimmung oder Anerkennung und fürchten ihre Kritik oder ihre Ablehnung. Wir opfern ihnen schließlich unsere Individualität und verharren im Status quo.

Der Preis der Selbstverleugnung

Wir zahlen psychisch und physisch oft einen hohen Preis, wenn wir eine Berufung nicht beachten. Der Psychosomatiker Viktor von Weizsäcker schrieb 1950 in einer Studie über das »ungelebte Leben«, dass »die unmöglichen Pläne, die nie getanen Taten wirksamer sind als das, was geschehen ist«. In vielen Krankengeschichten, so Weizsäcker weiter, werde das Unausgelebte oft zum Anlass für späte Schuldgefühle, für Gram und Selbstvorwürfe, die sich negativ auf den Körper auswirkten.

Frustration, Depression, Langeweile oder unterdrückte Wut, deren Herkunft oft unverständlich bleibt, sind typische psychische Symptome, die durch die Selbstverleugnung entstehen. Das Erschöpfendste und Frustrierendste im Leben ist, auf Dauer gegen die innere Berufung zu leben und nicht das zu tun, was wir eigentlich tun wollten und könnten. Die American Medical Association (AMA) stellte in einer 1999 veröffentlichten Statistik fest, dass sich die meisten Herzinfarkte am Montagmorgen zwischen neun und zehn Uhr ereignen. Das ist genau der Zeitpunkt, an dem Millionen von Menschen nach dem Wochenende wieder dorthin zurückkehren, wo sie sich im Grunde selbst verleugnen müssen – an einen langweiligen, verhassten, sie über- oder unterfordernden Arbeitsplatz.

Körperliche Symptome können der Ausdruck wichtiger Nachrichten aus dem Innenleben sein, »Soma-Zeichen«

nennt sie der amerikanische Physiker David Bohm: Schlaflosigkeit, Rückenschmerzen, Magenbeschwerden und vieles andere sollten auch daraufhin überprüft werden, ob sie ein Protest des Dämons gegen die nicht gelebten Potenziale sind.

Das eigene Schicksal als Möglichkeit und in uns angelegten Lebensplan zu erkennen und richtig zu »lesen«, ist ein Akt der Selbsterkenntnis, der Reflexion und Introspektion, Mut und Ehrlichkeit gegenüber uns selbst erfordert. Eine Berufung, ein *daimon*-inspiriertes Leben wird allerdings nicht nur durch die Talente und Begabungen eines Menschen definiert. Der Charakter enthüllt sich nicht allein durch die beruflichen oder künstlerischen Fähigkeiten, die zur Entfaltung kommen. Wichtig ist auch das *Wie*, das erst den Charakter ausmacht und den unverwechselbaren Stil eines Menschen prägt: Wir sind, *wie* wir es sind. Nicht Erfolg oder Glück oder Ansehen ist das Maß aller Dinge, wenn es um die Bewältigung und Bewertung eines Lebens geht. Charaktere, die sich selbst treu bleiben und ihr »Ding« machen, lassen sich auch bei Menschen entdecken, die in ihrem unspektakulären Alltag etwas scheinbar Banales mit Stil und Würde tun. Sie beweisen Mut, Festigkeit, Prinzipientreue und viele andere Tugenden, und sie folgen ihrem Ruf unbeirrt. Das gute Leben ist auch eine Stilfrage – es ist die fortwährende Arbeit am eigenen Charakter.

Die Ansprüche an sich selbst erfüllen

»Quäl dich, du Sau!«, rief der Radrennprofi Udo Bölts während der Tour de France 1997 seinem Mannschaftskapitän Jan Ullrich zu, nachdem er ihn in eine günstige Ausgangsposition für den Schlussteil einer wichtigen Bergetappe herangeführt hatte. Ullrich ist unbestritten das größte Talent des Radsports der letzten Jahre, aber bekannt dafür, dass er seine Fähigkeiten nie richtig ausgeschöpft hat – aus Bequemlichkeit, charakterlicher Unreife, mangelndem Ehrgeiz.

Eine der wichtigsten Quellen für die Selbstachtung und das Lebensglück ist der Stolz auf eine Leistung, die über das Mittelmaß hinausragt: Glück ist, irgendetwas besser gemacht zu haben, als man von sich selbst erwartet hat. Glück ist, besser zu sein, als es andere von uns erwartet haben. Glück ist, über seine Grenzen hinausgewachsen zu sein, sich überwunden zu haben.

Umgekehrt ist das Vergeuden und Verschlampen der eigenen Talente, das Nicht-Ausschöpfen der eigenen Potenziale die Ursache für schleichende Unzufriedenheit, für Gefühle des Versagens, für sinkende Selbstachtung. Es hängt von unseren Zielen und Ansprüchen an uns selbst ab, ob wir die Grenze zwischen Hobby und Meisterschaft, zwischen Dilettantismus und Können, zwischen hinreichender Routine und Spitzenleistung überhaupt überschreiten wollen. Oft tarnt sich die Bequemlichkeit hinter einer modischen Leistungsskepsis: Pfui, Strebertum! Ehrgeiz! Oder es werden Sachzwänge vorgeschützt.

Das Unbehagen am eigenen Mittelmaß

Der Verrat an unseren Talenten und Zielen holt uns früher oder später ein, wenn wir weit hinter dem zurückbleiben, was wir könnten. Diffuser Unmut oder Frust über das eigene Mittelmaß quälen uns, und wir versuchen uns zu beruhigen: Es ist ja nicht so wichtig, Spitze zu sein. Das Unbehagen beginnt meist mit einem leise nagenden Gefühl der Unzufriedenheit, wenn wir in vielen Dingen weit hinter dem zurückbleiben, was wir leisten könnten:

Wir haben Talent zum Schreiben oder Malen oder Musizieren und würden es gerne vervollkommnen, aber über gelegentliche Versuche sind wir nie hinausgekommen.

Wir haben den Umgang mit dem Computer gelernt, aber viele Funktionen bleiben uns ein Rätsel, und wir reizen das Potenzial dieser Technik nie aus.

Wir wollen endlich richtig Italienisch oder Spanisch lernen, um im nächsten Urlaub mehr als nur die Speisekarte lesen zu können. Aber zweimal die Woche abends zur Volkshochschule?

Wir sind schon seit längerem unzufrieden mit unserem Tennisspiel, weil wir auf dem Niveau »begabtes Mittelmaß« stehen geblieben sind.

Wir bedauern, dass wir das Klavierspielen aufgegeben haben und höchstens an Weihnachten ein bisschen für die Familie klimpern.

Wir haben das ungute Gefühl, dass wir im Beruf weit mehr leisten könnten.

Natürlich finden wir tausend Gründe, warum wir hinter unseren Möglichkeiten zurückbleiben: keine Zeit, keine Gelegenheit, man muss Prioritäten setzen im Leben – und ähnliche Scheinargumente und Selbstberuhigungen. In Wahrheit scheuen wir die Mühe und den langen Weg, der uns zur Könnerschaft führen könnte.

Wann immer wir etwas lernen, einen Beruf, eine fremde Sprache, eine Kulturtechnik, eine Praktik wie Meditieren oder Yoga, ein Handwerk, eine Sportart, eine neue Technik, ein Musikinstrument – wir sind zunächst blutige Anfänger.

Zu Beginn eines Lernprozesses fragen wir, wie lange wir wohl brauchen, um »es« einigermaßen zu können: Wann ist unser Spanisch oder Italienisch *gut genug*, um sich damit im Urlaub durchzuschlagen? Und wann so gut, dass wir wirklich die Kultur verstehen und ein Gespräch führen können? Wann ist unsere Vorhand im Tennis *gut genug*, um einen Spielpartner öfter mal zu passieren, und wann so gut, dass wir den Schlag perfekt beherrschen?

Die Philosophie des Strebens nach Vollkommenheit, die Aristoteles als Vorbedingung des guten Lebens ansah, ist längst nicht jedermanns Leitmotiv, insbesondere nicht in einer Kultur, die uns leichte und schnelle Wege zum Erfolg verspricht. In Schulen und Universitäten, aber auch in Firmen und Organisationen begnügen wir uns häufig mit Mittelmaß. Ehrgeiz und Leistungsdenken gelten als übertrieben, als uncool oder unfein. Der nette Schluffi genießt ein höheres Ansehen als der Streber.

Allmählich werden wir zu einer Nation von *underachievern* – von Leuten, die unter ihren Möglichkeiten bleiben. Talent ist mit Sicherheit vorhanden, aber es wird nicht oder nicht mehr gefordert. Es ist normal, sich nicht zu verausgaben, sich zu schonen und mit möglichst wenig Anstrengung durchzuwursteln.

Wer wirklich etwas bis zur Meisterschaft lernen und beherrschen will, wer zu seiner persönlichen Bestleistung vorstoßen möchte, muss als Erstes anerkennen: Der Weg zur Könnerschaft ist auch dann lang und schwer, wenn wir Talent und Begabung mitbringen. Es gibt keine Abkürzungen und Tricks. Wir schlagen einen Weg ein, den wir nur dann wirklich bis ans Ziel gehen können, wenn wir Mühen, Rückschläge und zeitweise Stagnation in Kauf nehmen.

Avanti, Dilettanti: drei Arten, nichts richtig zu machen

Der Weg zur Könnerschaft verläuft über mehrere Stufen. Plateauphasen, auf denen es nicht voranzugehen scheint, wechseln sich mit Phasen beschleunigter Lernschübe und sichtbarer Fortschritte ab. Neue Ebenen der Kompetenz setzen hartnäckiges Üben auf einem niedrigeren Niveau voraus – und die Steilaufschwünge des Fortschreitens lassen auf sich warten. Vor den Erfolg haben die Götter die Mühen des Plateaus gesetzt: unregelmäßige Verben pauken oder endlose Etüden am Klavier oder den Rückhandschwung Hunderte Male im Training wiederholen oder immer wieder an einem Text feilen.

Lernen findet fast immer in Schüben statt. Es gibt kaum ein Gebiet, auf dem wir gleichmäßige, stetige Fortschritte machen. Der nach Amerika emigrierte Neuropsychologe Karl Pribram erklärt dieses Muster so: Wenn wir etwas Neues lernen, müssen wir angestrengt und konzentriert bei der Sache sein, um alte Wahrnehmungs-, Kognitions- und Verhaltensmuster durch neue zu ersetzen. Nach und nach bildet sich dann ein *habituelles Verhaltenssystem* heraus, das tiefer reicht als das bewusste Denken und Tun – eine Art automatischer Antwort, eingeschliffen durch Üben, Üben, Üben. So entsteht ein Reflexbogen im Zentralnervensystem, der uns erlaubt, die Rückhand zu schlagen oder in fremder Sprache nach dem Weg zu fragen, ohne jedes Mal dabei überlegen zu müssen, wie wir es tun.

Meister und Spitzenkönner sind diesen Weg zu Ende gegangen, im Gegensatz zu den Dilettanten, die auf einem niedrigen Plateau stehen geblieben sind – oder das Ziel ganz aufgegeben haben.

Der Dilettantismus schillert in drei Spielarten:

Der *sprunghafte Dilettant* ist nicht ins Gelingen, sondern ins Beginnen verliebt. Schnell ist er für neue Sportarten, Hobbys oder Beziehungen zu begeistern, er springt auf jeden Karrierezug auf, belegt eifrig Fortbildungskurse, alles Neue zieht ihn magisch an. Aber es ist nur der Zauber des Anfangs, der ihn beflügelt. Der erste Schwung führt oft zu schnellen Anfangsfortschritten – alles super! Beim ersten Rückschlag jedoch verfliegt der Enthusiasmus, schon die Mühen der ersten Plateauphase sind dem Dilettanten zu viel. Bald findet er gute Gründe, den Kurs zu schwänzen, das gerade Begonnene wieder fahren zu lassen, den Job oder das Studienfach zu wechseln: nichts für mich, zu anstrengend, zu langweilig. Auch in Beziehungen genießt der Dilettant die heiße Phase des Kennenlernens. Gerne verführt er oder lässt sich verführen, er präsentiert sein Ego und erzählt seine Geschichte. Wenn der erste Zauber verflogen ist, wird es ihm schnell langweilig, er beginnt sich nach etwas Neuem umzusehen. Er bleibt, in den Worten C.G. Jungs, ein *puer eternus*, ein ewig verspieltes Kind.

Der *obsessiv-verkrampfte Dilettant* ist ehrgeizig und will der Beste sein. Für schnelle Erfolge tut er alles: Er ist von der ersten Stunde an der Eifrigste, fragt den Lehrern Löcher in den Bauch, übt freiwillig nach dem Unterricht weiter. Wenn nach den Anfangserfolgen die erste unvermeidliche Plateauphase kommt und die erhofften Verbesserungen sich nicht einstellen, verdoppelt er seine Anstrengungen, um den Fortschritt zu erzwingen. Der Obsessiv-Verkrampfte kann nicht akzeptieren, dass die meisten Fertigkeiten sich nur langsam entwickeln. Mit seinem Ehrgeiz erreicht er oft kurzfristige Erfolge, aber die Kraftakte sind nicht durchzuhalten, und irgendwann bricht er ein. Am Ende dieses Zickzackmusters steht die Resignation oder gar ein Zusammenbruch.

Der *zufriedene Dilettant* hat nur geringe Ansprüche an sich selbst. Er bleibt auf einem einmal erreichten Leistungsplateau stehen, denn es reicht ihm völlig, ein paar Grundkenntnisse zu besitzen, mit denen er gerade gut genug ist, um einigermaßen durchzukommen. Er ist der typische Angelernte – zwar kein Anfänger mehr, aber auch weit entfernt von meisterhafter Beherrschung einer Fertigkeit. Er kann ein paar Brocken einer Fremdsprache, im Job macht er Dienst nach Vorschrift, seine Beziehungen gestaltet er als bequemes Arrangement.

Wie kann man diesen Irrwegen und Sackgassen entgehen, wie lässt sich die stille Frustration des Mittelmaßes vermeiden?

- *Den bestmöglichen Lehrer suchen und finden*: Was immer wir lernen wollen, wir sollten die besten Voraussetzungen dafür schaffen. Das heißt in den meisten Fällen, den bestmöglichen Lehrer zu suchen und zu finden. Autodidakten sind manchmal erfolgreich, aber sie gehen oft unnötige Umwege und erfinden häufig das Rad neu. Wer einen geeigneten Lehrer sucht, sollte beobachten, wie der zukünftige Instrukteur mit anderen Schülern umgeht: Zeigt er – neben großen eigenen Fähigkeiten – auch Empathie, freut er sich über die Fortschritte seiner Schüler, wie kritisiert oder ermutigt er sie? Die Lehrer-Schüler-Interaktion verrät ziemlich deutlich, wie gut die Schüler werden. Aber nicht nur das Finden eines bestimmten Lehrmeisters ist wichtig, wir müssen auch erkennen, ab wann man nichts mehr von ihm lernen kann – und wir vielleicht einen anderen brauchen.

- *Eine gewisse masochistische Lust an der Wiederholung*: Die Mühsal und Langeweile langer Übungsphasen sind der Preis für wirkliche Fortschritte. Nur wer der Routine und den endlosen Etüden etwas abgewinnen kann und selbst minimale Fortschritte als Erfolg genießt, wird zum Routinier – und erreicht damit die Vorstufe der Meisterschaft.
- *Übung in Geduld und Bescheidenheit*: Auf dem Weg zur Meisterschaft gibt es immer wieder Phasen, in denen man anscheinend wieder ganz von vorn anfangen muss. Je weniger man sich auf seinen bisherigen Fortschritten ausruht, je weniger man sich in der falschen Gewissheit wiegt, schon alles zu wissen, desto leichter fällt es, dazuzulernen und Neues aufzunehmen.
- *Das Ziel nie aus dem Auge verlieren*: Meisterschaft verlangt Intentionalität – die Entschlossenheit, den Weg zu Ende zu gehen und sich dafür immer wieder selbst zu disziplinieren. Dazu gehört die mentale Einstimmung auf das Ziel, die ständige geistige Auseinandersetzung mit dem Sinn und Zweck des Übens und Lernens.
- *Grenzen testen und sie, wenn möglich, auch überschreiten*: Auf der Grundlage großer Erfahrung und Sicherheit gehen Könner und Meister daran, die eigenen Grenzen zu testen – um über sich hinauszuwachsen. Dabei müssen sie auf dem schmalen Grat zwischen Risikobereitschaft und Überheblichkeit balancieren.

Der amerikanische Intelligenzforscher Howard Gardner hat den Werdegang einer besonderen Spezies von Spitzenkönnern untersucht. Unter den kreativen Genies der Kultur- und Geistesgeschichte erkennt er idealtypisch die *Meister* (wie etwa Wolfgang Amadeus Mozart), die *Erzeuger* (wie Sigmund Freud, der eine neue Theorie schuf), die *Introspektiven* (oder: Genies der Selbsteinsicht, wie Virginia Woolf) und die *Beweger* (wie Mahatma Gandhi). Drei Merkmale zeichnen alle diese Genies aus und sind ihnen gemeinsam: Fehler sind für Spitzenkönner eine exzellente Gelegenheit zum Lernen. Negative Ereignisse werden nicht ausgeblendet und verdrängt, sondern sorgfältig analysiert. Wer sich nicht von ihnen aus der Bahn werfen lässt, sondern aus ihnen lernt, geht gestärkt aus Krisen hervor.

Zweitens protokollieren Spitzenkönner und kreative Genies ihre Fortschritte und Rückschläge: Auf dem Weg zu künstlerischer oder intellektueller Könnerschaft ist es unerlässlich, immer wieder eine kritische Bestandsaufnahme zu machen: Wo stehe ich jetzt? Was lief gut? Was lief schief? Tagebücher oder Protokolle helfen bei dieser Analyse, aber auch längere Muße- und Reflexionspausen, lange Spaziergänge oder andere Auszeiten, bei denen man auf Distanz zu sich selbst gehen und den zurückgelegten Weg betrachten kann.

Und drittens: Könner haben ihre Stärken und Schwächen genau analysiert: Es kommt darauf an, die eigenen Potenziale herausfinden und sie wirklich mit aller Kraft zu entwickeln. Spitzenkönner finden die Nische, in denen sie besonders wirksam und erfolgreich sein können, auch wenn sie überraschend viele Schwächen auf anderen Gebieten aufweisen. Es würde sie unverhältnismäßig viel Energie kosten, diese Schwächen auszugleichen, um in diesen Bereichen dann trotzdem höchstens mittelmäßig zu werden. Besser ist es, alle Kraft in die Stärken zu investieren, um dort zur Spitze vorzustoßen.

Mentale Fitness: Was sich von Spitzensportlern lernen lässt

Die Fähigkeit, Leistung punktgenau zum richtigen Zeitpunkt abrufen zu können, unterscheidet den mental starken Könner vom Mittelmäßigen, aber auch vom Könner, der aufgrund psychischer Schwäche zum Versager wird. Nirgendwo tritt dieser Unterschied öfter und deutlicher zutage als im Sport. Sportler beobachten und lernen den *ideal performance state* – jenen mentalen Zustand, in dem das Optimum dessen gelingt, was man gelernt hat, vor allem dann, wenn es darauf ankommt: im Wettkampf, unter Stress, im Angesicht der Konkurrenz. Es gibt im Sport und im Leben viele Trainingsweltmeister, denen die Fähigkeit abgeht, ihre Leistung auf den Punkt zu bringen. Bei gleicher körperlicher Begabung und Fitness, bei gleichen Trainingsmethoden, bei gleichen Wettkampfbedingungen gewinnt immer der mental Stärkere.

Die Techniken erfolgreicher Sportpsychologen bestehen aus einem Repertoire bewährter Entspannungs-, Konzentrations- und Imaginationsübungen. Die zentrale Fähigkeit ist dabei das Fokussieren, die Konzentration auf den Punkt, der Tunnelblick. Die Angst des Schützen beim Elfmeter darf gar nicht erst aufsteigen. Brüllende Fans im Stadion, die eigenen Erfolge oder Misserfolge in der Vergangenheit, die Erwartung der Mannschaftskollegen, all das muss im Augenblick der Wahrheit vom Sportler abfallen. Er darf keinen Gedanken zulassen, der seine empfindliche Gehirnchemie – und damit seine Leistungsfähigkeit – negativ beeinflusst.

Dieses Fokussieren geschieht beispielsweise mithilfe von Ritualen. Tennisspieler oder Basketballspieler lassen den Ball dreimal aufspringen, bevor sie aufschlagen oder werfen. Atemtechniken helfen, die aufkeimende Stressreaktion einzudämmen. Das mehrfache systematische und bildhafte Vorstellen von Bewegungsabläufen koordiniert Muskeln und Geist. Tiger Woods, der beste Golfspieler unserer Tage, hat gelernt, wie man Putts aus drei Metern Distanz mit tödlicher Sicherheit versenkt: Vor dem Schlag »sieht« er sich im Kopfkino mehrmals an, wie der Ball ins Loch rollt. Überhaupt ist die Imagination die Wunderwaffe in der Sportpsychologie geworden, vor allem wenn es um längere und komplizierte Bewegungsabläufe geht. Der amerikanische Psychophysiologe Stephen Kosslyn von der Harvard University hat in verschiedenen Experimenten gezeigt, dass sich die muskuläre Fitness durch mentale Übungen steigern lässt: Die Visualisierung von Bewegungen, etwa der Fingermuskulatur, stimuliert den motorischen Cortex, und dies wiederum bewirkt eine Verbesserung der Innervierung von Muskelgruppen und eine gesteigerte Leistungsfähigkeit. Ähnliches erbrachte eine Studie, in der eine Fünf-Finger-Klavier-Etüde von einer Gruppe real eingeübt wurde, von einer zweiten Gruppe nur mental. In beiden Gruppen wuchs die Gehirnregion an, die für die Koordination der Finger zuständig ist – und zwar in gleichem Maße.

Die meisten sportpsychologischen Techniken lassen sich auch auf Bereiche jenseits des Sports übertragen. Der Effekt ist der gleiche, nämlich das Erreichen der *Zone* – ein Zustand völliger Konzentration und Selbstvergessenheit. Darin ähnelt die Zone dem *Flow*, dem völligen Absorbiertsein und »Aufgehen im Tun« bei äußerster Anspannung der Kräfte. Mihalyi Csikszentmihalyi, der Entdecker dieses Zustands, sieht jedoch einen wichtigen Unterschied zwischen der Konzentration im Flow und der mentalen Leistungsbereitschaft, die um des Erfolges willen angestrebt wird: »Die Frage ist, warum man den Zustand der idealen Leistungsfähigkeit anstrebt – um seiner selbst willen, oder um zu siegen? Wenn nur der Sieg das Ziel ist, dann verschwindet allmählich die Freude am Tun.« Mit anderen Worten: Das Tun – was immer es ist – muss Selbstzweck sein, muss Freude machen, damit die selbstvergessene Versenkung und mentale Fokussierung auf Dauer eintritt.

Die geistige Vorwegnahme

Die US-Sozialpsychologin Shelley Taylor hat die mentale Simulation von zukünftigen Ereignissen vor allem erfolgs- und leistungsbezogen erforscht und ist zu folgendem Schluss gekommen: Simulation, das gezielte Phantasieren und Konstruieren von Szenarien, ist die ideale Technik, um uns auf Situationen vorzubereiten, in denen wir ein Problem lösen müssen oder einer Prüfung oder Bewährungsprobe unterzogen werden.

Diese Simulation unterscheidet sich vom bloßen Wunschdenken oder vom positiven Denken (»Ich werde die Prüfung mit Glanz und Gloria bestehen!«), denn erfolgreiche gedankliche Simulationen beschäftigen sich nicht nur mit dem Ziel, sondern vor allem mit dem Weg dorthin. Sie nehmen beispielsweise Schwierigkeiten vorweg und ermöglichen durch ihre inneren Szenarien die konkrete Planung von Lösungen.

Wer diese »geistige Vorwegnahme« trainiert, bereitet sich auch gut auf emotionale Krisen vor – und kann sie besser kontrollieren, wenn sie später tatsächlich auftauchen. Denn jede detaillierte Imagination eines Ereignisses weckt auch die damit verbundenen Gefühle. Wenn wir diese schon einmal in der Phantasie erlebt haben, können wir sie später, in der realen Situation, besser steuern; sie überraschen und überwältigen uns dann nicht mehr. Eine derartige Technik geht auf die *praemeditatio* der antiken stoischen Philosophen zurück. Marc Aurel beispielsweise empfahl: »Am Morgen sich sagen: Zusammentreffen werde ich heute mit einem taktlosen, unverschämten, einem arglistigen, neidischen, unverträglichen Menschen.« Stoische Gelassenheit ist jedoch keineswegs resignativ oder pessimistisch. Der Gleichmut, der aus der mentalen Vorwegnahme kommt, ermächtigt uns vielmehr, den Kopf frei von quälenden Emotionen zu halten und die Gunst der Stunde zu nutzen und den Augenblick vollends zu genießen.

Die gedankliche Vorwegnahme darf sich nicht nur auf das glückliche Ende, das Ziel konzentrieren – der Weg und seine Etappen müssen möglichst detailliert simuliert werden. Das ist der entscheidende Unterschied zum positiven Denken und zu so genannten Selbstbegeisterungstechniken der Motivationsgurus, in denen es in der Regel nur darum geht, sich in eine Art Erfolgstrance zu versetzen (»Du schaffst alles, wenn du nur willst!«). Die Motivation ist wichtig, aber sie muss einen konkreten Plan haben, den sie anfeuern kann. Sie entfaltet erst dann ihre wahre Schubkraft, wenn sie eingeübte Fertigkeiten ans Werk setzt.

An sich glauben versetzt Berge

Der amerikanische Psychologe Albert Bandura hat ein Bündel von Überzeugungen, die wir über uns selbst – vor allem über unsere Fähigkeiten – entwickeln und pflegen, als »Selbstwirksamkeit« bezeichnet. Selbstwirksamkeit ist das Vertrauen in die eigene Leistungsfähigkeit und die Überzeugung, einer Aufgabe gewachsen zu sein, auch wenn dieses Vertrauen nicht durch Tatsachen gedeckt ist. Diese »gute Meinung über sich selbst« hat sich immer wieder als entscheidender Faktor in Leistungssituationen herausgestellt. Selbst tatsächlich vorhandene Fähigkeiten sind nicht so wichtig wie der Glaube, sie zu besitzen. Immer wieder zeigte sich in der Alltagswirklichkeit ebenso wie in Experimenten, dass Selbstvertrauen sogar nur mittelmäßig Begabte zu Spitzenleistungen befähigt, während hoch talentierte, gut ausgebildete und geschulte Menschen häufig versagen, weil sie an sich zweifeln.

Wie Menschen sich in einer Leistungssituation verhalten – ob sie Erfolg haben werden oder nicht –, lässt sich durch das Maß ihres Selbstvertrauens also besser vorhersagen als durch das tatsächliche Können. Warum ist das so? Albert Bandura nennt einen wichtigen Grund: »Menschen, die über ein starkes Gefühl der Selbstwirksamkeit verfügen, widmen ihre Aufmerksamkeit und ihre Energie den Anforderungen der Situation und lassen sich durch Hindernisse eher zu noch größeren Anstrengungen anspornen. Wer sich selbst für sehr kompetent hält, denkt, fühlt und handelt anders als Menschen, die sich als ineffektiv wahrnehmen. Selbstwirksame erzeugen ihre eigene Zukunft.«

Umgekehrt sind sich wenig Selbstwirksame oft selbst im Wege, und trotz großer vorhandener Fähigkeiten bleiben sie anfällig für Zweifel und Unzufriedenheit. Weil sie außerdem noch hohe Ansprüche an die eigene Leistung verinnerlicht haben, resignieren sie schnell, und auch die Anerkennung anderer hilft ihnen wenig.

Selbstwirksamkeit beeinflusst unser Verhalten in vierfacher Weise: *Erstens* lenkt sie die Auswahl unserer Ziele – wir nehmen uns solche Aufgaben vor, für die wir uns geeignet und kompetent halten, und wir vermeiden Felder, in denen wir nicht erfolgreich sein können. *Zweitens* bestimmt die Selbstwirksamkeit das Ausmaß der Energie und Ausdauer, die wir in ein Ziel investieren. Wenn wir an uns glauben, sind wir ausdauernder und energischer, selbst wenn es einmal zu Rückschlägen kommt. *Drittens* formt Selbstwirksamkeit unseren Denkstil: Wer sich für kompetent hält, sieht die Kausalitäten für Erfolg und Misserfolg anders als ein Selbstzweifler. Selbstwirksame schreiben ihre Erfolge dem eigenen Können zu, Misserfolge dagegen den äußeren (ungünstigen) Umständen. Und *viertens* bewegen sich Selbstwirksame in einer Aufwärtsspirale des Gelingens: Jedes Erfolgserlebnis verstärkt ihren Glauben an die eigene Kompetenz und spornt sie zu neuen Anstrengungen an. Dieser »reziproke Determinismus« beeinflusst nicht nur über das Selbstbild unser Verhalten, wir nutzen auch die Überzeugungen über uns selbst, um aktiv unser Verhalten zu steuern.

Den inneren Zusammenhang des Lebens entdecken

Je komplizierter wir unsere Welt gestalten, desto mehr müssen wir sie in Worte fassen, um sie noch begreifen zu können. Wir müssen uns erzählen, was um uns herum geschieht, weil die Welt sonst keinen Sinn mehr ergibt. Vor allem wenn es um uns selbst geht, müssen wir viele Worte machen. Wir müssen oft weit ausholen, umständlich sein – das heißt: die Umstände nacherzählen – und überhaupt die uns angemessenen Darstellungsweisen für unsere Erlebnisse finden. Denn wenn wir das äußere Chaos des Lebens nicht in Erzählungen bändigen können, wird auch unser Innenleben chaotisch und sinnlos.

Zum Glück bleiben wir in Übung, schon allein deshalb, weil wir gern über uns selbst reden. Die leiseste Einladung, der geringste Anlass reicht meist aus, und wir sprudeln über. Sobald wir das Gefühl haben, jemand hört uns halbwegs interessiert zu, geben wir nur zu bereitwillig etwas aus unserem Leben preis. Wir erzählen gerade erlebte Episoden oder wiederholen lange zurückliegende Anekdoten, wir berichten über Urlaubsabenteuer und Erlebnisse am Arbeitsplatz. Mitunter schildern wir ganze Lebensabschnitte, und manchmal sogar das ganze Leben. Unser Dasein besteht aus einer wachsenden Zahl von Geschichten. Es ist selbst eine Geschichte, eine mehr oder weniger spannende Erzählung. Und wir haben das dringende Bedürfnis, diese zu einer guten, »runden« Geschichte zu machen, zu einer Story, mit der wir gut leben können.

Stimmt das wirklich? Oder ist die Redensart von der »Geschichte meines Lebens« nur eine schmeichelhafte Metapher? Wir sehen unser Leben gerne als eine erzählbare Geschichte, mit einem Anfang, einer Mitte, einer Zukunft, ja, auch mit einem möglichst guten Ende. Die Geschichte unseres Lebens hat, wie jede gute Story, eine bestimmte Erzählperspektive, eine mehr oder weniger differenzierte Handlung, Helden und Antihelden, und so weiter. Aber *sind* wir auch diese Geschichte? Ja! Wer wir sind, was wir sind und wie wir es sind – das bestimmen wir zum größten Teil durch eine permanente Selbsterschaffung, durch die Selbsterzählung.

Der narrative Instinkt und die Sinnsuche

Erst jenseits der nackten Daten und Fakten unserer Existenz – Geburt, Kindheit, Schule, Beruf, Eheschließung, Pensionierung, Tod – beginnt das, was uns als Individuum eine erkennbare, unverwechselbare Gestalt gibt und uns über die demografische Statistik erhebt: Erst durch eine in Worte gefasste Geschichte beginnt die Selbstwerdung.

Die Verknüpfung und Verschmelzung unserer Erfahrungen zu einer sinnvollen Erzählung ist der rote Faden, die fiktionale Darstellung dessen, was wir als »gutes Leben« anzustreben versuchen.

Die Betrachtung und Sinngebung unseres eigenen Lebens in Form von Erzählungen hat heute besonderes Gewicht. Wir können uns kaum noch als In-dividuen, als Unteilbare, betrachten. Unser Selbst ist fragmentiert und aufgespalten in unterschiedlichste Rollen und Wertsysteme; wir müssen in vielen unverbundenen Teilpersönlichkeiten leben. Der Soziologe Ullrich Beck spricht ironisch vom *Dividuum*. Selbsterzählungen sind die uns gegebene Technik, um die Splitter und Facetten unserer Existenz wieder zusammenzufügen zu einem Ganzen. Dabei können wir auf tradierte Formen zurückgreifen und unter verschiedensten Erzählweisen die angemessene wählen. Der Wert zeitgenössischer Literatur liegt unter anderem auch darin, kunstvolle Mustererzählungen zu bieten, sie sind aktuelle Beispiele dafür, wie man selbst in beschädigten, zerrissenen Lebensläufen und chaotischen Verhältnissen ein gutes, erfülltes Leben führen kann. Die großen Romanciers der Gegenwart wie etwa John Irving oder Salman Rushdie zeigen uns, wie wir – selbst wenn wir die großen Ziele wie »Selbstverwirklichung«, »Glück« oder »Vollkommenheit« nicht erreichen – auch jenseits solcher Ideale leben und lieben können.

Selbsterzählungen sind auch der Ausdruck eines ästhetischen Instinkts. Wenn eine Erfahrung in eine Geschichte gefasst wird, die dramaturgische und narrative Prinzipien berücksichtigt, und seien diese noch so simpel und rudimentär, wird diese Geschichte zu einer Vorform von Kunst. Wir können zu Recht von einer Poetik der Selbsterschaffung sprechen. Das autobiografische Gedächtnis aber ist auch die Basis unseres Selbstkonzepts. Mitteilungen und Erzählungen über uns, und seien ihre Geltungsbereiche auf noch so kurze Zeiträume limitiert (»Danke, es geht so!«), sind die Essenz unseres Daseins. Und der Verlust der Fähigkeit, eine kohärente Selbsterzählung produzieren zu können, ist ähnlich dem Verlust der Identität. Das macht Gehirndegenerationen wie die Alzheimerkrankheit gleichbedeutend mit dem allmählichen Verlust der Persönlichkeit.

Wir verfügen über zwei grundlegende Denkstile: zum einen über das logisch-paradigmatische Denken, zum anderen über das narrative Denken. Ersteres könnte man, vereinfacht, als das Instrument zum Anhäufen und Verarbeiten von Informationen bezeichnen, Letzteres dient der erzählerischen Verknüpfung von Fakten zu einer sinnvollen Geschichte. Diese narrative Kompetenz geht auch dem höchstentwickelten Computer ab. Menschenähnlich würde eine Maschine erst, wenn sie aus den drei Elementen Wissen, Intelligenz und Erinnerung eine kohärente Erzählung fabrizieren könnte.

Der drohende Verlust des Erzählsinns

Obwohl der Erzählimpuls und die narrative Intelligenz zur menschlichen Grundausstattung zu gehören scheinen, tun sich viele Menschen heute schwer, eine erzählenswerte Autobiografie zu formulieren. Offenbar finden sie jenseits des Rohmaterials und der Aneinanderreihung von Fakten ihrer Existenz keinen tieferen Sinn, keinen inneren Zusammenhang: Die Selbsterzählungen gleichen mitunter einer Abfolge von Videoclips. Oder sie sind beschränkt auf das Protokoll der Leistungen, Erfolge, Etappenziele. Die Geschichte ist auf Äußerlichkeiten ausgerichtet und entbehrt darüber hinaus jeglicher Tiefe.

Andere erzählen ihr Leben so, dass sie selbst nicht als die *Autoren* ihrer Geschichte erkennbar sind, sie werden gelebt und sehen keine Chance, auf die Handlung der Erzählung einzuwirken. Sie fühlen sich chaotischen oder undurchschaubaren Kräften ausgeliefert.

Wieder andere pflegen in ihren Geschichten einen extremen Privatismus und Isolationismus. Sie erzählen nur von ihrem Leben – es fehlt buchstäblich der *Kontext*, denn es gibt keine Überschneidungen mit dem Leben anderer und keine Teilhabe an größeren Erzählungen oder kollektiven Projekten.

An die Stelle der Biografie, des gelebten und mitteilbaren Lebens, ist die *Drift* getreten, ein zielloses Getriebensein, in dem nur der Augenblick das Selbstgefühl bestimmt.

Von drift-artigem Charakter ist häufig schon unser Umgang mit Erinnerungen. Auf Tausenden von Fotos und in vielen Stunden Videoaufnahmen halten wir die Höhepunkte, die wichtigen Erlebnisse und Ereignisse im Leben fest – Taufen, Hochzeiten, Familienfeste, Jubiläen und Reisen. Dabei setzt sich immer mehr der »japanische Modus« des Bildersammelns durch, bei Reisen etwa nach dem Muster hinfahren, aussteigen, aufnehmen, wieder einsteigen, und weiter. Und auch bei manchem Familienfest sind wir als dessen Chronist so sehr mit der Dokumentation des Ereignisses beschäftigt, dass wir kaum zum Mitfeiern kommen. Erst in der späteren Nachbetrachtung wird das Erlebte wirklich. Wir sammeln und speichern, statt zu erfahren. So verlieren wir allmählich die Fähigkeit, mit Vergangenheit umgehen zu können, wir werden geschichtslos. Denn um Bilder und die dazugehörigen Ereignisse zu Erinnerungen verknüpfen zu können, brauchen wir mehr als die Bilder, wir brauchen einen Erfahrungssinn. Wenn er verkümmert, weil wir gar nicht wirklich »da« waren, geht nicht nur das Gefühl für Identität verloren, sondern auch der Sinn für Gemeinschaft. Unsere Erinnerungen sind naturgemäß lückenhaft und subjektiv, deshalb müssen wir sie mit anderen zusammen rekonstruieren. Nur beim gemeinsamen Erzählen lässt sich eine Geschichte plastisch und lebendig gestalten, lässt sich unsere Erinnerung ergänzen, korrigieren, akzentuieren. So entsteht ein interessantes und wahrheitsnahes Bild von uns selbst, eine gute Geschichte.

Um unsere Geschichte gelungen erzählen zu können, brauchen wir Ko-Autoren. Für die eigene Lebensgeschichte gilt die Forderung des Philosophen Hans-Georg Gadamer: Wenn uns Wahrheit und Wahrhaftigkeit etwas bedeuten, sind wir zum Dialog, zum *Gespräch über uns selbst* aufgerufen – und nicht zum Monolog und zur Selbstdarstellung.

Erzählen ist therapoetisch

Das wieder erwachte Interesse am Erzählen ist in den letzten Jahren verstärkt ins Zentrum der Aufmerksamkeit gerückt – was paradoxerweise am oft beschworenen *Verlust der großen Erzählungen*, aber auch an der ebenso häufig zitierten *Neuen Unübersichtlichkeit* zu liegen scheint. Das Bedürfnis der Menschen nach Selbstvergewisserung und Sinnfindung wächst in dem Maße, wie die traditionellen und selbstverständlichen Formen dafür geschwunden sind. Die ansteigende Flut von Biografien und Autobiografien, der verbreitete Drang, schon in jungen Jahren einen Lebensrückblick zu veröffentlichen, sind Symptome für dieses Bedürfnis. Selbst die grotesken und banalen Auswüchse dieses

Phänomens, etwa die »Autobiografien« 25-jähriger Popstars oder das exhibitionistische Mitteilungsbedürfnis in Talkshows, bestätigen nur die Renaissance des Narrativen. Der Boom der *Oral History* und die nicht versiegende Mitteilungsbereitschaft von Zeitzeugen – ihre Sicht der Ereignisse sind ebenfalls Indizien für die neue Erzählbereitschaft.

Walter Kempowski schildert in seinem Tagebuch *Alkor*, wie er Berichte, Alben und Tagebücher anderer Menschen aus den Jahren 1943 bis 1949 sammelte und in dem einzigartigen Zeitdokument, *Das Echolot,* als Textcollage montierte. So entstand die deutsche Meta- und Megaerzählung. Kempowski schildert den unbändigen Drang vieler Menschen, ihre Kriegs- und Nachkriegsgeschichte endlich erzählen zu können. Offenbar half es ihnen, ihrem Leben eine überpersönliche Bedeutung zu geben.

Die eigene Geschichte mitteilen zu können, ist eine ermächtigende, stärkende, ermutigende Erfahrung; sie schärft das Bewusstsein für die Einflüsse und Kräfte, die im Leben wirksam werden können. Wir erkennen die Macht unserer früheren Erfahrungen, aber auch der gegenwärtigen Situation über unser jetziges Leben, wir erfahren, wie unser Selbstkonzept, unser Lebensplan sich entwickelt hat.

Wie die Geschichtswissenschaft, so sieht sich auch jede Selbsterzählung bestimmten methodischen Problemen gegenüber: In welcher Beziehung stehen die Ereignisse zu ihrer Deutung, zu ihrer Interpretation? Auf welche unterschiedlichen Weisen lässt sich die Realität erzählen?

Unsere Sprache ist auf Bildern und Metaphern gegründet, und jeder Mensch verfügt über sein Repertoire von Metaphern, die er auf sein Leben anwendet. Bei der Deutung und Interpretation einer Geschichte kommt es darauf an – und das gilt in besonderem Maße für Lebensgeschichten –, den Sinn und die Tragweite dieser Metaphern herauszufinden.

Eine Lebensgeschichte ist niemals neutral oder wertfrei. Sie ist aufgeladen mit Wertungen, Ideologien, Konflikten – und enthält fast immer auch eine Moral, eine Pointe, und sei diese noch so verquer. In Lebensgeschichten geht es nie um »das Leben selbst«, Autobiografien sind in erster Linie *Texte*. Und wie jeder Text kann auch die Lebensgeschichte bearbeitet, interpretiert, umgeschrieben, umgedeutet, revidiert werden.

Die Revision einer Selbsterzählung bedeutet: Die Lebensgeschichte kommt auf den Prüfstand und wird kritisch begutachtet. Stimmt die Erzählung noch, oder muss sie ergänzt, korrigiert und mit einer neuen Pointe versehen werden? Wie werden die dramaturgischen Akzente gesetzt – und warum? Was ist in früheren Texten ausgespart worden? Und vor allem: Wie hilfreich, wie funktional und zukunftsorientiert ist diese Lebensgeschichte für ein gutes Leben?

Die Erzählung der eigenen Lebensgeschichte ist ein niemals abgeschlossener kreativer Prozess. Zu bestimmten Zeiten, an biologisch oder traditionell-rituell vorgegebenen Punkten im Leben, neigen wir dazu, die eigene Geschichte Revue passieren zu lassen, Zwischenbilanz zu ziehen oder die Verwendung der restlichen Zeit zu bedenken. Solche biografischen Punkte finden sich meist in der Mitte und gegen Ende des Lebens. Die Neigung zu Rückblicken und Revisionen wächst naturgemäß verstärkt im Erwachsenenalter. Sich selbst Rechenschaft abzulegen, die Gestalt der eigenen Existenz zu erkennen und dabei Akzente zu setzen, ist ein kreativer Akt. Der Rückblick kann die Veränderung des Blickwinkels, eine neue Betrachtungsweise, eine neue Perspektive bedeuten. Die Interpretation des eigenen Lebens kann in eine neue Erzählweise übergehen, in eine Revision. Eine solche Neuinterpretation ist abzugrenzen von einer Retusche, also von bewussten Verfälschungen, abzugrenzen auch von der unbewussten, funktionalen Zurichtung der Vergangenheit nach den psychischen Bedürfnissen der Gegenwart, seit Ibsen auch Lebenslüge genannt. Revisionen vergewaltigen die Fakten nicht, sie interpretieren sie nur neu. Jean-Paul Sartre spricht von der »Faktizität«, der wir unterworfen sind – und von unserer Freiheit, »dieser Faktizität unseren Sinn zu geben«.

Unfassbares in Worte fassen

Wenn wir unsere Lebensgeschichte als ein Ordnungselement des guten Lebens begreifen, liegt es nahe, sie so zu gestalten und zu interpretieren, dass sie positive Rückwirkungen auf unser Dasein hat. Dazu gehört, den Einflüssen auf unser Leben nachzuspüren, die uns schwächen, desorientieren und uns von unseren Werten und Zielen entfernen. Wo liegen die oftmals subtilen Einflüsse von Kultur, Politik und Wirtschaft, wo die Verführungen und Ablenkungen der Markt- und Konsumgesellschaft? Wie sehr ist unser Leben geprägt von den Skripten der Ideologien und Einflüsterungen der »inneren Stimmen«, die nicht unsere Stimmen sind?

Viele dieser verinnerlichten Stimmen und Skripte, Normen und Erwartungen sind destruktiv, sie schwächen unsere Widerstandskraft und schmälern unser Selbstwertgefühl. Die moderne Massen- und Mediengesellschaft beeinflusst unsere Identitätsbildung nicht selten in eine negative Richtung. Sie entmündigt und verdummt uns auf unmerkliche, oft nicht durchschaubare Weise.

Die dramatische Zunahme von Essstörungen beispielsweise zeigt, wie gesellschaftlich propagierte Körper- und Schönheitsideale auf das individuelle Verhalten durchschlagen. Ähnlich wirkt das Skript, das in unserer vom Jugendlichkeitswahn besessenen Gesellschaft für das Altern vorgesehen ist; es beinhaltet einen stetigen Abwärts- und Verfallsprozess. Dieses bis heute gültige Drehbuch für Alte ist ein destruktiver, einengender Plot, den wir für unsere eigenen Lebenserzählung nicht übernehmen sollten.

Wenn wir bereit sind, unser Leben erzählend zu überprüfen, dient das nicht nur der Selbstvergewisserung oder gar der Selbstbespiegelung, vor allem dann nicht, wenn wir unsere Geschichte(n) an Zuhörern erproben. Das Sich-Mitteilen und die damit verbundene Selbstöffnung zeitigt enorme psychische und soziale Wirkungen: Wir stellen durch die Mitteilung des Privaten, des Innenlebens, eine sehr besondere Beziehung zum Hörer her und entwickeln Intimität und Vertrautheit.

Und wir ermöglichen es uns, soziale Vergleiche zu ziehen, indem wir die Reaktionen auf unsere Erzählungen beobachten. Wir testen beispielsweise, wie eine ironische oder tragische Darstellung dessen, was uns widerfahren ist, beim Zuhörer ankommt, oder ob unsere Erfahrungen ihn schockieren, amüsieren oder zu eigenen Erzählungen stimulieren. So tasten wir uns zu Selbsterforschung und Selbstklärung.

Schließlich wirkt das Erzählen von Lebensgeschichten kathartisch, weil es eine physiologische und psychische Entlastung herbeiführt. James Pennebaker, einer der führenden Forscher auf dem Gebiet der Selbstöffnung, meint: »Sich nicht über traumatische oder belastende Erfahrungen mitteilen zu können, ist meist noch traumatischer als das Ereignis selbst.« Jede falsche Meinung über sich selbst, also auch jede »falsche« oder belastende Lebensgeschichte, verbraucht immense psychische und physische Energien. Wer solche Meinungen oder Erfahrungen relativieren und korrigieren kann – weil er sie einem verständnisvollen Zuhörer mitteilt –, befreit sich von diesem Ballast.

Die gedankliche und erzählende Einordnung des bisher Unfassbaren entlastet emotional. Wer seine Erfahrungen in Worte bringen kann, gewinnt schließlich ein Gefühl der Kompetenz und Selbstwirksamkeit zurück. Das bisher Namenlose verliert durch seine Benennung die Macht über den Patienten, ein Effekt, der von Therapeuten als Rumpelstilzchen-Prinzip bezeichnet wird.

Das Ziel einer Selbsterzählung ist Selbstakzeptanz. Wer seine Erfahrungen in Worte kleiden und anderen mitteilen kann, befreit sich vom vermeintlich Unfassbaren. Im Erzählen können wir unseren Frieden mit dem Geschehenen machen und es buchstäblich veräußern – wir werden es los. Selbstakzeptanz ist die Vorbedingung für die vernünftige

»Sorge um sich«, wenn sie jene Form der Selbstliebe meint, die Voraussetzung für die Nächstenliebe ist.

Damit die Geschichte erzählt werden kann

Selbsterzählungen können als *Mikroerzählungen* um eng umschriebene Ereignisse kreisen: um positive wie ein Urlaubserlebnis, um eine Beförderung aber auch um traumatische Episoden wie Unfälle oder Verluste, um kritische Phasen in einer Beziehung oder eine Mobbingerfahrung. Viele solcher Mikroerzählungen verbinden wir im Laufe unseres Daseins zu einer *Makroerzählung*, in ein Leitmotiv unseres Lebens (»Ich war schon immer ein Außenseiter/Familienmensch/Zauderer«).

Widersprüche zwischen kleineren Episoden und Leitmotiven können in einer Revision, einer wohlwollend-kritischen Prüfung der eigenen Geschichte nutzbar gemacht werden: Eine negative, verfestigte Makroerzählung kann durch die Erinnerung und Akzentuierung von positiven Mikrogeschichten korrigiert werden. Oder eine positive Makrogeschichte hilft, eine negative Episode, etwa in einer Beziehung oder einer Freundschaft, zu verarbeiten. Ein vermeintlicher oder wirklicher Verrat erscheint im Lichte der Makrogeschichte als singuläre Abweichung, vielleicht nur auf besondere Umstände zurückzuführen.

Eine Geschichte lässt sich mit dem besonderen Augenmerk auf die äußeren Umstände erzählen: Wie ein Reporter ordnet der Erzähler die Ereignisse und schildert möglichst genau die Details einer Situation. Der Erzähler selbst kann sich so die Abfolge eines Ereignisses, das stressig oder aufwühlend war, noch einmal in Erinnerung rufen.

Oder die Selbsterzählung konzentriert sich auf die inneren Prozesse: Der Erzähler achtet auf seine emotionalen und mentalen Reaktionen während der Episode und versucht zu rekonstruieren: Was ging in mir vor? Warum habe ich aggressiv oder beleidigt reagiert?

Schließlich lässt sich eine Geschichte reflektierend erzählen. Die Erzählung wird zum Versuch, ein Ereignis einzuordnen und zu analysieren, etwa indem es mit anderen Ereignissen verglichen oder mit anderen Mikroerzählungen synthetisiert wird. Erzählend wollen wir den Sinn einer Krise, eines Traumas ergründen, aber auch reflektierend die eigenen Lösungsversuche erkennen: Was habe ich richtig gemacht? Was war untauglich? Was kann ich daraus lernen? Im Erzählen erkennen wir uns als handelnde Personen, wir begreifen nach und nach, dass wir Optionen und Alternativen hatten – und noch immer haben.

Mehrere narrative Elemente sind nötig, damit wir von einer Erzählung sprechen können: Erst eine Handlung, der *Plot*, macht aus Ereignissen eine Geschichte. Die Handlung ist das, was Spannung und Neugier provoziert: »Und dann? Wie ging es weiter?« Eine gute Handlung beachtet die Auswahl: Was wird erzählt, was nicht? Die Erzählkunst besteht im richtigen Weglassen und in der Konzentration aufs Wesentliche. Eine fesselnde Handlung mäandriert nicht ziellos, sondern hat eine Richtung. Eine Geschichte definiert sich vom Ende her: Worauf läuft das Ganze hinaus? Wir erzählen eine Geschichte vorwärts, aber verstehen sie rückwärts. Was noch kommt, strukturiert das bereits Erzählte. Eine Tendenz erhält die Story meist durch einen zentralen Konflikt, der die Erzählachse bildet. Ohne Konflikt keine Geschichte. Wenn nichts schief läuft, kann auch nichts gut gehen. Ein *Happy End* ist okay, auch ein *Happy Beginning* ist denkbar, aber wenn es auch noch eine glückliche Mitte gibt, entsteht nur Langeweile.

Jeder Plot braucht einen inneren Zusammenhang, einen tieferen Sinn. Es kommt nicht auf eine chronologische Ordnung oder logische Abfolge an, sondern auf die Sinn stiftende Verknüpfung der Ereignisse. Eine Selbsterzählung ist keine Liste der zufälligen oder unverbundenen Ereignisse eines Zeitabschnitts, sie müssen zu Sinneinheiten zusammengefasst werden, etwa nach dem Schema »Gute Zeiten – schlechte Zeiten« oder »Damals, als ich noch nicht wusste, was ich wollte«, oder »Die letzten Monate waren chaotisch«. Solche Sinneinheiten geben der Vergangenheit eine Struktur. Nur das, was narrativ erfasst ist, bleibt als Zusammengefasstes zugänglich – für den Erzähler selbst und für die Zuhörer.

Wenn wir von uns erzählen, ist es unvermeidlich, dass wir uns selbst und die Nebenrollen zu *Charakteren* verdichten. Das heißt, wir reduzieren uns auf das Wesentliche. Die Gesetze des guten Erzählens verlangen, dass wir dabei zuspitzen, überhöhen, karikieren oder verteufeln – wir *story*otypisieren, indem wir stereotypisieren. Eine autobiografische Selbstbeschreibung ist in der Regel ein Gemisch aus vielen Rollen und Personen, die wir parallel oder sukzessive verkörpern.

In dieser Vereinfachung droht die Gefahr, dass die Charakterzeichnung zum einengenden Stereotyp gerät. Wenn wir uns selbst auf einen Typ oder eine Rolle festlegen, verwenden wir ein Erzählklischee, das Entwicklungen hemmt oder schlicht nicht mehr der beschriebenen Person (also uns selbst) entspricht.

Eine Lebensgeschichte lässt sich als Komödie oder Tragödie erzählen, als Epos oder Mythos, als Satire, Drama, Schelmenroman, Romanze, als *Pulp fiction*, als Tellerwäscher-zum-Millionär-Story und so weiter. Der Mythenforscher Joseph Campbell geht sogar nur von einem einzigen Muster aus: Die »Heldenreise« enthält alle Elemente – komische, dramatische, tragische – und lässt sich in einem »Monomythos« zusammenfassen. Über die Wahl des Genres entscheidet vor allem die Kontrollüberzeugung, die im Denken eines Menschen vorherrscht: Bin ich der Protagonist meiner Geschichte, oder bin ich der Spielball fremder Mächte? Charles Dickens lässt *David Copperfield* gleich zu Beginn seines gleichnamigen Romans sagen: »Ob ich der Held meines Lebens sein werde oder ob dieser Platz von jemand anderem eingenommen wird, müssen die folgenden Seiten zeigen.«

Wir sind die Redakteure unserer Lebensgeschichte

Die Autobiografie ist das Genre, durch das Ereignisse zu Erfahrungen werden. Die eigene Lebensgeschichte hilft uns, die unablässig neu auf uns einstürmende Realität besser zu verarbeiten. Wie wir die Dinge durch die Linse der Autobiografie sehen, bestimmt unsere Lebensführung. Entscheidend ist: Wenn wir die Sicht der Dinge ändern, verändern sich auch die Dinge. Nicht der Inhalt, also die nackten Fakten der Existenz können revidiert werden, sondern die Form, in der wir sie in Gedächtnis und Vorstellung gebracht haben.

Leben und Lebensgeschichte sind nie deckungsgleich, wir können nicht alle Nebenhandlungen und Randfiguren berücksichtigen. Wenn Erzählung und Wirklichkeit jedoch zu weit auseinander klaffen, gibt es zwei Möglichkeiten: Entweder müssen die Ereignisse dem Selbstbild angepasst werden. Das geschieht in einem Prozess der Verdrängung, Verleugnung, Projektion oder Verkehrung ins Gegenteil, also mithilfe der möglichen Abwehrmechanismen, die uns vor unangenehmen oder unerträglichen Wahrheiten über uns selbst schützen.

Oder aber die Geschichte wird so passend gemacht, also umgeschrieben und revidiert, dass sie einerseits die Ereignisse schlüssig und erträglich erklärt, uns andererseits aber nicht die Rolle des Opfers, Bösewichts oder Spielballs zuweist.

Revisionen der Lebensgeschichte sind nichts Ungewöhnliches oder nur im therapeutischen Kontext fällig, sie sind der Normalfall. Wir finden und erfinden uns ständig neu. Mit dem Anwachsen des Stoffes, also mit fortschreitendem Leben, müssen immer neue Erfahrungen und Erlebnisse interpretiert und in die anwachsende Lebensgeschichte integriert werden. Das Leben, auf das wir sehen, wenn wir in den Rückspiegel gucken, verändert sich mit jedem Tag, mit jeder Kurve, die wir genommen haben. Jede Entwicklung, jedes Lernen ist im Grunde ein solcher Prozess.

Eine fundamentale Neuorientierung unserer Geschichte wird beispielsweise dann nötig, wenn wichtige Teile von ihr durch unübersehbare Fakten widerlegt werden: Eine schwere chronische Krankheit erlaubt es nicht länger, die Fiktion aufrechtzuerhalten: »Ich bin gesund, in meiner Familie sind alle immer sehr alt geworden, wir sind richtige Pferdenaturen.« Oder ein Ehebruch konterkariert die Selbstsicht: »In meiner Beziehung stimmt alles, mein Partner ist mir treu.« Aber auch positive Fakten können auf eine Korrektur der Erzählung drängen, etwa wenn eine Beförderung oder ein anderer Erfolg das heimliche Leitmotiv außer Kraft setzt: »Ich bin der Versager der Familie, ich werde es nie schaffen.«

Eine Revision bedeutet oft die fundamentale Neubestimmung der Identität und des Lebensentwurfs: Wer bin ich wirklich?

Manchmal sind wir Gefangene eines Leitmotivs oder einer autobiografischen Gestalt. Wenn uns diese Gestalt aber nicht mehr trägt oder weiterführt, sondern quält, überfordert oder ins Leere zielt, auch dann müssen wir Lebensziele revidieren: »Ich werde in diesem Leben den Nobelpreis nicht mehr bekommen«, oder: »Unsere Ehe ist nicht mehr zu retten, wir müssen einen neuen Anfang suchen.«

Die erzählerische Intelligenz ist besonders gefordert, wenn die Teile einer Geschichte nicht mehr zueinander passen, wenn die Verknüpfung von Gegenwart, Vergangenheit und Zukunft zu einer stimmigen Geschichte nicht mehr gelingt. Wenn wir das Gefühl haben, dass uns der Erzählfaden entgleitet, wenn wir »neben uns stehen« oder »es nicht mehr auf die Reihe bringen«, müssen wir nach neuen Zusammenhängen suchen. Weil wir keine bloßen Container von Sinneseindrücken und Erlebnissen sind, müssen wir immer wieder Verbindungslinien und Kausalitäten in unserem Leben finden oder erfinden. Dummheit, so ließe sich definieren, ist auch die Unfähigkeit, solche Lebenslinien und Zusammenhänge im eigenen Leben zu erkennen.

Das autobiografische Erzählen oder Schreiben ist ein unablässiger, oft unbewusster monologischer Prozess – wir produzieren unaufhörlich autobiografisches Material, von Tag zu Tag, von Episode zu Episode. Die meisten dieser kontinuierlichen Selbstmitteilungen gleichen Selbstgesprächen, sie erscheinen als unscheinbar, alltäglich oder banal wie Small Talk: »Ich trinke auch am liebsten trockenen Weißwein. Nein, die Arbeiten von Damien Hirst finde ich scheußlich.« Wir stimmen zu, grenzen uns ab, wir suchen Nähe oder legen Wert auf Abstand; wir verfertigen unablässig Selbsttexte, um unsere Gedanken und Handlungen im Gang der Dinge besser zu verstehen.

Wenn wir diesen Text dann mit einer gewissen Distanz lesen, ihn quasi »mit anderen Augen« prüfen, überarbeiten und redigieren, können wir ihm einen neuen Sinn abgewinnen, einen anderen als den, den wir als Autor ursprünglich in die Geschichte gelegt haben. Indem wir aus unserem eigenen Text heraustreten, können wir ihn distanzierter, objektiver sehen. Lesen ist selbst eine Form der Autorenschaft: Keine zwei Leser lesen den gleichen Text, wie der französische Philosoph Roland Barthes in seiner These vom »Tod des Autors« proklamiert hat. Die Rolle des Lesers erlaubt uns jedenfalls, die Erzählung zu analysieren und zu kritisieren.

Vornehmlich geht es darum, die große Linie zu erkennen: Welche Überschrift haben wir dem Ganzen gegeben? Welche Auswahl haben wir getroffen? Welches sind die Schlüsselgeschichten, die Parabeln oder Mikroerzählungen, die unser Leben »in einer Nussschale« zeigen könnten? Welches sind unsere Lieblingsepisoden und -anekdoten – und wie genau beschreiben sie uns? Wie sehr ist unser Text vom Kontext – also von den anderen Menschen in unserem Leben – beeinflusst? Wer hat uns *charakterisiert* und *autorisiert* – und wie? Welche Formen der Selbsterzählung wurden durch andere ermutigt oder unterdrückt?

Wenn wir diese Fragen beantwortet haben, ist die eigentliche Revision möglich – die Geschichte kann neu erzählt werden. Das sagt sich leicht, aber eine Revision ist nicht immer einfach: Gewohnheiten sind zu brechen, die neue Erzählung erfordert vielleicht Konsequenzen, die anstrengend sind. Wir müssen möglicherweise den Kontext, die Umgebung wechseln, Autoritäten widerstehen, die Stereotypisierung durch andere zurückweisen. Oder wir müssen einen neuen Bezugsrahmen suchen.

Um die Erinnerungsbasis der alten Erzählung aufzubrechen und abzubauen, brauchen wir Zeit. Und manchmal brauchen wir auch ein völlig neues Vokabular, neue Begriffe, neue Selbstbeschwörungen (»Das muss jetzt anders werden!« statt »Da kann man halt nichts machen«). Oder wir erproben ein neues Genre, indem wir etwa von der Tragödie wenigstens zur Tragikomödie oder zum Abenteuerroman wechseln.

Die Notwendigkeit zur autobiografischen Geschichtsrevision wird umso einleuchtender, je weniger wir uns auf vorgegebene Erzähltraditionen oder auf die herkömmlichen Lösungen stützen können. Natürlich gibt uns unsere Erziehung bestimmte Erzählmuster mit, das Elternhaus prägt den Stil, mit dem wir Geschichten erzählen, ebenso die noch vorhandenen Reste der *Großen Erzählungen* – also Religion, Wissenschaft, politische Ideologien oder Philosophien. Denn noch immer klinken wir unsere eigene Erzählung in die narrativen Traditionen, Dogmen oder Theorien ein. Aber weil wir das jetzt seltener tun oder nicht mehr tun wollen, weil wir den Glauben an diese Erzählungen verloren haben, leiden wir gelegentlich unter einer Art metaphysischer Agoraphobie: der Furcht davor, sich alleine auf unbekanntes Gelände zu wagen, auf dem es keine letzten Gewissheiten und damit auch keine endgültigen Fassungen unserer Lebensgeschichte gibt.

Das autobiografische Erzählen und die Möglichkeit, diese Erzählung zu revidieren und auf unterschiedliche Weise fortzusetzen, ist eine Chance, die zu nutzen oft anstrengend oder riskant ist. Aber in der Plastizität unserer Identität, in der narrativen Offenheit unserer Lebenstextes liegen auch ungeahnte und zu oft ungenutzte Freiheiten und Möglichkeiten. Vielleicht wird das narrative Prinzip überstrapaziert mit der Behauptung: »Es ist es nie zu spät, eine schöne Kindheit zu haben!« Aber vertreten lässt sich auf jeden Fall der Satz: »Es ist nie zu spät, an der Geschichte eines erfüllten Lebens zu arbeiten.«

3 Vom Wissen zur Weisheit

Lebensklugheit in Aktion

Neue und alte Intelligenzen für die Zukunft

Die Welt, so wie wir sie zu kennen glauben, verändert sich in atemberaubendem Tempo. Wir haben Entwicklungen in Gang gesetzt, die sich immer weiter beschleunigen und deren Risiken kaum noch zu kalkulieren sind und deren Fortgang kaum vorherzusagen ist. Und doch versuchen wir immer intensiver, die Zukunft zu planen und zu antizipieren. Alles ist im Fluss: Neue Techniken, Produkte und Medien haben unsere Art zu arbeiten, zu konsumieren und uns zu informieren revolutioniert. Digitalisierung und Informationsüberfluss bestimmen unsere Arbeitsweise, unsere Kommunikation, unseren Lebensstil. Verschleiß und Innovation folgen in immer schnelleren Zyklen aufeinander. Davon ist auszugehen.

Ökonomische Umbrüche wie die Globalisierung der Märkte, die Automatisierung der Arbeitsabläufe oder die Konzentration von Unternehmensmacht verändern die Arbeitswelt radikal. Tief greifende demografische Veränderungen beunruhigen uns: Das Schreckgespenst der »Vergreisung der Gesellschaft« verunsichert ebenso wie das Szenario der »Überfremdung« durch die verstärkte Zuwanderung von Ausländern.

All diese Entwicklungen ziehen kulturelle und soziale Verwerfungen nach sich, sie überfordern längst die dafür zuständigen Institutionen; vor allem drohen sie, den Einzelnen zu überwältigen und zu erschöpfen. Der Verlust von traditionellen Milieus und Lebenswelten, von existenziellen Sicherheiten und kultureller Verwurzelung droht, uns auf Monaden zu reduzieren und zu isolieren. Es droht der Zustand der *Anomie*. So hat der französische Philosoph und Soziologe Emile Durkheim am Ende des vorletzten Jahrhunderts eine geschichtliche Phase genannt, in der sich der Wandel so schnell vollzieht, dass die moralische und die normative Entwicklung einer Gesellschaft nicht Schritt halten können. Zukunftspessimismus und ein Gefühl der Sinnlosigkeit breiten sich epidemisch aus, wenn es nicht gelingt, alle Gruppen einer Gesellschaft in den Fortschritt einzubinden.

Ein Ende der Globalisierung, Individualisierung und Digitalisierung ist nicht ins Sicht. Die Frage ist: Wird das Leben für den Einzelnen dadurch lebenswerter, besser? Oder zahlen wir für den Fortschritt einen immer höheren Preis? Eines ist jetzt schon deutlich erkennbar: Die Kluft zwischen Gewinnern und Verlierern des beschleunigten Fortschritts wächst – auf der einen Seite die Schnellen, Anpassungsfähigen, Risikokompetenten und »Gegenwartsbereiten«, wie sie der Soziologe Heinz Bude nennt, auf der anderen Seite die Langsamen, die Vernetzungsverlierer und vom Wettlauf des digitalen Turbokapitalismus Erschöpften.

Aber auch die Anpassungsfähigen und -willigen haben schon verloren, wenn sie nur fit und »dabei« sein wollen. Denn sie kommen gar nicht mehr dazu zu fragen, wohin die Reise geht und wer das Tempo bestimmt. Sie lassen sich weismachen, dass die Anpassung an alles, was da kommt, unvermeidlich sei. Aber auch die (noch) Fitten werden erschöpft sein vom Lauf in der Tretmühle. Auch sie brauchen über kurz oder lang Strategien, mit denen sie Zeit gewinnen, sich von Zumutungen distanzieren und sich selbst behaupten können.

Erste Hilfe: das Tempo herausnehmen

Der gesellschaftliche Wandel erscheint oft banal, er erobert in kleinen Schritten den Alltag. Er kommt beispielsweise in Gestalt von Designer-Schnickschnack und ständig neuen Moden. Er kündigt sich sprachlich an durch Modernitätsschlagworte wie »Synergie«, »Flexibilität« oder »Ich-AG«. Anglizismen breiten sich aus: *Job-Floater* heißen die Leiharbeiter, *Citycall* steht statt Ortsgespräch auf der Telefonrechnung, *Mouseclicks* strukturieren die Welt, *Ethnic Food* löst die Bratwurst ab, wer über Dreißig ist wird *Early* Dirthies genannt. Wir stehen irritiert vor unzähligen neuen Logos und Symbolen, etwa am Fahrkartenautomaten in der fremden Großstadt, und versuchen mühsam zu begreifen, welcher Tarif für uns gilt.

Wie reagieren wir auf solche Herausforderungen? Einige sind *Early adopter*, also »Früheinsteiger«, wenn es um die Bereitschaft zur Übernahme von neuen Moden, Medien und Techniken geht. Andere verhalten sich defensiv und zögerlich, sind *Traditionalists* oder *Oldliner*, die sich nur schwer von Gewohnheiten und Produkten trennen und erst mal abwarten, ob das Neue auch das Bessere ist. Die Marktforscher haben die Menschheit längst in Marktsegmente, Käuferschichten und kulturelle Milieus aufgeteilt, wobei sie das Tempo der Akzeptanz von neuen Produkten und Ideen zum Kriterium machen.

Es geht jedoch um weit mehr als um den Kauf von technischem Spielzeug oder um Sprachmarotten der Werbung. Dahinter stehen die großen Herausforderungen der Zukunft und die Zumutungen der Gegenwart: Wie erfüllen wir beispielsweise die immer häufiger und penetranter vorgebrachte Forderung, wir dürften uns nicht auf dem einmal erworbenen Wissen ausruhen und müssten »lebenslang lernen«? Wie können wir dem Anpassungsdruck standhalten, der von Globalisierung, Digitalisierung und Beschleunigung ausgeht?

Wir brauchen bestimmte Fähigkeiten und Schlüsseleigenschaften, um die Neue Welt und ihre Spielregeln zu begreifen und in ihr zurechtzukommen. Aber welche? Welche Kompetenzen und Intelligenzen müssen wir erwerben, nicht weil es Märkte oder Politiker von uns erwarten, sondern weil wir *unsere* Vorstellungen vom guten Leben bewahren wollen? Was müssen wir lernen und was wieder vergessen, um nicht in Konfusion oder Resignation zu versinken? Wo ist das Limit für unsere Anpassungsbereitschaft – und wo beginnt der Kampf um Autonomie und Identität?

In der Arbeitswelt findet regelmäßig die Enteignung von Können und Qualifikationen statt, euphemistisch *skill-disenfranchisment* genannt, so als ob berufliches Wissen nur verpachtet würde. Eine ganze Reihe altehrwürdiger Berufe – etwa Setzer und Metteur im grafischen Gewerbe – ist ausgestorben, viele weitere werden folgen. Die Halbwertzeit von gerade angeeignetem Fachwissen wird immer kürzer.

Erfolg war einmal die Belohnung für ein wohl geplantes Leben, und Tugenden wie Ausdauer, Fleiß, Loyalität und Treue wurden prämiert. Heute sind Flexibilität, Anpassungsfähigkeit, schnelles Lernen und smarte Selbstdarstellung in vielen Berufen wichtiger, und eine hohe Bereitschaft zur Veränderung erst garantiert das Vorankommen.

Viele Werdegänge gleichen einer ewigen Baustelle: Nie ist man fertig, vieles bleibt offen, Planbarkeit und Berechenbarkeit schwinden, der Sinn für den Wert von Erfahrung oder gar Vollendung geht verloren. Vielleicht lässt sich diese Entwicklung am Beispiel des Lehrers verdeutlichen, der heute Schüler vorbereiten und ausbilden muss – für Berufe, die es noch gar nicht gibt.

Die Abwehr des Neuen durch Entschleunigung

Mit einer Reihe von Verzögerungs- oder Rückzugsstrategien reagieren wir auf das beschleunigte Lebenstempo und die sich ausbreitende Instabilität der beruflichen und gesellschaftlichen Verhältnisse. So ist das gute Leben für viele Menschen schon fast identisch mit einer Lebensform, die mindestens teilweise eine Entschleunigung und Stabilisierung ermöglicht und die schlimmsten Zumutungen der Beschleunigung und Überstimulation ausgrenzt.

Anfang der neunziger Jahre des letzten Jahrhunderts wurde beispielsweise der Trend zum Cocooning beobachtet: der Rückzug in die eigenen vier Wände, in die relative Geborgenheit des Privatlebens, in einen gemütlich ausgepolsterten Kokon. Gut leben lässt sich in den privaten Nischen der relativen Ruhe, oftmals noch ausgestattet mit Symbolen der Langsamkeit und der Tradition, mit Stilmöbeln und Büchern.

Eine kollektive und eher klassische Form der Abwehr des bedrohlich Neuen besteht in der Logenbildung: Der Schutz der Vergangenheit vor der unruhigen Gegenwart lässt sich in Clubs, Verbänden oder Vereinigungen am besten organisieren. Die Verteidigung von Privilegien in geschlossenen Zirkeln und Standesorganisationen soll den gefährlichen Innovationsdruck ausbremsen. Die Langsamkeit und Veränderungsresistenz wichtiger Institutionen wie Universitäten, Gewerkschaften, Schulen oder Ärzteverbände sind nicht nur auf die Bürokratisierung zurückzuführen, sie dienen beispielsweise *auch* der Sicherung von Wissensvorsprüngen und anderen Privilegien derer, die »drin« sind. Dass diese Form der Abschottung gegen neues Wissen, neue Ansprüche und notwendige Veränderungen ihre Tücken hat, zeigt das Lamento über die deutsche Reformresistenz.

Wenn Intelligenz bedeutet, sich der verändernden Umwelt erfolgreich anzupassen und sein Leben dennoch weitgehend selbstbestimmt und kreativ gestalten zu können, dann stellt sich die Frage, welches die dazu nötigen Schlüsselfähigkeiten sind. Und: Kann man sie lernen, wenn man sie nicht ausreichend besitzt?

Als Fähigkeiten, die wir für die Zukunft brauchen, wird eine Palette meist »neuer Intelligenzen«, Schlüsselqualifikationen und *Soft Skills* angedient. Es sind vor allem Fähigkeiten, die uns im Wirtschafts- und Arbeitsleben abverlangt werden, wie etwa Flexibilität, Media Literacy (Medientüchtigkeit), Kreativität, Stresstoleranz, emotionale und soziale Intelligenz, Teamfähigkeit oder »systemisches und vernetztes Denken«.

Intelligenz im Dienste der Verteidigung eines guten Lebens bedeutet jedoch nicht nur möglichst schnelle Anpassung und Unterwerfung unter fremde Leistungsdefinitionen. Das Ziel ist vielmehr Selbstbehauptung und Selbstschutz: Wie wehre ich mich gegen Überforderung und Zumutungen, aber auch gegen systematische Verwirrung und Verblödung – also gegen das, was Adorno und Horkheimer den »Verblendungszusammenhang« genannt haben?

Neben den besonderen Denkfähigkeiten, die uns die zukünftige Arbeitswelt abverlangen wird, wird eine Reihe von Denkstilen und Intelligenzen bedeutsam bleiben oder wieder werden. Diese kognitiven Strategien sind keineswegs neu, sie ermöglichen uns aber eine erfolgreiche Anpassung oder auch Abgrenzung in der komplizierten, verwirrenden neuen Welt von morgen.

Die Wiederentdeckung des kritischen Denkens

Es erscheint besonders paradox, dass wir heute über die besten Wissensspeicher und Informationsmöglichkeiten in der Geschichte der Menschheit verfügen können und trotzdem einen galoppierenden Schwund an kritischem Denkvermögen registrieren müssen. Die Glanztaten des wissenschaftlichen Denkens und die Digitalisierung des allgemein verfügbaren Wissens verdecken den tendenziellen Fall der Bildungsrate. Die euphemistisch »Wissensarbeiter« und »Symbolanalytiker« genannten Büroberufler, die heute die Mehrheit der Arbeitnehmerschaft stellen, halten sich für gut informiert und sind in es in vielen Wissensgebieten auch. Ohnehin gilt Information als der wichtigste Rohstoff unserer Zeit. Aber die schiere Quantität der verfügbaren Information ist noch kein Wissen. Der Rohstoff muss erst verarbeitet, in sinnvolle Zusammenhänge gebracht werden, bevor er wirklich nutzbar ist.

Der Überfluss an Information und ihre mangelnde Verarbeitung und Einordnung haben eine unerwartete Folge: Der Aberglaube blüht wieder auf in Gestalt zahlreicher esoterischer und sektenartiger Bewegungen, und neue Abgründe des Unwissens und der freiwilligen Dummheit tun sich auf. Gilbert Keith Chestertons Beobachtung trifft unverändert zu: In der wissenschaftlich entzauberten Welt, in der der Glaube an Gott verloren gegangen ist, glauben die Menschen nicht *nichts*, sondern *alles*.

Information, also das *Know-what*, reicht allein nicht aus, um uns intelligenter zu machen. Sie muss mit *Know-how* verarbeitet, und das heißt: gebändigt, geordnet, bewertet und angewandt werden. Sonst gleicht die Informationsaufnahme dem Versuch, aus einem voll aufgedrehten Feuerwehrschlauch Wasser zu trinken. Je höher der Informationsdruck steigt, desto dringlicher brauchen wir einen Zuwachs an Unterscheidungs- und Kritikfähigkeit. Selbst in den Naturwissenschaften, die unser Leben mehr als alles andere prägen und beeinflussen, tut sich eine wachsende Kluft zwischen Faktenreichtum und Theoriearmut auf. Allein das verfügbare medizinische Wissen verdoppelt sich alle vier Jahre. Aber es mangelt an der *ars conjecturalis* – der Kunst der Zusammenschau. Die Wissenschaftler kommen in vielen Bereichen nicht mehr nach, die durch Computer gewonnenen Daten und Informationen zu interpretieren und in Theorien zu organisieren.

Kritisch denken muss man wollen

Nur kritische Denker treffen gute Entscheidungen – in ihrer Berufs- oder Partnerwahl, bei der Planung und Verwaltung ihrer Finanzen, in Bezug auf ihre Gesundheit und viele andere Lebensbereiche. Kritisch denken heißt nicht, in allem Fehler zu suchen und eine Dauerpose des Krittelns und Mäkelns einzunehmen. Es bedeutet zunächst nur, die Denkprozesse höherer Ordnung einzuschalten: eine gewisse Distanz einzunehmen, sich dem unmittelbaren Entscheidungsdruck zu entziehen, hinter die Oberfläche zu sehen, Zusammenhänge zu suchen und innere Widersprüche zu erkennen.

Kritisch denken bedeutet also: analysieren, urteilen, abstrahieren, synthetisieren. Diese oft als »nur formal« und »kopflastig« denunzierten Fähigkeiten waren schon immer weit weniger entwickelt, als der öffentlichen Wohlfahrt und dem privaten Leben zuträglich war, und begeistert wurden die Thesen zur »emotionalen Intelligenz« aufgenommen, versprachen sie doch Lebenserfolg und Glück jenseits der Mühen des formalen Denkens. Das kritische Denken ist jedoch in unserer Zeit auf dramatische Weise immer mehr verloren gegangen, und jede Bildungsreform wird dafür sorgen müssen, die heranwachsenden Generationen systematisch in diesem zu schulen und einen Kanon urteilsschärfender Basisfähigkeiten zu trainieren – Fähigkeiten, die dann auf alle Lebens- und Wissensgebiete angewandt werden können.

Um Kritikfähigkeit erwerben oder verbessern zu können, müssen sechs psychische Voraussetzungen erfüllt sein:

1. Die Bereitschaft kritisch zu denken: Man muss kritisch denken *wollen*, sonst fehlen Geduld und Ausdauer, um auch an schwierigen und schwierigsten Problemen dranzubleiben. Denkfaulheit gibt sich mit kurzschlüssigem Denken und scheinbar einfachen Lösungen zufrieden. Das kritische Denken beginnt deshalb schon mit der Fä-

higkeit zur Selbstkritik – das heißt, der eigenen Denkfaulheit, den Impulsen, Stereotypen und Vorurteilen nicht allzu viel Spielraum zu geben.

2. Kritisches Denken braucht bestimmte Werkzeuge oder Basisfähigkeiten. Wer sich kein X für ein U vormachen lassen will, muss beispielsweise Wahrscheinlichkeiten schätzen und Statistiken interpretieren können. 32 Prozent der Deutschen, so berichtete die *Süddeutsche Zeitung*, wissen nicht, was mit der Angabe »40 Prozent« ausgedrückt wird: Sie sagen etwa »ein Viertel« oder »jeder Vierzigste«.
3. Zu den kritischen Denkfähigkeiten gehört es auch, die Lügen und rhetorischen Tricks durchschauen zu können, die beispielsweise in der Argumentation und in den Wortschöpfungen vieler Politiker und Verkäufer enthalten sind (man denke etwa an »Entsorgungspark«, »Freisetzen«, »Nullwachstum«).
4. Kritische Denker können außerdem Kategorien bilden, Probleme hierarchisieren und auf unterschiedliche Arten darstellen: Die meisten Alltagsprobleme sind unscharf und komplex – und sie können vielfach auch auf unterschiedliche Weise gelöst werden. Kritische Denker sind in der Lage, verschiedene Entscheidungsabläufe zu strukturieren und Handlungsalternativen zu entwerfen.
5. Kritisches Denken ist eine Basisfähigkeit, die sich übertragen lässt und sich idealerweise auf alle Lebensbereiche erstreckt: Erkenntnisse, die in einer bestimmten Problemsituation gewonnen wurden, können kodiert und auf andere Situationen übertragen werden. Wer beispielsweise begriffen hat, wie leicht man den Punkt überschreitet, ab dem man kein Geld mehr in ein älteres, reparaturbedürftiges Auto investiert, der wird auch in anderen Lebenslagen sorgfältiger über Investitionen nachdenken.
6. Alle kritischen Denkprozesse müssen ihrerseits überwacht werden, durch *metakognitives Monitoring*, also die Kontrolle des Denkens »von höherer Warte« aus. Denn auch

kritisches Denken kann sich verselbständigen und etwa den Kontext oder den Zweck vergessen. Metakritik setzt an bei Fragen wie diesen: Wie viel Zeit und Energie werden vernünftigerweise in eine Problemanalyse oder -lösung investiert? Was ist das Ziel einer Problemlösung? Woran erkenne ich, dass ich das Ziel erreicht habe? Wann ist der Zeitpunkt zum Abbrechen eines Lösungswegs gekommen? Und welche Fähigkeiten muss ich überhaupt einsetzen, um dem Ziel näher zu kommen?

All diese Teilkompetenzen des kritischen und logischen Denkens sind in hohem Maße lern- und trainierbar. Besser verstehen, nach welchen Regeln und Modellen die Welt funktioniert, genauer prüfen, was uns zugemutet und eingeredet wird, das lässt sich mit einem erlernbaren Repertoire kritischer Techniken erreichen.

Warum es so wichtig ist, langsam zu denken

Es erscheint konsequent, dass sich mit der Beschleunigung sowohl der Informationsverarbeitung als auch des allgemeinen Lebenstempos ebenso das Denken der Menschen beschleunigen müsse. Wenn allein in erhöhter Geschwindigkeit der Informationsverarbeitung schon eine intelligente Anpassungsleistung läge, müssten wir in der Tat zu Schnelldenkern, Schnelllesern, Schnellverstehern mutieren. Am Beispiel des kritischen Denkens zeigt sich jedoch schon, dass in der *Verlangsamung* von Erkenntnis- und Entscheidungsprozessen ein entscheidender Zugewinn an Intelligenz liegt. Die Analyse von Problemen, die Prüfung von Handlungsalternativen und von Angeboten braucht einfach Zeit.

Neben dem sorgfältigen kritischen Denken wird deshalb eine weitere Teilintelligenz bedeutsam: das »langsame Denken«. Wir haben im Laufe der Evolution unterschiedlich schnelle, parallel zueinander arbeitende Erkenntnisprozesse entwickelt: Unsere sinnliche Intelligenz ist vorbewusst, instinktiv, reflexartig und deshalb besonders reaktionsschnell, sie umfasst die Informationssysteme unserer sämtlichen fünf Sinne und sichert in vielen Situationen automatisch das richtige Verhalten.

Was wir gemeinhin als das eigentliche Denken ansehen, also das rationale Analysieren, Abwägen, Kalkulieren, Überlegen und Urteilen, ist der Denkmodus, in dem wir heute am häufigsten »arbeiten«. Von diesem Denkstil erwarten wir, dass er die meisten unserer Probleme lösen kann.

Neben diesen beiden existiert ein dritter Modus des Welterkennens und der Wissensverarbeitung: das Lernen und Denken durch Osmose, wie es der britische Psychologe Guy Claxton nennt. Diese langsame, planlose und unbewusst arbeitende Form der Intelligenz ist heute ins Hintertreffen geraten, denn sie setzt all das voraus, was wir uns nicht mehr leisten können: Zeit, Muße, Entspannung, scheinbar absichtsloses Sinnieren und Träumen.

Keine dieser drei Denk- und Lernformen ist der anderen überlegen, wir brauchen alle drei gleichermaßen, und am effektivsten denken wir, wenn sie sich ergänzen. Das langsame Denken gründet sich auf der ungesteuerten, beiläufigen Aufnahme von Informationen am Rande unseres Weges. Dieses Wissen wird von Lernpsychologen auch als »stillschweigendes Wissen« (*tacit knowledge*) bezeichnet. Wir haben uns angewöhnt, dieser Erkenntnisform zu misstrauen, obwohl sie gerade in verzwickten, scheinbar unlösbaren Situationen oft die wertvollsten Dienste leistet. Die unbewusste Intelligenz, wie man sie auch nennen könnte, ist in hohem Maße kreativ, weil sie über Unmengen von »nebenbei« gespeicherten Informationen verfügt – und sie liefert erstaunlich praktische Lösungen.

Das bewusste Denken ist ungeduldig und problemorientiert: Es ist unser bevorzugter Modus, die Welt zu begreifen, und es strebt nach schnellstmöglichen Erklärungen und

Lösungen. Der rastlose Intellekt sucht und sammelt ungeduldig Daten und Fakten – und drängt dann auf schnelle Ergebnisse, fast egal, welche. Sichtbare Taten sollen am Ende des Denkprozesses stehen.

Das osmotische Denken dagegen versenkt sich scheinbar absichtslos in den Stoff, aus dem das Leben besteht. Das abgesunkene Wissen, von dem wir oft nicht wissen, dass wir es besitzen, taucht nach langen Inkubationszeiten allmählich »wie von selbst« auf – und wir verstehen intuitiv einen komplexen Zusammenhang oder können plötzlich ein Urteil mit großer Sicherheit fällen. Der größte Teil unseres Wissens ist intuitives Wissen, das ganz unabsichtlich gesammelt und gespeichert wurde. Die Crux ist, dass wir dieses Wissen oft nicht mobilisieren und nutzen können, weil wir seiner unsicheren Herkunft misstrauen. Wir haben diese Wissensform als minderwertig abqualifiziert. Dabei baut jede explizite Erkenntnis auf diesem intuitiven, impliziten Wissen auf, wie Untersuchungen zur praktischen Intelligenz immer wieder bewiesen haben.

Die britischen Kognitionsforscher Dianne Berry und David Broadbent haben in einer großen Studie viele erfolgreiche Manager nach ihrem Geheimnis befragt. Kaum einer konnte schlüssig begründen, warum er in einer wichtigen Frage diese oder jene Entscheidung getroffen hat. Die häufigste Begründung war: »Ich hatte so eine Ahnung.« Mitunter glaubten sie sogar, sie hätten nur geraten oder schlicht Glück gehabt. Auch bei erfahrenen Piloten und Medizinern ist diese Fähigkeit, aus dem Bauch heraus zu entscheiden, anzutreffen. Sie tun in ihrer Praxis oft intuitiv das Richtige – und können es oft schlecht erklären, etwa einer Nachwuchskraft. Intuitiv Intelligente verstehen es meisterhaft, unbewusste Hypothesen zu formulieren, und ihnen gelingen im Laufe ihrer beruflichen Karriere mit traumwandlerischer Sicherheit gute Lösungen.

Umgekehrt sind hervorragende rationale Denker, also Theoretiker, erstaunlich oft schlechte Praktiker. Je besser sie ihr Handeln und ihre Entscheidungsgrundlagen in Worte fassen und begründen können, desto schneller zerbrechen sie unter Stress. Wer dagegen sein Handeln nur intuitiv begründet, ist weniger anfällig für Druck. Denn: Theoretisches Wissen macht in vielen Problemsituationen oft befangen und unsicher – und die rein logische Herangehensweise ist bei manchen Aufgaben geradezu kontraproduktiv.

Die Expertise, die Summe des Wissens und Könnens, das erfolgreiche Menschen in allen Arbeits- und Lebensbereichen auszeichnet und von weniger vom Glück begünstigten unterscheidet, ist zum größten Teil das Produkt des langsamen, osmotischen Lernens. Wie ein Schwamm haben diese Menschen all das aufgesaugt, was jemals von Nutzen sein könnte. Sie vertrauen ihrer Intuition, leisten sich den Luxus der Reflexion und gewinnen bei Problemlösungen den nötigen Abstand, damit ihr Expertenwissen aus dem Unterbewusstsein aufsteigen kann.

Umgekehrt zeigten zahlreiche Experimente, dass forcierte Problemlösungen – unter Ausschluss der Intuition – meist nur zu *gut artikulierter Inkompetenz* führen, wie es der amerikanische Managementforscher Henry Mintzberg nennt.

Wenn wir das immense unbewusst und unterschwellig erworbene Wissen wecken und nutzen wollen, das in jedem von uns schlummert, müssen wir uns vor allem Zeit lassen. Ungeduld und der Glaube an die Überlegenheit des schnellen Denkens verhindern, dass wir das intuitive Intelligenzpotenzial ausschöpfen.

Mit neuen Augen sehen – die perspektivische Intelligenz

Damit wir von den Anforderungen der Gegenwart nicht verwirrt und überwältigt werden, müssen wir eine besondere Form der Selbstbetrachtung kultivieren: Wir müssen lernen, uns selbst perspektivisch zu sehen. Eine perspektivische Betrachtung des eigenen Lebens bedeutet, die Dimensionen von Zeit und Raum – und unsere Bewegungen darin – zu erkennen und in unsere Überlegungen einzubeziehen. Lebensintelligenz beweist sich auch darin, sich nicht auf die Gegenwart festlegen zu lassen, sich nicht absorbieren und auffressen zu lassen von den Anforderungen des Hier und Jetzt. Kurzatmiges Taktieren und Reagieren als Augenblickspersönlichkeit macht uns zu Opfern äußerer Einflüsse.

Jeder Mensch hat seine Geschichte, seine Wurzeln und Prägungen, seine Herkunft. Sich dieser Geschichte immer wieder zu erinnern und sich ihr zu stellen, ist weit mehr als ein nostalgisches Spiel. Erst wenn wir das eigene Gewordensein begreifen, können wir unter den Bedingungen der Beschleunigung unsere Zukunft intelligent planen. Der Philosoph Joachim Ritter hat es so ausgedrückt: »Zukunft braucht Herkunft.« Die Erforschung und Betrachtung der persönlichen Lebensgeschichte ermöglicht die Einordnung von Erlebnissen und Begebenheiten in eine Selbsterzählung. Nur so entsteht ein biografischer Spannungsbogen, der uns Halt, Identität, Sinn und Selbstbewusstheit geben kann.

Der kritische Blick in die persönliche Vergangenheit ist nur ein Teil der perspektivischen Intelligenz, der andere besteht in der Fähigkeit, sich selbst in die Zukunft zu projizieren und sich den weiteren Lebensverlauf in realistischen Szenarien vorstellen zu können. Wir müssen uns immer wieder darin üben, Phantasien in Bezug auf uns selbst zu entwickeln und auszuspinnen. Perspektivisches Denken bedarf deshalb der Selbstermutigung zur Phantasie, zum Experimentieren, zum spielerischen Erproben.

Perspektivisches Denken erstreckt sich auch auf den spielerischen Wechsel des Blickwinkels bei der Betrachtung unserer Umwelt. Marcel Proust schrieb: »Die wahren Entdeckungen bestehen nicht darin, Neuland zu finden, sondern die Dinge mit neuen Augen zu sehen.« Voraussetzung dafür ist die Bereitschaft zu Selbstverunsicherung, die in jedem Perspektivwechsel liegt. In dem Film *Der Club der toten Dichter* fordert der Lehrer seine Schüler auf, auf die Bänke zu steigen, um schon durch diesen geringen Ortswechsel einen anderen, neuen Blick auf die unmittelbare Umwelt und die eigene Befindlichkeit darin zu gewinnen.

Perspektivisches Denken eröffnet zudem neue soziale Dimensionen, ist eine Bedingung der sozialen Intelligenz: Die Standpunkte und Sichtweisen anderer einnehmen zu können, erweitert das eigene Erfahrungsrepertoire entscheidend. Wer perspektivisch denken gelernt hat, kann sich leichter »in die Schuhe des anderen« stellen und ist in der Lage, unterschiedliche Weltsichten und Betrachtungsweisen zu verstehen und zu tolerieren. Dieser Perspektivwechsel soll keineswegs grenzenloses Verständnis im Sinne von Selbstaufgabe bewirken, und es geht auch nicht darum, Unterschiede möglichst schnell zu nivellieren. Der Gewinn des perspektivischen Denkens liegt in einem Zuwachs an Souveränität – und darin, dass sich Vielfalt und Widersprüche der heutigen Welt leichter ertragen lassen. Das ist wünschenswert, nicht nur, weil Toleranz eine demokratische und zeitgemäße Tugend ist, sondern auch, um die Widersprüche fruchtbar zu machen, sie zu nutzen und die eigenen Lernmöglichkeiten weitgehend zu vervielfältigen.

Schließlich bedeutet perspektivische Intelligenz, die inneren und äußeren Widersprüche der eigenen Existenz mit der »Kunst der Ironie« (Wilhelm Schmid) zu meistern. Selbstironie ist die Fähigkeit, sich lächelnd von sich selbst distanzieren zu können, wenn einen die Widersprüche zu zerreißen drohen. Und wenn wir zur Selbstironie fähig sind, ertragen wir auch die »Ironie des Schicksals« leichter. Ironie ist das intelligente Spiel mit der Mehrdeutigkeit – sie unterläuft alle starren Regeln und Festlegungen und hält so viele Deutungsmöglichkeiten der Wirklichkeit offen.

Einer der führenden Intelligenzforscher unserer Zeit, Robert Sternberg, definiert Intelligenz so: Sie ist die Fähigkeit, innere Kohärenz und externe Korrespondenz herzustellen, das heißt, in seinem Innenleben einen Zusammenhang zwischen Gedanken und Gefühlen zu stiften und die Außenwelt so zu gestalten und dem Innenleben zuzuordnen, dass ein Sinn entsteht.

Weisheit: Lebensklugheit in Aktion

Die Sinngebung des eigenen Lebens ist eine Aufgabe, die sich mit der wohl höchsten Form der praktischen Intelligenz am ehesten lösen lässt: der Weisheit. Wir haben uns angewöhnt, Weisheit als späte Frucht des Alters anzusehen, als eine Eigenschaft, die nur wenige erwerben können. Das Weisheitsklischee geht davon aus, dass ein Mensch Jahrzehnte braucht, um von einer eventuell vorhandenen Gescheitheit der Jugend über die vernünftige Pragmatik und Gewitztheit der mittleren Jahre zu jener hoch entwickelten Form der Intelligenz zu gelangen, die in allen Kulturen verehrt und geschätzt wird.

Was Weisheit ist, warum sie als das finale Stadium eines guten Lebens gilt und so erstrebenswert bleibt, darüber gab es in allen Weltkulturen und Epochen immer eine erstaunliche Übereinstimmung. Aber nun zeigt die neuere psychologische Forschung, dass Weisheit nicht nur ein Ausdruck von Altersgelassenheit und Lebenserfahrung sein muss, sondern als Lebensklugheit und Lebenspragmatik auch schon in jüngeren Jahren anzutreffen ist. Die Elemente der Weisheit – Toleranz, Gelassenheit und Selbstdistanz – gehen mit bestimmten Stilen der Weltbetrachtung einher, und diese Stile können auch von jungen Menschen praktiziert werden.

Weise jeden Alters denken dialektisch: Sie erkennen die Gegensätze – und suchen ihre Versöhnung. Sie denken mehrgleisig und integrativ – und bleiben so immun gegen dogmatische Engstirnigkeit. Widersprüche werden mit diesem Denkstil nicht vorschnell glattgebügelt, Zweideutigkeit kann ertragen und produktiv genutzt werden. Weise Menschen kultivieren den Zweifel, treiben ihn aber nicht bis zur unproduktiven Hyperskepsis.

Weisheit ist Lebensklugheit in Aktion: Das *Grimm'sche Wörterbuch* definiert Weisheit als »Einsichten in und Wissen über sich selbst und die Welt und reifes Urteil in schwierigen Lebensfragen«. Weisheit wird besonders sichtbar als das Wissen über Grenzsituationen menschlichen Daseins, über schwierige Fragen der Lebensplanung und -gestaltung.

Genau das macht die Weisheit zu einer Schlüsselkompetenz für die heutige Zeit: Denn Weisheit ist der souveräne Umgang mit Ambivalenz. Zum guten Leben in der heutigen Gesellschaft gehört das Aushaltenkönnen, dass die Dinge des Lebens nicht immer so eindeutig und zweckrational geregelt werden können, wie es einmal schien. Weisheit ist deshalb keineswegs identisch mit einem Werterelativismus, dem alles gleichgültig ist. Aber sie ermöglicht das Ertragen von ungelösten Widersprüchen und Unsicherheiten.

Weisheit ist existenzielles Expertentum, sie begegnet den »Dingen des Lebens« mit höchstem Wissen und hoch entwickelter Urteilsfähigkeit. Sie ist das Wissen um die Bedingtheit, Zerbrechlichkeit und Geschichtlichkeit des Lebens, das Wissen um seine soziale Vernetztheit und das Wissen über sich selbst und die eigenen Begrenztheiten und Schwächen – und die daraus resultierende Nachsicht.

Auf die großen existenziellen Lebensfragen um Geburt und Tod, um Sexualität, Moral, Zufall und Schicksal gibt es keine objektiven, allgemein gültigen Antworten. Aber es gibt immer wieder erstaunliche Übereinstimmungen darüber, was in Konflikt- und Krisenfällen als vernünftig, fair und weise gelten kann. Weisheit ist offenbar eine Kerneigenschaft des menschlichen Wesens, eine Tugend, die sich völlig unabhängig vom Zeitgeist entwickelt und universale Wertschätzung genießt. Gibt es Kriterien, an denen sich »Weisheit in Aktion« erkennen lässt? Die Erforschung des »Weisheitsparadigmas« kommt zu diesen Erkenntnissen: Weise Menschen lernen und wissen einfach mehr als andere über die »Fakten des Lebens« – sie wissen, wovon sie reden, wenn sie Ratschläge erteilen, oder kennen Präzedenzfälle, wenn sie in kniffligen Lebensfragen urteilen.

Weise Menschen besitzen darüber hinaus strategisches Wissen und prozedurales Know-how: Wie gelange ich zu guten Entscheidungen? Wen frage ich sinnvollerweise um Rat, und wen lieber nicht? Wann gebe ich selbst einen Rat – und wann halte ich mich besser zurück?

Bevor sie urteilen, beachten weise Menschen die biografische Bedingtheit von Lebensproblemen. Sie berücksichtigen die kulturellen und sozialen Einflüsse auf das Verhalten eines Menschen, und sie berücksichtigen seine Lebensgeschichte, deshalb sind sie in ihrem Urteil gerechter und nachsichtiger, als es einer bloß formalen Moral entspräche.

Weise Menschen wissen, dass es eine Vielzahl von Werten und Lebenszielen gibt, die man beim Urteilen über andere sehen sollte. Sie praktizieren also einen gemäßigten Werterelativismus, ohne dabei eine kleine Zahl universeller Werte aus dem Auge zu verlieren (wie etwa Freiheit oder Gewaltlosigkeit).

Weisheit zeigt sich auch darin, die prinzipielle Ungewissheit und Unsicherheit des menschlichen Lebens zu erkennen und zu akzeptieren. Deshalb sind Weise auf alle Eventualitäten vorbereitet und können Handlungs- und Lebensalternativen entwickeln.

Kann man sich vornehmen, weise zu sein oder zu werden? Ist Weisheit ein Lernziel? Sie ist sicher kein Wissen, das sich lernen lässt wie unregelmäßige Verben. Aber man kann sich durchaus die Grundprinzipien weisen Denkens erarbeiten – etwa indem man seine Erfahrungen immer wieder ordnet, sichtet, analysiert und sie so verwertbar macht für das spätere Leben. Oder indem man den regelmäßigen Austausch mit anderen, vorzugsweise lebensklugen Menschen pflegt und so seine eigenen Urteile zu prüfen und relativieren lernt.

Oder indem man systematisch übt, die Dinge mit anderen Augen zu betrachten.

Der große Schweizer Pädagoge Hans Aebli plädiert für eine »Pädagogik des guten Lebens«. Sie basiere auf möglichst breitem, realistischem und komplexem Welt- und Selbstwissen. In seinem berühmten Essay *Weisheit: auch ein Ordnen des Tuns?* schrieb Aebli: »Was macht die Weisheit des Handelns aus? Unsere einfache Antwort lautet: ihre gute Ordnung und ihre Wesentlichkeit. Ein weiser Mensch verfolgt in seinem Handeln wesentliche Ziele, und er hat diese gut geordnet. Der weise Mensch hat in seinen Zielsetzungen Ordnung hergestellt, nicht notwendigerweise als eine bloße Rangordnung, eine Ziel- und Werthierarchie, sondern derart, dass sich die Ziele gegenseitig befruchten und unterstützen. Maß und Gerechtigkeit – antike Kardinaltugenden wie die Weisheit – beziehen sich auf diese Ordnungsidee.«

4 Die Abwehr der Zumutungen

Stress und Informationsflut managen

Den Stress zum Verbündeten machen

Der DAX fällt dramatisch, und mit ihm rauschen unsere Aktien in den Keller. Das Baby schreit seit Stunden und lässt sich durch nichts beruhigen. Ein Raser nimmt uns die Vorfahrt und zwingt uns zu einer Vollbremsung. Es ist halb sechs am frühen Abend und die Bestätigung für den wichtigsten Auftrag des Jahres ist immer noch nicht übers Fax eingetroffen. Der Partner hüllt sich seit mehreren Tagen in brütendes Schweigen und ist offenbar schwer gekränkt – aber wodurch bloß?

Wenn es um die Frage geht, was einem guten Leben im Wege steht, ist für die meisten Menschen der Stress sicher Negativfaktor Nr. 1. Er ist allgegenwärtig in unserem Leben, und er scheint ständig zuzunehmen – der unvermeidliche Preis für unsere Lebensweise. Diese ist geprägt von Tempo, wachsender Komplexität, Unsicherheit, Konkurrenzdruck, Überreizung, aber auch vom unablässigen Streben nach mehr: mehr Erfolg, mehr Geld, mehr Belohnung für erlittenen Stress, mehr Glück, mehr Aufmerksamkeit.

Wir sehen Stress als unvermeidliches Übel, und die Wunden die er schlägt, gelten mitunter schon als heroischer Leistungsnachweis. Wer keinen Stress hat, erscheint verdächtig.

Für manche ist der Nietzsche-Satz »Was uns nicht umbringt, macht uns nur härter« zum Mantra ihrer Erfolgsmentalität geworden – Stress als der zu entrichtende Preis für den individuellen Fortschritt und verbesserte Lebenschancen. Aber für das wachsende Heer der Stressversehrten, für die Resignierten und Frustrierten klingt dieser Satz längst wie Hohn. Denn diese »Lebensweisheit« ist, im Lichte der modernen Stressforschung betrachtet, grundfalsch. Was uns nicht sofort umbringt, macht uns nicht nur nervös, erschöpft, missgelaunt und krank, es tötet uns über kurz oder lang, jedenfalls lange vor der uns gegebenen Zeit. Stress raubt uns nicht nur die Seelenruhe, er ist eng verknüpft mit den großen Killerkrankheiten – hohem Blutdruck, Herzinfarkt und Krebs – und er gilt als Mitverursacher für viele chronische Krankheiten wie Diabetes oder Depression.

Es ist leider nur zu wahr, dass wir ein Leben führen, in dem wir den Großteil des Stresses kaum noch vermeiden können. Aber nicht alles, was uns aufregt, nicht jede Mühe, nicht jeder Zeitdruck ist schädlicher Stress. Oft trennt nur ein schmaler Grat das, was uns schädlichen *Distress* verursachen kann, von dem unschädlichen *Eustress*, der die Quelle für tiefste Befriedigung, wenn nicht gar Glück ist. So klagen die meisten Menschen zwar schon routinemäßig über Stress bei der Arbeit, gleichzeitig sind sie, das hat eine Untersuchung von Mihaly Csikszentmihalyi gezeigt, am Arbeitsplatz doch am glücklichsten. Das Vertrackte am Stress ist, dass die Stressquelle oft identisch ist mit den Quellen für Befriedigung und Glück. Dieses Janusgesicht zeigt sich auch in Partnerbeziehungen und im Familienleben – wir brauchen und schätzen die Bindungen an andere Menschen und die Geborgenheit von Ehe und Familie, bezahlen dafür aber häufig mit extremem Stress.

Stress entsteht für den heutigen Menschen vor allem dort, wo ihm die Kontrolle über die Dinge zu entgleiten droht: Nicht eine hohe Arbeitsbelastung, auch nicht Krisen oder Konflikte machen uns krank, sondern das Gefühl, nicht mehr

Herr des Verfahrens zu sein und das eigene Leben nicht mehr steuern und beeinflussen zu können.

Ein stressfreies Leben zu führen ist ein unrealistisches Ziel. Das Ziel muss deshalb sein, den Stress und seine schädlichen Folgen zu entschärfen. Der amerikanische Kardiologe Kenneth Cooper, der 1968 den Begriff (und die entsprechende Fitnessphilosophie) »Aerobics« erfand, plädiert für eine besondere Taktik im Umgang mit Stress: Weil der potenziell krank machende Stress nicht zu eliminieren ist, sollten wir ihn erstens akzeptieren, ihn zweitens aber in positiven Stress umzuwandeln lernen – also in Eustress, der uns beflügelt und voranbringt, ohne gesundheitlichen Schaden anzurichten. Der Feind ist also der »böse« Stress. Ihn zu erkennen, einzudämmen oder sogar in »guten« Stress umzuwandeln ist die Voraussetzung für erfolgreiches Stressmanagement.

Nicht immer merken wir sofort, was Stress uns antut, manchmal ist seine gesundheitszersetzende Wirkung erst nach Monaten und Jahren erkennbar. Negativer Stress wirkt sich auf dreierlei Arten aus: Als akuter Stress überfällt er uns wie ein Raubtier und löst sofort heftige körperliche Reaktionen aus: Schweißausbrüche, Herzrasen, feuchte Hände sind die Symptome der »Kampf-oder-Flucht-Reaktion«.

Mittelfristig passt sich der gestresste Organismus an eine Belastung an – wir glauben fälschlicherweise, alles sei wieder im Lot, aber die innere Balance unseres Körpers, vor allem der Hormonhaushalt, bleibt nachhaltig gestört, auch wenn die dramatischen Stresssignale längst verschwunden sind. Stress wird zu einer unauffälligen, kaum noch registrierten Dauerbelastung.

Auf schwelende Konflikte, ungelöste Probleme oder immer wiederkehrende Ärgernisse reagiert der Körper ebenfalls eher unauffällig, indirekt und unspezifisch, indem er seine chemische Balance dauerhaft verändert. Wir unterschätzen diesen schleichenden Stress, weil er vergleichsweise undramatisch wirkt. Verschwinden chronische Stressoren nicht aus unserem Leben – ein schikanöser Chef, ein permanent unzufriedener

Partner –, dann passt sich der Körper an die Dauererregung an, etwa durch anhaltend erhöhten Blutdruck, den wir mit der Zeit für normal halten. Schädlicher chronischer Stress lässt sich jedoch an bestimmten typischen Signalen ablesen: Wenn wir häufig erschöpft, ewig müde, unkonzentriert, ängstlich oder konfus sind, ist fast immer Stress die Ursache. Und länger anhaltende Stressphasen münden nicht selten im *Burnout*-Syndrom, dem Gefühl, ausgebrannt zu sein.

Der gleiche Stress trifft Menschen in unterschiedlichem Maße. Wer beispielsweise zu den »vaskulären Reagierern« zählt, ist doppelt bis vierfach gefährdet, denn sein leicht erregbares Temperament macht ihn besonders anfällig für vulkanartige Ärgerexplosionen und lebensgefährliche Stressreaktionen. Besonders für solche Menschen sind die Prinzipen des von Kenneth Cooper propagierten paradoxen Stressprogramms eine Lebensversicherung: Jeder kann lernen, dem Stress seine gefährliche Spitze zu nehmen und ihn in eine lustvolle Herausforderung zu verwandeln.

Feuer nicht mit Feuer bekämpfen

Fünf selbstdiagnostische Fragen sollten der konstruktiven Auseinandersetzung mit dem Stress vorausgehen:

1. Was verursacht intensive negative Gefühlsausbrüche bei mir? Was genau löst Zornesausbrüche, Ärger, Irritation, Niedergeschlagenheit aus oder das Gefühl, überwältigt und »überfahren« zu werden? Besonders wichtig ist dabei, Gefühle aufzuspüren, die länger als ein paar Minuten andauern.
2. Welche Situationen lösen bei mir regelmäßig körperliche Reaktionen aus, etwa Magenschmerzen, plötzliche »unerklärliche« Erschöpfung, Nackenverspannung oder Herzrasen?

3. Schlafe ich ausreichend, tief und erholsam? Gibt es etwas, das mein Schlafmuster stört – etwa Einschlafstörungen, Grübeleien, häufige Alpträume?
4. Kann ich mich gut konzentrieren? Oder schweife ich immer häufiger ab? Wenn ja, bei welchen Aufgaben? Bin ich kaum noch bei einer Sache und gerate häufig ins Grübeln? Was sind die Themen dieser Grübelei?
5. Was hält mich von gesunden Gewohnheiten ab, wie etwa regelmäßigem Sport, Entspannungsübungen oder vernünftiger Ernährung?

Wenn man einen typischen Tag, eine typische Woche mit diesen Fragen systematisch prüft, lassen sich die wichtigsten Stresserzeuger und -quellen des Lebens identifizieren. Jetzt kennen wir den Feind besser, und wir sollten uns ihm mit der Haltung eines Jiu-Jitsu-Kämpfers nähern. Die erste Regel des Stressparadoxes lautet nämlich: Es ist sinnlos und gefährlich, Feuer mit Feuer zu bekämpfen und sich in nutzlose Anstrengungen zu verbeißen, den Stress auszuschalten. Wir müssen ihn zunächst als Tatsache des Lebens akzeptieren – und lernen, seine Energien für uns zu nutzen. Wir sollten auf Stress also nicht automatisch kämpferisch reagieren, sondern uns zunächst von ihm distanzieren, Zeit gewinnen. Das mag banal klingen, aber wir tappen fast automatisch und regelmäßig in die Stressfallen des Alltags, weil wir sofort und meist ohne nachzudenken auf Stress reagieren, indem wir uns heftig aufregen, aufbrausen, aggressiv und ärgerlich werden, panisch oder wütend weglaufen und ähnliche spontane Verhaltensweisen an den Tag legen.

Der Großteil des Stresses, mit dem wir im Alltag konfrontiert sind, macht uns vor allem psychisch zu schaffen. Eine harte und ungerechte Kritik, eine drohendes finanzielles Desaster, ein sich hinziehendes Gerichtsverfahren, die schwere Krankheit eines Familienmitglieds – solche Sorgen sind langfristig eine Gefahr für die körperliche Gesundheit. Zunächst aber nehmen sie die Psyche als Geisel und wirbeln Gedanken und Gefühle durcheinander. Sorgen funktionieren wie eine Tonband-Endlosschleife im Kopf, sie versetzen uns in einen Zustand mentaler Daueranspannung, blockieren geistige Kapazitäten und beeinträchtigen die Konzentrationsfähigkeit. In den Beziehungen zu anderen sind wir nicht mehr wir selbst, sondern werden gereizt und leicht irritierbar. Aus dieser emotionalen Geiselhaft, in der uns Sorgen festhalten, können wir uns durch Techniken befreien, die auf erprobten Prinzipien der kognitiven Verhaltenstherapie basieren:

Probleme lassen sich uminterpretieren und neu formulieren. Der Sohn, der nach dem Schulabschluss ein paar Monate herumbummelt und immer noch keinen Job gefunden hat, muss nicht als faul oder lebensuntüchtig etikettiert werden. Die bessere – weil stressfreie – Interpretation lautet: Er durchläuft eine normale Entwicklungsphase und lässt sich Zeit für die Neuorientierung. Elterlicher Druck oder Zwang wirken in dieser Situation nur kontraproduktiv, sie verschärfen den Konflikt nur – und damit den Stress. Es hilft, die eigene emotionale Reaktion in Frage zu stellen, von Vorwürfen abzulassen, eine andere Einstellung zu entwickeln und sich so aus der Stressfalle zu befreien.

Wenn das Denken immer wieder um einen bestimmten Stressauslöser kreist, sind Ablenkungs- oder Substitutionstaktiken hilfreich. Grübeleien lassen sich durch die Konzentration auf eine andere, vorzugsweise lustbetonte oder angenehme Tätigkeit unterbrechen oder ersetzen: Statt das Szenario über den Streit mit dem Chef immer wieder im Kopf ablaufen zu lassen und so die damit verbundenen negativen Gefühle am Köcheln zu halten, empfiehlt es sich, einer Lieblingsbeschäftigung zu frönen oder sich von anderen Menschen ablenken zu lassen.

In akuten und andauernden Stresssituationen hilft es, sich gezielt und intensiv an Ereignisse und Erfahrungen zu erinnern, die positiv verlaufen sind – an Erfolge, erfreuliche Begegnungen, glückliche Phasen. Jeder Mensch verfügt über ein Repertoire solcher positiven Erinnerungen. Die meisten setzen diese Reminiszenztechnik jedoch nicht ein, weil sie deren stress- und erregungsmindernde Wirkung noch nicht erprobt haben.

Schließlich hilft es in akuten wie in chronischen Stressphasen, die belastenden Vorgänge und die begleitenden negativen Gefühle und Gedanken aufzuschreiben oder über sie zu sprechen. Diese »Veräußerung« in Form von Tagebüchern oder regelmäßigen Aussprachen (auch in Selbstgesprächen!) ermöglicht das Fixieren und die Strukturierung des Problems, das nun sprachlich zugänglich ist und deshalb viel leichter gedanklich be- und verarbeitet werden kann.

Belastung gegen Belastung – die paradoxe Taktik

Das Einfallstor des Stresses ist fast immer die Psyche. Schwere körperliche Belastungen sind in unserer Zeit selten geworden, die meisten Kämpfe finden als Krieg der Köpfe statt. Dennoch reagieren wir immer noch so, als ob wir Konflikten durch Weglaufen entkommen oder sie durch einen physischen Angriff lösen könnten. Dieses »Abreagieren« ist kaum mehr möglich; wir müssen den inneren Gefühlssturm und die Körperreaktionen oft weit über den Anlass hinaus nicht nur ertragen, sondern oft genug noch sorgfältig verbergen. Um diesen mentalen Stress und seine langfristig schädlichen körperlichen Folgen zu entschärfen, können wir den Körper als Verbündeten einsetzen. Gegen Stress gibt es keine bessere Bremse, so argumentiert Kenneth Cooper, als eine leichte aerobische Aktivität: Schnelles Gehen, langsames Joggen, Radfahren oder Schwimmen, etwa dreißig Minuten lang ausgeübt, wirken wie ein gut verträglicher Tranquilizer, und sie reichen in den meisten Fällen aus, um die homöostatische Balance des Körpers wiederherzustellen und die Stresshormone Adrenalin, Noradrenalin und Cortisol abzubauen. Ein willkommener Nebeneffekt der körperlichen Bewegung ist die Seelenruhe, die durch die stimmungsaufhellenden Endorphine zurückgewonnen wird.

Diese Anti-Stress-Strategie wirkt paradox, weil wir einer Belastung mit einer Belastung begegnen. Hinzu kommt, dass es die meisten Menschen einige Überwindung kostet, sich in Stresszeiten zu einer körperlichen Aktivität aufzuraffen. Die ersten zehn Minuten eines Laufes sind tatsächlich oft mühsam. Aber die Herz-Kreislauf-Belastung muss keineswegs besonders hoch sein, um schon die optimale Wirkung zu erreichen. Eine von den meisten Fitnessbewussten als zu gering geschätzte Herausforderung ist häufig schon ausreichend, um die positive Wirkung zu erzielen, während gemeinhin größere Anstrengungen zusätzlich den Körper stressen. Als vorbeugende und lebensverlängernde Maßnahme ist aerobische Aktivität dann am effektivsten, wenn pro Woche etwa 1500 Extra-Kalorien verbrannt werden, das entspricht etwa dreimal 30 Minuten lockerem Trimmtrab oder dreimal 1000 m Schwimmen (jeweils unter 30 Minuten).

Den Kampf durch Aufgabe gewinnen

In unserer stark auf Erfolg fixierten Gesellschaft nehmen die potenziellen Stressquellen in Gestalt von Konkurrenz-, Zeit- und Leistungsdruck stark zu. Während ein beträchtlicher Teil der Bevölkerung den Stress der Arbeitslosigkeit erleidet oder mit der Angst davor leben muss, schuften die »Arbeitsbesitzer« mehr denn je, leisten Überstunden, plagen sich mit kaum zu bändigenden Informationsfluten, mit Rationalisierungsschüben und Mobbing und kämpfen, sofern noch aufstiegsorientiert, um die rarer werdenden Karrierechancen. Jobstress gilt in den westlichen Industrieländern längst als Gesundheitsproblem Nr. 1, in Deutschland verursacht der psychische und körperliche Verschleiß durch Stress am Arbeitsplatz jährlich Milliardenschäden.

Die paradoxe Strategie gegen diesen Stress lautet: Viele Ziele lassen sich leichter erreichen, wenn wir lernen, locker zu lassen, unseren Ehrgeiz zu zügeln und einen gesunden Fatalismus zu praktizieren.

Wir können nicht alles kontrollieren, etwa die Motive und die Leistung unserer Mitarbeiter oder Kollegen. Der Versuch, alles unter Kontrolle zu halten, verbraucht ungeheure Energien. Ein Arbeitsstil des *Micro-Managing* – geprägt vom Willen, sich um sämtiche Details zu kümmern und überhaupt nichts zu delegieren – kostet immense Kraft und Zeit, und er stresst gewaltig.

Die klügere und langfristig effektivere Strategie ist, sich auf das Nötigste zurückzuziehen, die Dinge geschehen zu lassen und darauf zu vertrauen, dass vieles sich von selbst erledigt oder wieder ins Lot kommt. Kontrollwahn erzeugt immensen Stress. Aber es ist für die meisten Menschen – nicht nur für Ehrgeizige und Erfolgsbewusste – ungeheuer schwer, auf Kontrolle zu verzichten. Erfolg stellt sich jedoch nachweislich nur ein, wenn man anderen vertrauen und ihnen Aufgaben anvertrauen kann und bereit ist, sich auf ihren Rat und ihr Engagement zu verlassen.

Stress wirkungsvoll in den Griff zu bekommen bedeutet auch, sich von der Illusion zu verabschieden, dass ein Mehr an Aufwand, an Zeit und Anstrengung und Überstunden, automatisch auch ein Mehr an Leistung und Erfolg bringt. *Work smarter, not harder:* Kreativität gedeiht in den Zeiten der Muße und Entspannung, in der Freiheit von Zeit- und Leistungsdruck.

Um den psychischen und gesundheitlichen Risiken von Jobstress und Burnout zu entgehen und um eine persönliche Vorstellung vom guten Leben zu retten, muss die alte Frage immer wieder neu beantwortet werden: Leben wir, um zu arbeiten, oder arbeiten wir, um zu leben? Das gute Leben ist möglicherweise zu bewahren – oder zurückzugewinnen –, indem man »herunterschaltet«. Wie teuer, und das heißt, mit wie viel Stress, ist ein Karrieresprung erkauft? Wie viel Zeitdruck bringt ein aufwändiges und prestigeträchtiges Hobby mit sich? Wie viele Überstunden bringen zwar in der Regel mehr Geld, aber auch Erschöpfung und Zeitengpässe im Privatleben?

Die emotionalen Zeitbomben entschärfen

Auf viele Stressfaktoren reagieren wir mit Ärger, Zorn oder Aggression. Die negativen Stressgefühle überwältigen uns und verleiten uns nicht selten zu unüberlegten und selbstschädigenden Reaktionen: Wir flippen aus, weil uns jemand gekränkt oder vielleicht nur unabsichtlich eingeschränkt hat, regen uns maßlos über einen rücksichtslosen Verkehrsteilnehmer auf, lassen einen Streit mit dem Partner eskalieren, bis böse Worte gefallen sind, die wir später bitter bereuen. Durch ungebremste Gefühlsaufwallungen überfluten wir nicht nur den Körper mit Stresshormonen, wir lassen uns zu Handlungen hinreißen, die dann zum Keim für neuen Stress werden.

Der amerikanische Kardiologe Redford Williams hat ein Selbststeuerungsprogramm zur Entschärfung solch heftiger Gefühlsreaktionen entwickelt. Es basiert auf einer Sequenz von mentalen Schritten, die eine kritische Prüfung der Stresssituation und einen Ausstieg aus der Eskalationsspirale ermöglichen. Von zentraler Bedeutung ist dabei die Selbstbeobachtung, die immer dann einsetzen sollte, sobald Ärger aufsteigt und wir die ersten Stresssymptome spüren. Ein Bonmot von Benjamin Franklin lautet: »Man ärgert sich nie ohne Grund, aber selten aus einem guten!« Es kommt also darauf an, die Ursachen des Ärgers ins Zentrum der Aufmerksamkeit zu rücken: Liege ich überhaupt richtig in der Einschätzung der Situation – oder verkenne ich sie, etwa weil ich jemandem finstere Motive unterstelle? Und wenn ich sie richtig wahrnehme – reagiere ich angemessen, und das heißt vor allem: nicht selbstschädigend? Kann ich den Energieschub, den mir der aufsteigende Ärger verleiht, dazu benutzen, um die ärgerliche Situation so zu verändern, dass sich der Stress in Grenzen hält? Nach solchen gedanklichen Prüfungen einer Stresssituation gilt das Augenmerk vor allem den Handlungsalternativen: Was kann ich tun, wenn ich mich zu Recht ärgere, aber nicht Opfer der eigenen Erregung werden will? Welche nicht-aggressiven und konstruktiven Lösungsmöglichkeiten gibt es?

Wenn jedoch alle Fragen und distanzierten Einschätzungen der Stresssituation ergeben, dass man sich über das angemessene, vernünftige Maß aufregt, sollte man in einen kritischen Dialog mit sich selbst treten – und möglichst schnell aus der Situation hinausgehen. Das wesentliche Element aller Anti-Stress-Strategien ist, sich von den Automatismen der Reaktionsgewohnheiten zu distanzieren, Zeit zu gewinnen, um ruhigere, vernünftigere und klarere Lösungen und Reaktionen entwickeln zu können. Stress lässt sich in Schach halten oder sogar nutzen, wenn wir fähig sind zur Distanzierung von uns selbst.

Informationsmanagement: die Kunst des Auswählens

Wir sind die bestinformierten Menschen in der Geschichte. In der digitalisierten Informationsgesellschaft steht uns das Wissen der Welt zur Verfügung. Aber wir haben noch nicht gelernt, aus der Infoflut das Wesentliche und für uns Wichtige herauszufischen. Deshalb entsteht immer häufiger eine besondere Form von Stress: der Informationsstress, jener mühevolle Versuch, Information zu sammeln und zu verarbeiten, dabei keine Zeit zu vergeuden und nichts Wichtiges zu übersehen oder zu versäumen.

Wer kennt denn, zum Beispiel, den Unterschied zwischen Fruchtnektar und Fruchtsaft? Wer kann zwischen Mindesthaltbarkeitsdatum und Verbrauchsdatum unterscheiden? Wofür war doch gleich Vitamin E gut, und wofür Vitamin B? Was bedeuten die Buchstaben LCD auf dem Joghurtbecher? Wenn wir in einem durchschnittlichen Supermarkt einkaufen, müssen wir aus über 60 000 Einzelprodukten auswählen (ein Vier-Personen-Haushalt braucht davon etwa 200 Produkte). Ein simpler Einkauf mit der Absicht, dabei vernünftig, gesundheitsbewusst und sparsam vorzugehen, wird zu einem enormen Informationsverarbeitungs- und Planungsakt: Einkaufsliste erstellen, die Produkte suchen und nach bestimmten Kriterien auswählen, Preise vergleichen und so weiter. Jedes Produkt ist zudem selbst über und über mit Informationen bedruckt: Es gibt Auskunft über Inhalt, Fettgehalt, Herkunft, Konservierungsstoffe. Und weil wir täglich über vernünftige und gesunde Ernährung informiert werden, versuchen wir nun, möglichst viele dieser Informationen zu berücksichtigen und klug einzukaufen.

Das gelingt offenbar immer weniger Konsumenten: Der »Arbeitskreis Ernährung und Kommunikation« hat in einer Untersuchung festgestellt, dass kaum ein Kunde die oben gestellten Fragen richtig beantworten konnte. Der Dschungel namens Supermarkt verwirrt die meisten so sehr, dass sie die Informationen ignorieren, sich von Impulsen und Werbung leiten lassen und mit ungesunden, teuren und schnell verderblichen Lebensmitteln nach Hause gehen.

Diese Fehleinkäufe (mit der Folge falscher Ernährung) finden nicht statt, weil wir zu wenig über Waren und Nahrungsmittel wissen, sondern weil uns *zu viele* Informationen zur Verfügung stehen. Das gilt nicht nur für das Einkaufen im Supermarkt, die Informationsflut hat alle Lebensbereiche erfasst und erreicht überall Höchststände. Zum Beispiel in Wirtschaft und Management: Die Nachrichtenagentur Reuters hat weltweit 1300 Geschäftsleute aus unterschiedlichen

Branchen und unterschiedlichen Alters über ihren Umgang mit Informationen befragt und die Ergebnisse in einer Aufsehen erregenden Studie (*Dying for Information*) veröffentlicht: Zwei Drittel aller Befragten klagten über »Infostress«, sie müssten sich täglich mit einem Übermaß an Informationen herumschlagen. Darunter litten die Beziehungen zu den Kollegen, das Familienleben und ihre Arbeitszufriedenheit erheblich. Über 40 Prozent gaben an, dass »exzessive Informationen« wichtige Entscheidungen verzögerten und die Entschlussfähigkeit ernsthaft beeinträchtigten, eine Lähmung der Analysefähigkeit durch Überinformation breite sich aus. Zudem überträfen die Kosten für die Beschaffung, Sichtung und Verarbeitung von Informationen allmählich ihren praktischen Wert. Und ein Drittel der Befragten berichtete von stressbedingten Gesundheitsproblemen, die eindeutig auf den unablässigen Kampf gegen die Überinformation zurückgingen.

In der Medizin spielt sich Ähnliches ab: Das für Ärzte beruflich notwendige Wissen erneuert sich immer schneller und nimmt an Breite und Tiefe in rasantem Tempo zu. Alle vier Jahre verdoppelt sich der verfügbare medizinische Wissensbestand. Die Ärzte reagieren mit unterschiedlichen Strategien auf diese Informationsexplosion. Einige versuchen mittels moderner Kommunikationstechniken Schritt zu halten. Mithilfe von Multimedia beschaffen sie sich die jeweils neusten Informationen, oder sie holen sich per Telemedizin Hilfen für Diagnose und Therapie und nutzen die Expertensysteme und Online-Service-Angebote. Andere kapitulieren vor der nachwachsenden Wissensmenge in ihrem Fachgebiet, sie verengen das Spektrum ihrer Tätigkeit und suchen ihr Heil in immer größerer Spezialisierung. Wieder andere konservieren lediglich ihren einmal erreichten Wissenstand und geraten allmählich bedrohlich (für die Patienten!) in immensen Rückstand.

Medien und Journalismus sind Motor und Opfer der Informationsflut zugleich. Wir werden mit immer neuen Zeitschriften, Sendeformen und Programmen eingedeckt. In der Bundesrepublik gibt es mittlerweile 5000 verschiedene Zeitschriften zu kaufen. Per Internet bieten die wichtigsten Zeitungen und Zeitschriften zudem ständig aktualisierte Nachrichten an. Die meisten Fernsehsender haben ihre letzten Sendelücken geschlossen und senden 24 Stunden. Anfang der siebziger Jahre wurden etwa 500 Werbebotschaften pro Tag auf den Verbraucher abgefeuert, heute sind es über 3000. Der Soziologe Niklas Luhmann schrieb: »Die Massenmedien überschütten uns jeden Tag mit neuen Informationen, ohne dass es Adressaten gäbe, die sich diese Informationen in ihrer immensen Vielfalt und Detailliertheit zu Nutze machen könnten. Auch die Computer speichern und verarbeiten, wie man sagt, Informationen: aber ihre Schaltzustände sind und bleiben unsichtbar, und man muss schon wissen, was man wissen will, um ihnen Schrift, Tabelle, Bild oder Sprache zu entlocken.«

Die Vermüllung der Welt durch Information

Wer nicht weiß, was er wissen will oder wissen kann, erlebt die mediale Infoflut als »weißes Rauschen« – der Sinn einzelner Signale und Zeichen verschwindet allmählich im Hintergrundgeräusch. Neil Postman schrieb in seinem Buch *Das Techopol*: »Wir haben Information in eine Art Müll verwandelt.« Das heißt: Der Überfluss an Informationen und die Mühelosigkeit, mit der wir sie beschaffen können, macht uns gleichgültig: Was so leicht zu haben ist, kann doch nichts wert sein.

Je mehr wir mit Fakten, Fakten und Faktoiden eingedeckt werden, mit Informationspartikeln und medial und selbstreferenziell inszenierten Pseudoereignissen, desto weniger erschließt sich uns der Hintergrund oder der Zusammenhang einzelner Botschaften.

Ohnehin wächst die Tendenz – vor allem im Fernsehen –, Nachrichten mit Unterhaltungselementen zu Infotainment zu verschmelzen. Immer häufiger entstehen Nachrichten, deren Herkunft unsicher und deren Bewertung schwierig ist. So stellt sich vielfach die Frage: Wer hat – aus welchem Interesse – eine Information lanciert? Neue Typen von Informationsaufbereitung sind zudem entstanden, so die *Advertorials*, die Vermischung von Editorials mit Advertisement, von Redaktionellem mit Werbung, und die *Infomercials*, also die Verknüpfung von Information und Werbung.

Der Informationskonsument wird überschwemmt und fragt sich zwei Dinge: Wie kann er eine intelligente Auswahl treffen, und wie kommen die Informationen eigentlich zustande? Medienanalytiker beobachten mithin einen Trend im Journalismus: So verstehen Reporter und Redakteure ihre Rolle immer mehr als die von *Erzählern* denn von *Aufklärern*. Gefragt sind längst nicht mehr nur die nackten Fakten, sondern deren Einbettung in eine – möglichst personalisierte – Geschichte. Die Anekdote siegt über die Nachricht. Erzählungen machen es dem Publikum zwar leichter und angenehmer, Nachrichten zu konsumieren, aber es verführt die Berichterstatter buchstäblich zum Fabulieren und Ausschmücken ihrer Storys.

Offenbar müssen wir in der Informationsgesellschaft angesichts der neuen Medienvielfalt und der prinzipiellen Unüberprüfbarkeit der Quellen eine persönliche Erkenntnistheorie entwickeln: Was weißt du wirklich? Und was glaubst du nur zu wissen? Warum glaubst du, dass du es weißt? Und woher weißt du es? Der Informationsreichtum ist umgeschlagen in einen Midas-Fluch: Wer erst einmal anfängt, die zur Verfügung stehenden Quellen auszuschöpfen, kommt vom Hundertsten ins Tausendste und findet kein Ende mehr. Die Suche kann zur Sucht ausarten, und vor allem das neue Wundermedium Internet verführt dazu, endlos im Informationsuniversum zu surfen.

War es früher gebräuchlich, dass man seine Informationen sorgfältig abschottete und sie als »Herrschaftswissen« pflegte, so breitet sich heute ein völlig anderes Informationsverhalten aus. Weil es prinzipiell nicht mehr möglich ist, Informationen für längere Zeit »exklusiv« zu besitzen, macht man sich den Überfluss zunutze: Konkurrenten oder Gegner (etwa in einem Rechtsstreit) werden mit einer Fülle von vorwiegend irrelevanten Informationen überschüttet. Es gehört inzwischen zu den Taktiken des Geschäftslebens und der Politik, die Gegenseite allzu gut zu informieren, sie auf diese Weise zu verwirren und auf Dauer zu beschäftigen: Soll sie doch selbst aus dem Datenwust das wenige Wichtige herausfiltern!

Wie schon gesagt: Wir sind die bestinformierten Menschen, die je gelebt haben. Zumindest könnten wir es sein, wenn nicht eine Grenze erreicht worden wäre: Wir vermögen die Informationsmengen, die uns die Medien- und Informationsgesellschaft bereitstellt, nicht mehr richtig zu verarbeiten. Angesichts der Datenflut versagen allmählich die herkömmlichen Ordnungs- und Gliederungsversuche. Die Überinformation erzeugt Stress, reduziert mehr und mehr die Verständnisleistung und mündet schließlich in Konfusion, Resignation, Erschöpfung oder Gleichgültigkeit.

Neue Begriffe wie »Technostress«, »Information Overload« und »Datensmog« drücken aus, wie aus einer guten Sache – freier Zugang für alle zu möglichst allen Informationen – ein Problem wurde: Zu viel des Guten ist offenbar ebenso problematisch wie zu wenig. Es gibt Verdauungsprobleme.

Das Bundeswissenschaftsministerium hat 1997 errechnen lassen, wie viel Informationen die Gesellschaft tatsächlich anhäuft. Im Jahrzehnt vor der Erhebung, so das Ergebnis, wurde so viel Wissen produziert und gespeichert wie in den 2500 Jahren zuvor. Für diesen exponenziellen Zuwachs sind in erster Linie die neuen Wissensspeicher verantwortlich, Internet und Datenbanken. Noch Anfang der siebziger Jahre verhieß

IBM, das verfügbare Wissen ließe sich in Zukunft mithilfe des Computers »auf den Punkt« bringen. Stattdessen droht nun der Wissenskurzschluss: zu viel Information – zu wenig Wissen. Wie die Zauberlehrlinge können wir den Datenfluss nicht mehr stoppen und vermehren ihn selbst noch, denn jeder Mensch, der an die neuen Informationstechniken angeschlossen ist, per Computer, E-Mail oder Fax, wird selbst zum Produzenten von Botschaften und Datenströmen: In den meisten Büros werden heute 60 Prozent der Zeit darauf verwendet, Dokumente zu lesen und Informationen zu verarbeiten. Und das durchschnittliche Lesequantum für eine Führungskraft in Wirtschaft oder Verwaltung liegt heute bei einer Million Worte pro Woche. Auch die Illusion, der Computer führe zum papierlosen Büro, ist geplatzt: Der Papierverbrauch hat sich in den computerintensiven Industrieländern in den letzten Jahren vervielfacht.

Die Grenzen der Aufnahmefähigkeit

Die Informationsmedien sind allgegenwärtig, unsere Umwelt ist getränkt von Information. Radio, Zeitungen und Zeitschriften, Telefone und Handys, Fernsehen, Videorecorder und Satellitenschüsseln, Internet und E-Mail, Navigations- und Orientierungssysteme, Werbemitteilungen und Plakate verbreiten unablässig ihre Nachrichten und Botschaften. Es gibt kaum noch Orte, an denen wir unerreichbar für Informationen sind; sie folgen uns in Zügen und Flugzeugen, im Auto, in Lifts und Wartezimmern. In vielen Büros und Bars laufen Fernseher als »lebende Tapete«, und selbst in Sportstadien wird neben dem »Live«-Erlebnis noch Radio gehört oder die Wiederholung auf gigantisch großen Bildschirmen betrachtet.

Zu den Millionen Büchern, die ungelesen bleiben werden, sind längst neue Informationsquellen gekommen, die unseren Alltag prägen. Sie versprechen eine schnellere und unkompliziertere Kommunikation, als sie in der Gutenberg-Galaxie üblich war. Die E-Mail ist eine dieser neuen Kommunikationsmöglichkeiten, deren Faszination zunächst überwog. Gerade für Menschen, die in besonderem Maße auf internationalen Austausch und schnelle Verbindung angewiesen sind, wie Wissenschaftler, Manager oder Journalisten, versprachen E-Mails eine unkomplizierte und unbegrenzte Informationsübermittlung. Für Millionen Teilnehmer am World Wide Web ist es jetzt aber zum Problem geworden: Jeder ist exponiert, jeder ist sichtbar und erreichbar, jeder kann der Adressat von täglich Hunderten von Nachrichten werden.

Wenn erst die perfektionierten Marketing- und Zielgruppenprogramme von kommerziellen Unternehmen beginnen, weltweit auf Kundensuche zu gehen, können sich bis zu 1200 Telemarketing-Angebote täglich in der E-Mailbox finden. Die Erfindung von intelligenten Filterprogrammen, die diese Flut abzuwehren versprechen, hält nicht Schritt. Filterprogramme können einerseits unterlaufen werden, andererseits sperren sie Informationen aus, die für den Empfänger bedeutsam sind. Dennoch wird das Filtern ein Zukunftsmarkt werden, zumal es eine Milliarde miteinander verbundener Computer innerhalb der nächsten zehn Jahre geben wird – das schätzte jedenfalls der Informatikwissenschaftler Michael Dertouzos vom Massachusetts Institute of Technology. Jeder Computer enthält zwischen einige Tausend bis zu mehreren Millionen Einzelinformationen – was in der Summe Trillionen von *files* ergibt. Für die meisten von uns wird dieser Datenberg nichts als ein gigantischer Haufen Infoschutt bleiben, dem wir uns nur nähern, um ein paar Goldkörner herauszuschürfen, die uns von Nutzen sind.

Allmählich stellt sich die Frage nach den biologischen und psychischen Kapazitätsgrenzen für die Aufnahmefähigkeit von Informationen. Informationsstress entsteht, weil diese

Barrieren verletzt und überschritten werden. Entscheidend für die Zukunft der so genannten Informationsgesellschaft wird sein, wie sich die Produzenten und Verbreiter von Informationen und Kommunikationstechniken diesen Konstanten anpassen werden. So gibt es offenbar eine evolutionäre Grenze für unsere Kontaktfähigkeit: Was über die in der Jäger- und Sammlerzeit entstandene Maximalzahl von etwa 60 Menschen hinausgeht, wird zur Stressquelle. Dieses Limit wird bei den meisten Menschen bereits durch die Beziehung zu Personen in ihrer physischen Umgebung ausgeschöpft. Zusätzliche Kontakte, etwa über das Internet oder andere elektronische oder virtuelle Kommunikationsschienen, können nur zu Lasten dieser bereits existierenden »realen« Beziehungen entstehen – mit allen Konsequenzen für das Zusammenleben.

So wie es eine Komplexitätsobergrenze in den sozialen Beziehungen gibt, so limitiert ist auch die Fähigkeit, technische Komplexität zu managen. »Unsere Gehirne sind nicht auf Multitasking programmiert wie unsere Computer. Wir stellen allmählich unsere menschlichen Kapazitäten auf eine harte Probe«, schreiben die Entdecker des *Technostresses*, Larry Rosen und Michelle Weil. Selbst Technikfreaks werden irgendwann überfordert, wenn ein Gerät allzu viele Zusatzfunktionen hat, das Bedienungshandbuch 300 Seiten dick ist und kurz nach dem Kauf schon wieder veraltet ist. Die Zukunft wird deshalb den Anbietern gehören, die vereinfachen. Das Denken und Steuern muss wieder der Maschine, nicht dem Menschen aufgebürdet werden. Bei älteren Technologien ist das gelungen: Das Auto ist zwar eine hochkomplexe Maschine, die aber durch relativ einfache Bedienung in Betrieb genommen werden kann. Bei jüngeren Maschinen ist es dagegen häufig noch so, dass die Last der Steuerung beim Benutzer liegt, der unzählige Knöpfe drücken und Funktionen programmieren muss. Viele Hersteller, etwa von Videorecordern, haben das inzwischen begriffen: Es kommt nicht mehr darauf an, immer neue Zusatzfunktionen einzubauen und dann dem Kunden zu überlassen, wie er damit zurechtkommt. Das Herumfummeln an Kanaleinstellung, Datumsanzeige, Uhrzeit Beginn, Uhrzeit Ende etc. kann durch die Eingabe eines einzigen Codes ersetzt werden. Soll die Maschine doch suchen!

Eine zweite anthropologische Grenze ist die Geschwindigkeit, mit der Menschen Informationen verarbeiten können. Nicht nur die schiere Zahl von Informationen ist stark angestiegen, sondern vor allem auch das Tempo, mit dem sie auf uns einstürmen. Wir müssen lernen, diesen schnellen Infostrom auszubremsen und so zu verlangsamen, dass wir ihn wieder verarbeiten können. Um Überlastung und Stress zu bannen, muss der individuelle Informationsradius auf das Machbare begrenzt werden. Das Beharren auf dem menschlichen Verarbeitungstempo ist lebenswichtig, wenn das Wesentliche und Wertvolle des Informationsreichtums nicht verloren gehen soll, meint David Shenk, Autor des Buches *Datenmüll und Infosmog*. Denn das unkontrollierte und ungebremste Ansteigen der Informationsdichte und der Zwang, immer mehr Informationen in immer kürzerer Zeit zu sichten und zu verarbeiten, erzeugen chronischen Stress. In der Informationsgesellschaft gehören inzwischen Kopfschmerzen, Bluthochdruck und Verdauungsprobleme zu den verbreitetsten Symptomen, und entsprechend sind Medikamente gegen Bluthochdruck, Depressionen und Magenbeschwerden die mit Abstand meistverkauften auf dem Arzneimittelmarkt.

Die psychischen Kosten der Infoflut

Wir sind biologisch und psychisch nicht ausgestattet, um mit der selbst erschaffenen Informationsflut fertig zu werden. Das Aufmerksamkeitsdefizitsyndrom (ADS) ist längst nicht mehr nur ein Problem hyperaktiver Kinder, sondern auch unter Erwachsenen weit verbreitet, wie Mediziner feststellen: Millionen leiden bereits unter chronischer Ruhelosigkeit, Nervosität und der Unfähigkeit, sich zu konzentrieren. »Das Aufmerksamkeitsdefizit«, meinte die Zeitschrift *Wired*, »wird das offizielle Gehirnsyndrom des Informationszeitalters.«

Forscher in Japan haben zwischen den siebziger und den neunziger Jahren eine alarmierende Verschlechterung des Sehvermögens in der Bevölkerung festgestellt und führen diese Entwicklung auf die Dauerbelastung der Augen vor TV- und Computerbildschirmen zurück. In nicht allzu ferner Zukunft, so die Experten, wird jeder Einwohner Japans kurzsichtig sein und eine Brille brauchen.

Zahlreiche sozialpsychologische Studien zeigen, wie sehr sich das kognitive und das soziale Verhalten von Menschen verändert, wenn sie unter Informationsüberlastung leiden: Sie verarbeiten – etwa in ihrer Rolle als Konsumenten oder Wähler einer Partei – neue Informationen nicht mehr oder nur unzureichend. Das Konfusionsniveau bei komplexen Aufgaben steigt, und die Betroffenen rekurrieren auf simple Problemlösungsstrategien. Das Urteilsvermögen verschlechtert sich ab einem bestimmten Punkt der Informationsaufnahme generell, ebenso wie die Fähigkeit, schwierige Vorgänge zu erfassen.

Das Übermaß an Information wiegt aber auch in falscher Sicherheit. Man glaubt sich angesichts der Datenmenge »gut informiert«, dabei nimmt aber die Genauigkeit von Urteilen und Einschätzungen ab.

Schließlich neigen Informationsüberforderte dazu, sich von sozialen Anforderungen zurückzuziehen und beispielsweise die Hilfeersuchen anderer Menschen nicht mehr zu beachten.

Eine besonders gravierende Langzeitwirkung der Informationsflut ist das allmähliche Absinken der individuellen Gedächtnisleistung. Der Gedächtnisforscher Robert Bjork konstatiert, dass wir zwar ungeahnte Mengen von Informationen in unserem Gehirn speichern können, jedoch lasse die

Fähigkeit, sie abzurufen, wenn sie gebraucht werden, stark nach. Der Grund dafür: Unser Gedächtnis speichert einzelne Daten vorwiegend kontextgebunden. Es funktioniert in der Regel so gut, weil wir jedes Ereignis, das wir abspeichern, mit den vielen Begleitumständen vernetzen, unter denen wir es erfahren haben. Wir lesen einen Roman in einer bestimmten Stimmung an einem bestimmten Ort. Die Vorstellung des Ortes ruft den Inhalt des Romans in Erinnerung, und umgekehrt. Wir unterhalten uns mit ein paar Freunden über eine politische Streitfrage und essen dabei Spaghetti, im Hintergrund läuft Jazzmusik – die Einzelheiten werden als Ganzes, als ein integriertes Bündel von Reizen gespeichert, die uns auf etwas hinweisen. Eine Erinnerung funktioniert nie punktgenau, sondern erscheint als kleines Geflecht von Gedanken, Gefühlen und Bildern. Jede aufgetauchte Einzelheit verweist auf die anderen Details, mit denen sie verknüpft sind. Das Problem der heutigen Informationsaufnahme ist nun, dass sie immer häufiger im selben Kontext stattfindet und entsprechend wenige Verknüpfungen bilden kann. Weil viele Menschen bereits den größten Teil ihrer Informationen vorzugsweise über den Fernseh- oder Computerbildschirm oder über Fax und Telefon beziehen, meist im selben Raum, meist in sitzender Haltung, können sie beim Erinnern nur auf diesen sehr limitierten Kontext zurückgreifen. Sie haben deshalb große Probleme, etwas wieder abzurufen, denn die gespeicherten Informationen verschwimmen in einem großen Infonebel.

Kein Anschluss unter dieser Nummer!

Der Informationsüberfluss zwingt den Einzelnen immer stärker zur Informationsökonomie, wenn er nicht überwältigt, gestresst und erschöpft in der Infoflut ertrinken will. Oder, wie es der Philosoph Peter Sloterdijk formuliert: »Was wir heute brauchen, ist eine Art Existentialismus für Informierte. Wir müssen darüber nachdenken, was es heißt, ein Lebewesen zu sein, das von Informationen angeturnt oder von ihnen niedergemacht wird. Sehr viele Menschen kämpfen in der dauernden Informationsberieselung mit Orientierungsproblemen. Sie müssen die Informationsflut unvorbereitet, spontan und naturwüchsig reflektieren. Die Philosophie sollte sie dabei nicht alleine lassen.«

Vielleicht ist der Kampf gegen die Folgen der Überinformation ebenso zu führen wie gegen andere ökologisch-gesundheitliche Bedrohungen. Warum sollte beispielsweise der Datensmog nicht ebenso bekämpft werden wie der Abgassmog? Wie die Vermüllung der Umwelt eingedämmt wurde, so müssen vielleicht auch die wilden Deponien der Infoproduzenten reguliert werden. Und wie der Kampf gegen zu viele Kalorien erhebliche Umstellungen in Ernährungsgewohnheiten erfordert, so müssen wir, wenn wir unter der Überfütterung durch Informationen leiden, wohl ebenfalls Diäten erproben und die Kost reduzieren.

Die drei Elemente der Informationsökologie – Produktion, Verteilung und Verarbeitung – stehen nicht mehr in einem ausgewogenen Verhältnis zueinander. Die ohnehin überbordende Produktion wird noch durch die Tatsache angekurbelt, dass jeder Teilnehmer an den neuen Informationssystemen, vornehmlich Internet, E-Mail und Fax, auch selbst zum Produzenten beliebig vieler Botschaften werden kann.

Da zunächst keine freiwillige Selbstbeschränkung der Produktionsseite erwartet werden kann und die Distribution immer perfekter funktioniert, muss der Einzelne bei der Verarbeitung, bei seinen persönlichen Informationsgewohnheiten ansetzen und mindestens drei Strategien gegen den Infoinfarkt entwickeln:

Wir müssen *erstens* Filter kreieren und in das persönliche Informationssystem einbauen. Infomüll muss als Müll erkannt und aussondiert werden. Wir müssen unseren Fernsehkonsum stark reduzieren und nur noch geplant fernsehen, das heißt auch: nach dem ausgewählten Programm rigoros abschalten. Wir sollten zudem die Flut der E-Mails begrenzen: Lassen wir uns von Teilnehmer- und Adresslisten, etwa von *chat-groups*, streichen. Wir müssen auch die *Upgrade*-Manie nicht mitmachen, nicht Windows 95 abschaffen, um Windows 2000 zu kaufen. Überhaupt sollten wir uns im Daten- und Medienfasten üben.

Werden wir *zweitens* auch unsere eigenen Redakteure: Lernen wir, uns auf das Wesentliche einer Information zu konzentrieren. Sortieren wir alles aus, was kostbare Zeit auffrisst und nichts wirklich Neues oder Wichtiges enthält. Die massenhafte Verbreitung von Camcordern ist ein Einfallstor für eine privat erzeugte Infoflut: Weil es so leicht und billig geworden ist, mit den neuen Kameras alles, aber auch wirklich alles im Urlaub und beim Kindergeburtstag abzufilmen, werden lange Epen gedreht, die in ihrer Vollständigkeit ermüdend und sterbenslangweilig sind. Auch die liebevollste Oma will nicht wirklich jeden Schritt ihres Enkels sehen. Die heute als »veraltet« geltende Technik einer Super-8-Kamera zwang wegen der nur dreiminütigen Laufzeit von Filmen und den hohen Entwicklungskosten zu sehr viel mehr Planung, Auswahl und Regie. Dafür sind die kurzen Dokumente wertvoller und interessanter. Weniger ist mehr.

Und *drittens* eine Einfachheit in der Informationstechnologie freiwillig anstreben: Das *Downteching* – die persönliche technische Abrüstung – besteht darin, nicht alle neuen Angebote zu nutzen, sondern bewusst zu langsameren Möglichkeiten der Information zurückzukehren: einen Brief schreiben statt einer E-mail, das Geld für das Premiereabonnement in Bücher investieren.

Selbstbeschränkung, Kontrolle und bewussterer Umgang mit der Informationskultur sind die Auswege aus dem Informationschaos. Die selbst-schützende Infoökonomie ist vor allem eine Zeitökonomie. Die Entschleunigung der schnellen Medien hilft uns, nicht zu Sklaven oder Anhängseln der Medientechnik zu werden. Wir sollten uns beispielsweise von den schnellen Medien nicht zu schnellen Reaktionen zwingen lassen: Ein Fax oder eine *voice mail* muss nicht umgehend beantwortet werden. Und wenn eine Informationsquelle uns nachhaltig stresst, sollten wir sie ganz aus unserem Leben verbannen. Schließlich sollten wir größere Zeiteinheiten in unserem Leben völlig freihalten von den Ergüssen der Infokanäle: Zeiten, in denen wir einfach nicht erreichbar sind, weil wir bei uns selbst sind.

5 Verstehen und vergeben

Die Tugenden des Clans neu entdecken

Empathie – die Kunst, sich einzufühlen

Von der evolutionären Psychologie bekommen wir bestätigt, was wir ohnehin schon wussten oder ahnten: Ein gutes Leben lässt sich kaum in völliger Selbstisolation oder in permanenter Gegnerschaft zu anderen Menschen leben. Wir sind dennoch zu selbstbewussten Individualisten geworden, die viele der sozialen Bindungen wie lästige Fesseln abgestreift haben. Die persönliche Autonomie ist uns teuer, und eine Gemeinschaft ist für uns nur dann erstrebenswert, wenn sie unseren Zielen und Bedürfnissen dienlich ist. Zwar sind die anderen die Hölle, wie Jean-Paul Sartre anmerkte, aber dass wir sie oft so empfinden, dazu haben wir meist selbst beigetragen. So sind wir heute hin- und hergerissen zwischen unserer archaischen und doch so virulenten Sehnsucht nach Zugehörigkeit und Geborgenheit sowie unseren modernen Bedürfnissen nach größtmöglicher Selbständigkeit und Freiheit. Wir müssen das Verhältnis von Nähe und Distanz, von Autonomie und Gemeinschaft immer wieder neu ausbalancieren, wenn wir ein gutes Leben führen wollen. Es scheint, als ob uns die psychischen Schlüsselfähigkeiten zur Herstellung dieses Gleichgewichts verloren gegangen sind: Um die zwischenmenschlichen Beziehungen erträglich und vielleicht sogar glücklich zu gestalten, müssen wir verstehen und vergeben können.

Wann können wir denn wirklich zu einem anderen Menschen sagen: »Ich verstehe dich. Ich weiß genau, was in dir vorgeht!«? Einfühlung oder Empathie ist nämlich mehr als Sympathie – es ist die Fähigkeit, genau und vorurteilsfrei zuzuhören und hinzusehen, um die Gedanken und Gefühle des anderen zu erkennen. Diese Fähigkeit ist uns angeboren, aber wir machen erschreckend wenig Gebrauch davon.

Als der amerikanische Psychologe Edward Titchener (1867-1927) den Begriff »Empathie« erfand, hatten sich schon Generationen von Philosophen die Zähne am Problem der so genannten *Intersubjektivität* ausgebissen: Wie und in welchem Maße ist das Verständnis eines anderen Menschen, seiner Gefühle, seiner Sichtweise, seiner Urteile möglich? Für Immanuel Kant war es die »erweiterte Denkungsart«, mit der wir den Fernsten wahrnehmen, als wäre er der Nächste. Edmund Husserl nannte die Fähigkeit, die Welt mit den Augen eines anderen zu sehen, »analogisierende Apperzeption«. Wir versetzen uns in eine fremde Lebenswelt hinein und betreiben die Verschmelzung zweier Horizonte – und vergewissern uns so unserer eigenen Welt. Die jüdisch-katholische Philosophin Edith Stein meinte, wir müssten den »Nullpunkt der Orientierung«, also den eigenen Körper verlassen, müssten aus unserer Haut hinaus, damit wir uns selbst »begreifen« könnten. Und wenn wir schon mal »draußen« sind, könnten wir auch versuchen, andere zu begreifen und zu verstehen.

Jenseits solcher philosophischen Begriffe hat die Psychologie erforscht, wie einfühlendes, verstehendes Außer-Sich-Sein im wirklichen Leben möglich ist. Sie untersucht die besondere Vorstellungskraft, die es braucht, um sich in die Schuhe eines anderen zu stellen. Um die Distanz zwischen zwei Lebenswelten zu überbrücken, reicht abstraktes Denken ebenso wenig aus wie bloßes Sympathisieren. Das empathische Vorstellungsvermögen erfordert beides: Mitfühlen und Mitdenken – und den vorübergehenden Verzicht auf die eigene Weltsicht. Wer nur mit dem Propagieren der eigenen Ansichten beschäftigt ist, wer nicht hinhören und mitfühlen lernt, verzichtet auf eine der wichtigsten Schlüsselfähigkeiten unserer Zeit. Empathie macht uns kreativer, toleranter, flexibler – und gewährt uns das Glück des Verstehens.

Verstehen ist eine Form des Gedankenlesens

Empathie ist mehr als spontanes Mitfühlen, das uns angesichts der Gefühle anderer Menschen überkommt und vielleicht sogar zu Tränen rührt. Sympathie ist nur eine Vorstufe der Empathie. Wenn wir mitfühlen, erinnern wir uns, wie Traurigkeit, Freude oder Zorn sich anfühlen, wir teilen diese Erfahrung und können deshalb auch trösten, uns mitfreuen oder aufregen. So entsteht eine gefühlsbetonte, aber im Grunde nur auf die Gefühlsdauer begrenzte und oberflächliche Gemeinsamkeit zwischen Menschen. Empathie umschreibt dagegen die Fähigkeit, die Erfahrung eines anderen Menschen zu verstehen und darauf angemessen zu reagieren.

Empathie teilt nicht nur Gefühle, sie versucht zu verstehen, was den Gefühlen zugrunde liegt. Deshalb setzt Empathie sorgfältiges Zuhören und genaue Beobachtung voraus. Wenn wir empathisch sind, wollen wir genau begreifen, was im anderen vorgeht. Wir versuchen deshalb, die Welt mit seinen Augen zu sehen. Erst dieser Wechsel der Perspektive, die vorübergehende Aufgabe der eigenen, eröffnet uns ein Verständnis über das Mitfühlen hinaus. Erst wenn wir »lesen« können, was ein anderer Mensch denkt und fühlt, was er vorhat, welche Motive oder Komplexe ihn antreiben, wie er wirklich zu uns steht, können wir auf ihn eingehen. Und das heißt: Wir können ihm helfen – oder uns vor seinen Absichten und Plänen schützen. Denn Empathie kann zum Nutzen und Schaden anderer eingesetzt werden. Wer sich »im Kopf« seines Gegenübers gut auskennt, kann ihn nicht nur beraten oder stützen, sondern auch steuern und ausbeuten.

Der amerikanische Empathieforscher William Ickes definiert Einfühlungsvermögen so: »Empathisches Schließen (von sich selbst auf andere) ist nichts anderes als eine Form des Gedankenlesens, das wir im Alltag praktizieren. ... Es ist wahrscheinlich die zweitgrößte Leistung, zu der unser Gehirn fähig ist, wobei die größte das Bewusstsein selbst ist.«

Empathie befähigt uns, am Leben anderer teilzuhaben und uns dabei selbst zu erweitern und buchstäblich über uns selbst hinauszuwachsen. Indem wir über uns hinausdenken und uns in andere hineindenken, erweitern wir aber nicht nur unsere Weltsicht, sondern auch unser Selbst-Verständnis. Empathie ist das Band, das uns mit anderen verbindet. Ohne Einfühlungsvermögen wären wir wahrhaft Monaden oder Autisten, eingeschlossen in uns selbst. Ohne Empathie gäbe es kein Verständnis, keine dauerhaften Beziehungen und keine Intimität zwischen Menschen.

Wie wir empathisch werden

Empathie ist als eine überlebenswichtige Fähigkeit in unserem Gehirn programmiert – sowohl in unserem »emotionalen Gehirn«, dem limbischen System, als auch in unserer »Denkkappe«, dem Neokortex.

Das limbische System, vor allem die Amygdala (der Mandelkern), reagiert sehr schnell und sehr emotional auf die Umwelt: mit Kampf oder Flucht, mit Tränen, Wut, Gier oder Lust. Im Laufe der Millionen Jahre dauernden Evolution hat sich der Neokortex als Denk- und Reflexionsinstanz herausgebildet. Eng mit dem älteren Stammhirn vernetzt, wirkt er als dessen langsameres Gegenstück. Seine Aufgabe ist das Nachdenken, Überprüfen, Reflektieren der komplexeren Realität. Der Neokortex wirkt auf diese Weise wie eine Bremse für die automatischen, oft vorschnellen Reaktionen des Urhirns. Allmählich haben sich für die Basisemotionen wie Furcht, Wut, Freude oder Trauer differenziertere Ausdrucksformen entwickelt. Aus der »nackten« Wut entstanden kompliziertere Gefühle wie Ärger oder Ressentiment, Selbstmitleid oder Scham, aus primitiver Lust wurden komplexe Gefühle wie Liebe, Zärtlichkeit, Geborgenheit. Für das menschliche Zusammenleben wurde es immer wichtiger, diese Gefühle richtig zu erkennen und zu interpretieren. Ohne hoch entwickelte Empathie können selbst Affen nicht existieren, umso wichtiger ist sie in der unübersichtlichen Welt der Menschen.

Unter normalen Umständen wiederholt ein Mensch diese Evolutionsgeschichte in seinen ersten Lebensjahren: Schon als Neugeborene reagieren wir auf das Weinen anderer Kinder und beginnen, selbst zu weinen – eine Art »emotionaler Ansteckung«. Mit zwei Monaten weint ein Kind, wenn es fremde Tränen sieht, oder es erwidert ein Lächeln. Kinder können also schon sehr früh Gefühle erkennen und »spiegeln«, allerdings nur die einfachen Gefühle wie Glück, Wut oder Traurigkeit, noch nicht die komplexeren wie Scham oder Verachtung. Mit sechs Jahren begreifen sie, dass sich hinter dem Ausdruck eines Gefühls ein ganz anderes verbergen kann. Und mit sieben verstehen sie differenzierte Situationen, in denen Gefühle wie Eifersucht, Schuld, Stolz oder Bescheidenheit vorkommen. Allmählich wird ihnen auch die Rolle von Motiven und Absichten hinter einem Gefühlsausdruck verständlicher. Und zwischen neun und elf Jahren können Kinder nichtverbale Signale erkennen, wenn jemand sie täuschen oder manipulieren will.

Das Spiegeln von Gefühlen ist in den ersten Lebensjahren von entscheidender Bedeutung für die Entwicklung von

Empathie: Wir müssen uns mit unseren Gefühlen im Spiegel unserer Eltern wiedererkennen – wir müssen ihre Einfühlung erfahren, damit wir die eigene Gefühlswelt ausbilden können. Wenn wir lachen, und niemand lacht mit uns, wenn wir weinen, und niemand tröstet uns, werden unsere Gefühle nicht »bestätigt«. Allmählich erhalten wir dann ein verzerrtes Bild von unserem Innenleben, von unserem Selbst. Reagieren Eltern und andere Menschen jedoch einfühlsam, dann fühlen wir uns akzeptiert, und wir halten unsere Gefühle (und ihren Ausdruck) für angemessen und legitim. Schließlich verinnerlichen wir die empathische Zuwendung so, dass wir von den »Spiegeln« unabhängig werden und uns irgendwann selbst trösten, loben oder aufmuntern können.

Empathie heißt, aus jedem Dialog etwas zu lernen

»Ich weiß, wie du dich fühlst!«, »Ich weiß, was in dir vorgeht!« – solche Sätze helfen uns in bestimmten Situationen. Sie drücken Sensibilität und Sympathie aus, aber Empathie will mehr: Wenn wir empathisch sind, absorbieren wir nicht nur passiv die Gefühle, die ein anderer Mensch gerade erlebt. Empathie ist aber auch mehr als nur eine Art virtueller Realität, in der wir uns an die Stelle eines anderen denken und fühlen. Empathie fragt: Was bedeutet das Gefühl? Was fange ich an mit der Einsicht, die ich ins Seelenleben eines anderen Menschen gewonnen habe? Empathie erfordert deshalb – neben aller Einfühlung – auch ein bestimmtes Maß an Distanz. William Ickes schreibt: »Empathie ist komplexes Schlussfolgern, in dem Beobachtung, Gedächtnis, Wissen und Überlegung sich verbinden, um Einsicht in die Gefühle und Gedanken anderer Menschen zu gewinnen.«

Wer empathisch ist, zerfließt eben nicht vor Mitgefühl oder

teilt nur die Wut oder die Freude. Empathie heißt, aus jedem Dialog zu lernen – und dann zu handeln. Die Einfühlsamkeit ist kein Selbstzweck. Mit ihrer Hilfe erweitern wir unser Wissens- und Verhaltensrepertoire, wir verbessern unser Welt- und Menschenverständnis, damit wir Probleme besser lösen, Krisen überwinden, tiefere Ursachen erkennen können. Empathie ist der zentrale Schlüssel zu einem guten sozialen Leben.

Einfühlsamkeit ist nicht nur den Profis der Empathie, Therapeuten oder Ärzten etwa, vorbehalten. Sie ist Teil der so genannten emotionalen Intelligenz, die uns das Zusammenleben im Alltag erst möglich und erträglich macht – und im günstigen Fall Verständnis, Toleranz und Erfolg derer vergrößert, die sie praktizieren.

Diese uns allen angeborene Fähigkeit muss jedoch geschult, verfeinert und entwickelt werden, soll sie nicht verkümmern oder im Stadium des bloßen Mitfühlens verharren. Empathie ist Seelenarbeit, die über das Gefühlige hinausgeht: »Bergsteigen oder seine Empathie vervollkommnen sind beides gleich schwere und anstrengende Aufgaben. ... Um in beidem einen Gipfel zu erreichen, brauchen wir ausreichend Haltegriffe und Wegmarkierungen«, schreiben die Sozialpsychologen Sara Hodges und Daniel Wegner in ihrem Aufsatz »Automatic and Controlled Empathy«.

Ein empathischer Zuhörer reagiert sensibel auf jede Situation, lässt sich nicht von Stereotypen und Vorurteilen verleiten, registriert feinste Veränderungen, leiseste Zwischentöne. Empathie erfordert neben Übung und Selbstkenntnis vor allem: konzentrierte Aufmerksamkeit. Dieses Heraustreten aus dem Bewusstseinsstrom als beobachtendes Ich nennen manche Forscher »Metakognition«. Sigmund Freud hat eine ähnliche Haltung für die therapeutische Arbeit empfohlen – die »neutral schwebende Aufmerksamkeit«. Einige Psychologen verwenden lieber den Begriff der »Achtsamkeit«: die unvoreingenommene Aufmerksamkeit für fremde und eigene psychische Zustände. Diese Aufmerksamkeit ist eine Vorbedingung für Empathie.

Den empathischen Blick trainieren

Um empathischen Zugang zu anderen zu finden, muss ich zunächst die eigene Befindlichkeit, das eigene Verhalten beobachten: Wie drücke ich meine Gedanken und Gefühle aus, damit ich das Herz und den Verstand eines anderen Menschen erreiche? Wie zeige ich am besten, dass ich wirklich »mitdenke« und helfen will?

Indem ich den Prozess verlangsame: Manchmal überwältigen uns heftige Emotionen, sie machen uns buchstäblich blind für das, was um uns herum vorgeht. Vor allem negative Emotionen wie Angst oder Ärger setzen Stresshormone frei, lassen die Muskeln verkrampfen, und die physiologische Erregung verengt den Blick und vermindert nachweislich die Wahrnehmungsfähigkeit. Wenn wir spüren, dass sich jemand in diesem Zustand befindet, zeigen wir Empathie, indem wir ihm helfen, den »Dampf« herauszunehmen, keine vorschnellen Schlüsse zu ziehen – und sich Zeit für wichtige Entscheidungen zu nehmen. Das Einfühlungsvermögen beweist sich darin, dass wir jemanden dabei unterstützen, wieder das große Ganze zu sehen, bevor er sich beispielsweise zu emotionalen Kurzschlusshandlungen hinreißen lässt.

Indem ich richtig frage: In manchen Fragen ist die Antwort, genauer: das Urteil, bereits enthalten. »Du glaubst also wirklich, dein neuer Freund sei in Ordnung?«, fragt die Mutter die Tochter und nimmt damit eine abwehrende oder unterwürfige Reaktion vorweg. Die Tochter wiederum macht nun sofort dicht, oder sie übernimmt aus Opportunismus oder Gehorsam das negative Urteil. Will die Mutter wirklich erfahren, was in der Tochter vorgeht, sollte sie eine offene – eine empathischere – Frage stellen: »Was gefällt dir besonders an deinem Freund?« Offene Fragen laden zur Selbsterforschung des Befragten ein – und sie signalisieren zugleich: Ich bin wirklich an deinen Ansichten interessiert.

Indem ich auf den Körper und seine Signale achte: Wenn wir jemandem gegenübersitzen, der sich aufregt, greift seine Erregung über kurz oder lang auch auf uns über. Sein Ärger treibt auch unseren Blutdruck in die Höhe. Der Sympathikus, der Teil des Nervensystems, der für die Mobilisierung von Kampf- und Fluchtreaktionen verantwortlich ist, wirkt durch die so genannte physiologische Synchronie über die Quelle hinaus. Die fremde Wut steckt uns an, und wir sehen uns vielleicht als Zielscheibe dieses Zorns, reagieren mit Abwehr, anstatt tiefer zu schürfen. Die empathische Interpretation der fremden Wut wird erst möglich, wenn wir das für Entspannung und Energiekonservierung verantwortliche parasympathische Nervensystem mobilisieren können. Das gelingt, indem wir Überlegung und Selbststeuerung einschalten, uns beispielsweise daran erinnern, dass wir selbst oft wütend sind, weil wir uns ausgegrenzt, missverstanden oder gestresst fühlen.

Wir können nun die physiologische Synchronie bewusst einsetzen, um gegenzusteuern, etwa indem wir unsere Mimik verändern. Statt den Ausdruck des Ärgers zu übernehmen, lächeln wir – und beeinflussen damit unsere eigene Befindlichkeit in Richtung Entspannung. Allmählich kehrt sich der Synchronieprozess um – wir wirken beruhigend auf unser Gegenüber. Wir können in der empathischen Haltung offener für die Signale des anderen bleiben, wir hören genauer hin und beobachten schärfer, als wenn wir selbst erregt wären. Kurz: Wir können ihn besser verstehen und ihm dieses Verständnis auch mitteilen.

Indem ich die Vergangenheit im Blick behalte: Die empathische Haltung lässt die Möglichkeit offen, dass das aktuelle Verhalten eines Menschen nichts mit der gegenwärtigen Situation – und vor allem: nichts mit uns – zu tun hat. Ein mürrischer Kollege ist vielleicht gar nicht sauer auf mich, er plagt sich mit einem ungelösten Konflikt in seiner Familie herum oder einer aufgestauten Wut auf sein schlechtes Gehalt. Wir schleppen vielfach unerledigte Konflikte mit uns herum, oder erinnern uns plötzlich an eine beschämende Episode in unserem Leben. Die Vergangenheit färbt die Gegenwart, und manchmal kriegen unsere Reaktionen die falschen Leute ab. Es hilft, in solchen Situationen den Reflex zu unterdrücken, Gleiches mit Gleichem zu vergelten. So können wir objektiv bleiben und genauer hinsehen.

Indem ich eine Geschichte sich entfalten lasse: Empathie ermöglicht es uns, den anderen Menschen seine Geschichte erzählen zu lassen – ohne vorschnell zu urteilen, ihn zu unterbrechen oder ihm gute Ratschläge aufzudrängen. Dazu müssen wir uns zurücknehmen können und müssen der Versuchung widerstehen, umständliche Erzähler voranzutreiben. Empathie erfordert ein gutes Zeitgefühl, Timing: Wir müssen spüren, dass da »noch was kommt«, wir müssen hören, ob jemand ein Gefühl hinter einem anderen verbirgt, und ihm Zeit geben, zum wirklichen Problem vorzustoßen. So ist Zorn eine oft gewählte maskierende Emotion – dahinter verbergen sich oft Enttäuschung, Verletzungen, Hilflosigkeit, Gefühle des Ausgeschlossenseins und, besonders häufig, des Nichtverstandenwerdens.

Vor allem Männer haben gelernt, Gefühle, die Schwäche signalisieren könnten, hinter der Fassade des Zorns und der Wut zu verstecken. Der amerikanische Entwicklungspsychologe William Pollack schreibt in seinem Buch *Jungen*, dass gerade Jungen sehr oft darauf trainiert werden, mit Wut und Aggression *alleine* das ganze Spektrum ihrer Emotionen auszudrücken. Mit Empathie lässt sich diese Fassade jedoch abbauen: Sobald Jungen erkennen, dass ihnen selbst Einfühlung und Verständnis entgegengebracht werden und dass es vollkommen in Ordnung ist, sich einsam, frustriert oder unverstanden zu fühlen, hören sie auf, sich für solche vermeintlich »unmännlichen« Gefühle der Schwäche zu schämen.

Ich verstehe dich, aber ich bin nicht du

Empathie bedeutet nicht, sich einem anderen Menschen in der Absicht zu öffnen, ihn zu eigenen Offenbarungen zu verleiten. Viele Psychotherapeuten erliegen dem Fehler zu glauben, sie erzeugten eine Vertrauensbasis, wenn sie ihren Patienten etwas aus ihrer eigenen Intim- oder Gefühlssphäre mitteilen (»Ich habe selbst schon mal so etwas durchgemacht«). Wer von sich erzählt, kann zwar kurzfristige Erleichterung erreichen, aber langfristig ist diese missverstandene Offenheit kontraproduktiv. Jeder Mensch will seine Probleme und Gefühle als *einzigartig* respektiert sehen, und es hilft nicht, wenn jemand ihm versichert, er hätte genau das Gleiche erlebt. Auch wenn es widersprüchlich erscheinen mag: Der Austausch von Intimitäten behindert das Einfühlen. Um ohne Vorurteil zuhören zu können, müssen wir zeitweise von unseren eigenen Erfahrungen absehen. Auch wenn uns vieles bekannt vorkommt, sollten wir so achtsam sein, als hörten wir die Geschichte eines anderen Menschen zum ersten Mal. Ob in einer Therapie oder im Alltag: Empathie soll uns befähigen, die feinen Unterschiede zwischen uns zu entdecken, sie zu verstehen – und zu tolerieren.

Empathie ist ein kompliziertes Wechselspiel zwischen Anteilnahme und Mitfühlung einerseits und Unabhängigkeit und Distanz andererseits, eine Balance zwischen Engagement und objektiver Beobachterrolle. Dazu gehört, selbst in intimsten Beziehungen zu wissen, wo das »Ich« aufhört und das »Du« beginnt. Um einfühlsam zu sein, müssen wir nicht Teil der Geschichte des anderen sein.

Verliebtsein ist, in den Worten des amerikanischen Psychoanalytikers Elvin Semrad, die »einzig akzeptable Form der

Psychose in unserer Kultur«. Das betrifft vor allem das erste Stadium einer Liebe, die wechselseitige Idealisierung. Wir machen uns ein Bild vom Partner, das unseren Bedürfnissen und Sehnsüchten entspricht – aus dem Wunsch heraus, geliebt zu werden. Da wir ausblenden, was nicht in dieses Bild passt, sind wir als frisch Verliebte alles andere als objektiv – und können in dieser narzisstischen Phase auch nicht wirklich einfühlsam sein. Nach einer Weile tauchen unvermeidlich die ersten Risse im unrealistisch geschönten Bild auf: Der Partner schnarcht, schmatzt beim Essen, ist schlampig, lacht zu laut über die blödesten Witze. Wenn wir jetzt einfühlsam wären, könnten wir das ertragen. Wir wüssten nämlich durch Beobachtung und Selbstbeobachtung, dass niemand perfekt sein kann. Empathie erträgt Ambivalenzen recht gut, weil sie im Grunde eine Technik der Differenzierung ist. Sie malt nicht schwarzweiß. Aber wir treiben in dieser Ernüchterungsphase häufig auf eine Polarisierung zu und werten den Partner enttäuscht ab. Streit und Aggressionen nehmen in der Folge zu.

Dass diese kritische Phase in die Integrationsphase einmünden kann, hängt davon ab, ob wir unsere eigenen Schwächen und Fehler erkennen und sie nicht auf den Partner projizieren, und ob wir seine »Mängel« akzeptieren lernen. Empathie ermöglicht die Zusammenführung widersprüchlicher Eigenschaften in ein positives Gesamtbild. Das heißt, wir können uns selbst und den Partner als »nicht ganz vollkommen, aber doch liebenswert« begreifen. Wechselseitige Einfühlung macht aus Verliebtheit Liebe. Aus der narzisstisch motivierten Idealisierung und der übertriebenen »Enttäuschung« entsteht eine Balance von Nähe und Distanz. Die Empathie bereichert darüber hinaus die eigene Persönlichkeit. Wir transformieren uns im Dialog mit dem anderen selbst, wir entwickeln uns weiter, indem wir den anderen immer besser verstehen lernen.

Fatal wäre es, wenn dieser wechselseitige empathische Prozess zum Stillstand kommt, weil einer der Partner irgendwann glaubt, den anderen »in- und auswendig« zu kennen, und nicht mehr genau hinhört, sich nicht mehr bemüht, die sich verändernden Wünsche und Ansichten des anderen kennen zu lernen. Der Satz »Du kennst mich doch überhaupt nicht!« markiert oft den Anfang vom Ende, die Erkenntnis, dass es tatsächlich so ist und man un-empathisch nebeneinander her gelebt hat.

Vorsicht, Empathie!

In einer Studie über die Effizienz von Autoverkäufern zeigte sich: Die erfolgreicheren unterschieden sich von ihren weniger erfolgreichen Kollegen vor allem dadurch, dass sie sich nicht mit den Kunden identifizierten, sondern innerlich auf Distanz blieben. Da empathisches Zuhören auch eine Schlüsselqualifikation für Verkäufer ist, konnten sie besser heraushören, welche Argumente oder Strategien zum Ziel führen – in diesem Fall zum Vertragsabschluss.

Empathisches Zuhören erfordert, sich ohne Theorien und Vorurteile über einen anderen Menschen dessen Weltsicht zu eigen zu machen, um so seine persönliche Wahrheit, die auch die Wahrheit *über* ihn ist, zu erfahren. Wir kennen niemanden wirklich, dem wir vorher nicht lange und konzentriert zugehört haben. Dabei hilft es, sich gelegentlich zu versichern, ob der Gesprächspartner das Gefühl hat, wirklich verstanden zu werden und ob er glaubt, alles ihm Wichtige ausgedrückt zu haben. Der Begründer der Gesprächspsychotherapie, Carl R. Rogers, schlägt eine besondere Strategie vor, um die Kunst des Zuhörens zu verbessern. In einer Diskussion oder einem Streit sollte folgende Regel eingeführt werden: »Jeder darf nur dann von sich selbst sprechen, nachdem er die Gedanken und Gefühle des Vorredners oder der Vorrednerin genau wiedergegeben hat, und zwar zu dessen oder deren Zufriedenheit.« Jeder Zuhörer muss also in der Lage sein, die Sichtweise des anderen zutreffend zusammenzufassen. Rogers schreibt in seinem Buch *Entwicklung der Persönlichkeit*: »Das klingt einfach, nicht wahr? Aber wenn Sie es versuchen, werden Sie feststellen, dass es das Schwerste ist, was Sie jemals unternommen haben. Wenn Sie jedoch fähig sind, die Perspektive des anderen einzunehmen, müssen Sie Ihre eigenen Meinungen wahrscheinlich drastisch verändern. Sie werden auch merken, wie die Erregung in der Auseinandersetzung plötzlich abflaut, wie die Unterschiede verschwinden – und das, was an Differenzen bleibt, verständlicher und rationaler wird.«

Einfühlungsvermögen ist kein Privileg wohlmeinender Menschen: Empathie kann gegen uns verwandt werden – von Betrügern, Egoisten, Verführern. Hitler war auf seine Weise empathisch, als er die Wünsche, Komplexe und Sehnsüchte der Deutschen verstand und sie ausbeutete. Je besser sich jemand in unsere Innenwelt hineindenken kann, desto leichter sind wir für ihn zu manipulieren. Dagegen hilft, die eigene empathische Aufmerksamkeit zu schärfen.

Wir müssen lernen, authentische von funktionaler Empathie zu unterscheiden: Wir spüren meist sehr gut, ob jemand uns ausloten will, um uns etwas anzudrehen, uns auszubeuten oder zu übervorteilen. Intuition und Situation sagen uns deutlich, ob wir ein Hilfsangebot annehmen sollten oder lieber nicht. Authentische Empathie vermischt sich jedoch mitunter – selbst in intimen Beziehungen – mit funktionaler: Jemand ist uns durchaus freundlich gesinnt, verbindet aber echte Anteilnahme mit einem egoistischen Wunsch (»Da wir gerade von Geld sprechen, könntest du mal meine Steuererklärung ansehen? Du bist doch viel erfahrener damit«). Das ist in Ordnung, solange wir das Spiel durchschauen und uns nicht nur benutzt fühlen.

Die eigenen Wünsche und Schwachstellen zu kennen schützt uns davor, sie ausbeuten zu lassen: Wir haben alle Wünsche und Träume, Minderwertigkeitsgefühle und Schwächen, die uns anfällig machen für die einfühlsamen Worte eines anderen Menschen. Je besser wir die »weichen Stellen« in unserer Psyche kennen, desto eher sind wir auf der Hut, wenn sich jemand empathisch, aber manipulativ damit beschäftigt.

Wir müssen unseren »Rundumblick«, unser psychisches Radar schulen: Empathische Achtsamkeit registriert auch scheinbar unwichtige Kleinigkeiten im Verhalten anderer. Kleine Unstimmigkeiten, Diskrepanzen zwischen den verschiedenen Kommunikationskanälen, zwischen dem, was gesagt wird, und der Mimik, Stimme und Körpersprache, sind wichtige Informationen, die in der Summe eine empathische Wahrheit offenbaren. Deshalb braucht eine genaue Einschätzung der Absichten eines anderen Menschen Zeit, Geduld und scharfe Beobachtung. Empathie ist nie das Resultat eines plötzlichen Aha!-Erlebnisses.

Wir müssen lernen, unverlangte Intimität zu durchschauen und abzuwehren: Die spontane Herzlichkeit eines Verkäufers oder die unvermittelte Vertraulichkeit eines Mitreisenden, den wir gerade eine Viertelstunde kennen, sollten uns misstrauisch machen – wie jede Intimität, zur der wir nicht »eingeladen« haben. Wer unsere Grenzen nicht respektiert, uns emotional bedrängt und auf die kalte Schulter beleidigt reagiert, entlarvt seine Absichten. Authentische Empathie respektiert den Wunsch nach Distanz.

Wir müssen uns vergegenwärtigen, dass Empathie nicht bedeutet, nett zueinander zu sein: Das Ziel einfühlsamen Zuhörens ist nicht, das zu erfahren, was wir erfahren wollen, auch nicht, jemandem zu gefallen und ihn in seinen Irrtümern und Meinungen zu bestärken. Empathie ist nicht Mitleid. Ziel ist die realistische, genaue Einschätzung eines anderen Menschen – mit der Absicht, ihm weiterzuhelfen. Wenn jemand unsere empathisch gewonnenen Einsichten nicht akzeptieren kann oder will, müssen wir uns deshalb nicht schuldig fühlen.

Die negative Macht des Unerledigten

Eines der größten Hindernisse für ein erfülltes und gelingendes Leben sind schwelende Hass- und Rachegefühle, die das Seelenleben auf Jahre und Jahrzehnte vergiften und sich manchmal zu einer Art negativem Leitmotiv entwickeln können. Nie ausgelebte Wut, Ressentiments und verkapselte Kränkungen färben das emotionale Gewebe des Alltags düster, sie arretieren die Weiterentwicklung der Persönlichkeit und verhindern das Entstehen positiver Gefühle.

Wenn uns jemand gekränkt, geschadet oder unser Selbstwertgefühl verletzt hat, ist die entscheidende Frage, ob wir uns dadurch aus der Bahn werfen lassen oder ob es uns gelingt loszulassen, zu vergeben und neu anzufangen.

Der Opferstatus ist für viele Menschen schmerzhaft und attraktiv zugleich. Auf widersprüchliche Weise bindet und erinnert er sie an die Vergangenheit. Einerseits wäre es dem subjektiven Wohlbefinden und dem Lebensglück zuträglicher, erlittenes Unrecht zu verzeihen und Verluste abzuhaken. Andererseits lässt sich aus den Kränkungen auch psychischer Nutzen ziehen: Man behält den »Täter« am Haken, kann ihm alle Schuld am eigenen Unglück aufbürden und muss für das eigene Leben keine Verantwortung übernehmen.

In unseren Beziehungen zu anderen Menschen geht es nicht ohne Ungerechtigkeiten und Verletzungen ab. Mal sind wir Opfer, mal Täter. Wir kränken und werden gekränkt, wir enttäuschen und werden enttäuscht, wir verraten und werden verraten. Wir machen uns das Leben gegenseitig schwer aus Zorn, Neid oder Egoismus. Wir sind verbittert, weil wir jemanden idealisiert oder uns völlig falsche Hoffnungen gemacht haben.

Weil all dies unvermeidlich ist, brauchen wir ein Mindestmaß an wechselseitiger Nachsicht. Ohne die Fähigkeit, anderen vergeben zu können, würden über kurz oder lang selbst die liebevollsten Ehen, die dicksten Freundschaften, die engsten Familienbande in die Brüche gehen.

Natürlich gibt es unterschiedliche Grade der Verletzung, und entsprechend leicht oder schwer fällt es uns zu vergeben: Einen vergessenen Geburtstag oder eine dumme Bemerkung können wir leichter verzeihen als die verweigerte Hilfe in einem Notfall oder eine bösartige Intrige. Und manches erscheint uns gänzlich unverzeihlich, etwa Misshandlungen, Verrat oder Untreue.

Immer quält uns die Frage: Wie konnte der andere mir das nur antun? Selbst wenn wir ihm mildernde Umstände zubilligen – etwa Gedankenlosigkeit oder Stress –, sind wir mitunter so tief gekränkt, dass wir uns zurückziehen oder zum zornigen Gegenangriff übergehen. In minderen Fällen strafen wir den Täter mit tagelangem Liebesentzug oder mit endlosen Vorwürfen, in extremen Fällen brechen wir die Beziehung völlig ab.

Seltsamerweise hilft selbst ein Abbruch meist nicht gegen den Schmerz, den uns ein anderer zugefügt hat. Eine tiefe Kränkung wird unter »Unerledigtes« gespeichert und taucht immer wieder in unserem Seelenleben auf. Wir können unser Leben nicht einfach weiterleben. Und wenn wir eine Beziehung, eine Ehe, eine Freundschaft trotz eines Treuebruchs oder einer Verletzung aufrechterhalten, aber nicht verzeihen können, so macht uns der nicht endende Groll zu seinem Gefangenen.

Warum verharren wir so stur im Gefühl, dass man uns Unrecht getan hat? Warum genießen wir mitunter das schlechte Gewissen und die Schuldgefühle der Täter? Welche Befriedigung liegt darin, zu schmollen und den anderen zappeln zu lassen? Warum können wir keinen Schlussstrich ziehen und eine unerfreuliche Geschichte vergessen? Warum können wir so schlecht verzeihen?

Es gibt kaum ein komplexeres und wichtigeres psychologisches Thema als die Psychodynamik der Vergebung. Immer sind dabei unsere tiefsten Gefühle involviert, Liebe und Hass. Die Fähigkeit oder die Unfähigkeit zu verzeihen prägen die Qualität unseres sozialen Lebens und entscheiden über unseren Seelenfrieden. Im Akt des Vergebens stehen unsere Abhängigkeiten und unser Selbstbild, unser Narzissmus und unsere Paranoia auf dem Prüfstand.

Erstaunlich ist, dass diese elementare menschliche Fähigkeit erst vor kurzem einer Erforschung durch die Psychologie für würdig befunden wurde. Die Psychologen hatten sich bislang schwer getan mit diesem unscharfen Begriff und ihn allzu lange den Theologen und Philosophen überlassen. Aber die Säkularisierung und Psychologisierung des Verzeihens schreitet nun schnell voran: »Verzeihen ist eine intra-individuelle, prosoziale Veränderung in der Haltung gegenüber einem wahrgenommenen Verletzen, die in einen spezifischen sozialen Kontext eingebettet ist«, lautet eine Lehrbuchdefinition der amerikanischen *Forgiveness*-Forscher Michael McCullough, Kenneth I. Pargament und Carl E. Thoresen. Auf Deutsch: Wir müssen uns einen innerlichen Ruck geben, um jemandem zu verzeihen, der uns Schmerz oder Schaden zugefügt hat.

»Wie auch wir vergeben unseren Schuldigern«: Verzeihen ist ein Postulat des Christentums, aber auch der meisten anderen Religionen. Der Verzicht auf Vergeltung, den Jesus gepredigt hatte, ist ein entscheidender, aber kaum praktizierter Schritt des Menschseins. In der Literatur hat Dostojewski den allzeit vergebenden, unendlich nachsichtigen Prototyp geschaffen: Sein Fürst Myschkin im Roman *Der Idiot* legt eine für Normalmenschen unbegreifliche Güte an den Tag. Und in der Politik hat Nelson Mandela gezeigt, welche positive Dynamik von einer großmütigen Vergebung selbst der schlimmsten Taten ausgehen kann.

»Kleine Morde« sind erlaubt

Ist das Verzeihenkönnen also doch eine von moralischen Prinzipien diktierte Handlungsweise, reserviert für Heilige und andere Gutmenschen? Für die meisten ist Versöhnung jedenfalls ein mühsames Geschäft, und oft genug ziehen sie das Schmollen, Gekränktsein und die Retourkutsche vor. Zorn und Groll sind wichtige Signalgefühle. Den Hass, der in uns aufsteigt, sollten wir nicht ignorieren. Es ist riskant, solche negativen Gefühle sofort zu unterdrücken oder zu verleugnen. Sie regen sich, wenn uns jemand in die Quere kommt, unsere Pläne durchkreuzt, unsere Wünsche missachtet oder uns Schaden zufügt. Die Zivilisation hindert uns daran, sofort zurückzuschlagen. Aber in unseren Tagträumen zerreißen wir diesen Menschen in der Luft. Und auf mehr oder weniger subtile Weise versuchen wir, unser Vergeltungsbedürfnis als Gerechtigkeit zu maskieren und es auszuleben: Freunde, die uns enttäuscht haben, bösartige Kollegen, freche Nachbarn, Exgatten werden mit Heimzahlungen überzogen. Für manche wird die Rache sogar zur Lebensaufgabe.

Manchmal könnten wir sogar die umbringen, die wir lieben: Eltern möchten ihre quengelnde, nervende, rotzfreche Brut an die Wand klatschen, und Kinder würden ihre sturen, verständnislosen, einengenden Eltern gerne auf den Mond schießen oder phantasieren ihren Tod herbei.

Hasserfüllte Gedanken und die vielen »kleinen Morde« in der Vorstellung sind nichts Ungewöhnliches. Es ist eine zivilisatorische Errungenschaft, sich diese Gedankenkette zu vergegenwärtigen: »Ich wäre vielleicht fähig dazu! Aber ich tu's nicht. Ich verzeihe mir diese Phantasien und lerne daraus.« Wenn wir negative Gefühle verleugnen, können wir sie nicht verstehen, wir sublimieren und müssen sie vielleicht eines Tages ausleben. Und wenn wir die eigene Nachtseite nicht richtig zur Kenntnis nehmen, können wir Rachegefühle auch nicht bei anderen erkennen und gegebenenfalls entschärfen.

Wenn uns jemand Unrecht tut oder kränkt, läuft in uns ein psychisches Reaktionsprogramm ab, das sehr stark von unseren frühkindlichen Bindungserfahrungen bestimmt ist. Jede Kränkung oder Benachteiligung, jeder Treuebruch, jede Gleichgültigkeit, die wir als Erwachsene erfahren, wirkt wie ein Auslöser, der uns in frühere Beschämungen, Verluste oder Herabsetzungen zurückkatapultiert. Kaum jemand ist frei von solchen Erfahrungen. Wir schleppen seit der Kindheit eine Geschichte mit uns herum, in der wir oft genug das Opfer waren und vernachlässigt, verraten, verkannt wurden. Diese Opfergeschichte ist das individuelle, charakterologische Raster für den Umgang mit neuen Kränkungen.

Die unverarbeiteten Verluste und Verletzungen der Kindheit und der Jugend machen es uns schwer, angemessen und erwachsen auf neue Übergriffe zu reagieren. Wir fallen erschreckend oft in infantile Verarbeitungsmechanismen zurück. Die haben uns auch damals nicht wirklich geholfen, aber trotzdem waren sie auf sehr ambivalente und paradoxe Weise wirksam: Sie haben uns beispielsweise jenen bittersüßen Opferstatus beschert, in dem wir – wie Tom Sawyer – unseren eigenen Tod imaginierten, um die Eltern zu strafen. Nie würden wir ihnen vergeben, mögen sie uns noch so anflehen! Wir schmollten oder wurden übermäßig trotzig und aggressiv, oder wir brüteten über düsteren Rachegedanken. Diese infantilen Mechanismen haben ein gemeinsames Merkmal: Das Denken und Fühlen kreist immer und immer wieder um den Anlass und den »Täter«, es kann sich nicht davon lösen. Das bindet Unmengen seelischer Energie und hindert uns am Wachsen und Weiterleben.

Die Erforschung des Nicht-Vergeben-Könnens hat gezeigt: Ressentiments und Rachedurst sind Ersatzgefühle, wenn wir einen Verlust, eine Trennung, eine Verletzung nicht betrauern. Wir weichen dem Trauerschmerz aus und fühlen stattdessen Selbstmitleid, Aggression und Wut. Vor allem

Schuldzuweisungen lenken von der Trauer ab: Wenn wir mit dem Finger auf jemanden zeigen können, lassen sich alle negativen Gefühle auf ihn lenken. Manchmal ist dies eine frühe, unausweichliche Phase in der Trauerarbeit.

Auch an geringfügigeren Anlässen lässt sich beobachten, wie dieser Mechanismus wirkt: Ein wichtiges Dokument verschwindet in der Hauspost unserer Firma und wir wissen nicht, ob Unachtsamkeit oder Boshaftigkeit im Spiel war. Wie reagieren wir? Forschen wir verbissen und endlos nach dem Schuldigen? Resignieren wir und trauen fortan niemandem mehr? Oder versuchen wir einfach, das Dokument möglichst schnell zu ersetzen?

Und wie ist es in Liebesdingen? Wir haben jemanden kennen und lieben gelernt, aber nach ein paar Monaten teilt er/sie uns mit, dass da jemand anderes aufgetaucht ist, mit dem er/sie zusammenleben möchte. Wie reagieren wir nun? Machen wir dem »Verräter« ein schlechtes Gewissen? Verdoppeln wir unsere Anstrengungen, ihn oder sie zurückzugewinnen? Flüchten wir in den Alkohol oder versinken in tiefer Verzweiflung? Oder akzeptieren wir die Entscheidung, so schmerzhaft sie auch sein mag?

Narzissmus – der Versuch, dem Verrat vorzubeugen

Psychotherapie besteht zu großen Teilen darin, die Obsessionen und Depressionen zu heilen, die durch die Flucht vor der Trauer und anderen Verlustgefühlen entstanden sind. Statt den Trennungsschmerz zu verleugnen oder ihn vielleicht mit Alkohol oder Psychopharmaka zuzudecken, muss er durchlebt und verarbeitet werden. Erst wenn wir richtig trauern, können wir das kränkende Ereignis loslassen, den Verlust überwinden und etwas Neues anfangen.

Verzeihen können setzt eine gut entwickelte Selbstliebe, einen gesunden Narzissmus voraus: Nur wenn wir uns selbst mit allen Schwächen und Fehlern akzeptieren können, entwickeln wir auch ein tieferes Verständnis für andere und werden nachsichtiger gegenüber deren Fehlern. Wir können andere dann so annehmen, wie sie sind. Wir bekommen einen Sinn für die Verhältnismäßigkeit von Gefühlen und für die Proportionen von Gut und Böse. Eine Absage bedeutet nicht gleich die totale Zurückweisung unserer Person. Kritik an unserer Arbeit oder an unserem Aussehen lässt uns nicht tödlich beleidigt sein. Wir können sogar Ungerechtigkeiten, Wut oder unfaire Kritik durch andere gelassener ertragen.

Der pathologische Narzissmus dagegen biegt sich die Welt nach den eigenen, unreifen Bedürfnissen zurecht: Pathologische Narzissten sind ungemein Besitz ergreifend, schnell gekränkt und abhängig von permanenter Zuwendung. Zu diesem Zweck müssen sie andere Menschen manipulieren und kontrollieren.

Weil sie leicht in ihrer Selbstsicherheit zu erschüttern sind, streben sie häufig nach Macht. Sie ist kein Selbstzweck, sondern hilft, Gefahren für das labile Selbstwertgefühl abzuwehren. Nur wer alles unter Kontrolle hat, kann dem Gefühl der eigenen Wertlosigkeit oder des Verlassenwerdens vorbeugen. Wenn die Macht des pathologischen Narzissten infrage gestellt wird, stürzt dieses Kartenhaus ein. Wer mit heftiger Wut und völlig unangemessen auf jeden »Verrat«, auf jede Kritik, auf jede Kränkung reagiert, muss sich fragen, wie fragil sein Selbstgefühl ist.

Wie wir mit Verletzungen und Kränkungen fertig werden, wird in frühester Kindheit geprägt. Jedes Kleinkind erfährt seine wichtigste Bezugsperson, die Mutter, zunächst als zwei völlig getrennte Personen: Das »binäre Baby« kennt eine gute, nährende, liebevoll sorgende und eine vernachlässigende, böse Mutter. Die Welt des Säuglings ist in zwei Sphären aufgeteilt, schwarz und weiß, böse und gut. Diese binäre Weltsicht wird nie ganz überwunden. Auch als Erwachsene bleiben wir mehr oder weniger anfällig für diesen Manichäismus. Selbst den Reifsten und Klügsten bietet die Schwarz-Weiß-Sicht der Welt gelegentlich ein sicheres Terrain inmitten ihrer verwirrenden und bedrohlichen Komplexität. Für einige bleibt die binäre Weltsicht sogar das Grundmuster ihrer sozialen Wahrnehmung – sie sind ein Leben lang auf der Suche nach Sündenböcken oder verteidigen den »wahren Glauben«. Chauvinismus und Fremdenfeindlichkeit haben ihre Wurzeln im frühkindlichen Schwarz-Weiß-Schema.

Liebe und Hass: das binäre Baby

Gegen Ende des ersten Lebensjahres begreift das Kleinkind, dass beide Mütter ein und dieselbe Person sind. Die Wut auf die »böse Mutter«, die nicht alle Wünsche sofort erfüllt, richtet sich nun auch auf die »gute«. Nun erlebt das Kind zum ersten Mal gemischte Gefühle, es empfindet Schuld und Reue und macht erste Erfahrungen mit Vergebung und Wiederannäherung. Die Welt ist plötzlich komplizierter geworden.

Das Kleinkind lernt, den binären Status zu überwinden und beide Anteile der Mutter zu integrieren. Liebe und Hass gelten einem Menschen, der beides in uns auslösen kann, eine neue Erkenntnis, in die auch der Vater und andere frühe Bezugspersonen bald einbezogen werden. Der amerikanische Psychoanalytiker Robert Karen nennt das Resultat dieses Integrationsprozesses den »emotionalen Monotheismus«, die Vereinigung höchst gegensätzlicher Gefühle in einer Person.

Diese neue Sicht der Dinge ermöglicht dem Kind, seinen Protest angemessen zu artikulieren: Es kann sich auflehnen gegen die Vernachlässigung, Kränkung oder Gängelung durch die Eltern, ohne gleich Liebesverlust befürchten zu müssen. In dieser Lebensphase sollten die

Eltern dem Kind zeigen, dass sie offen sind für das ganze Spektrum seiner Gefühle, indem sie beispielweise auch Überreaktionen und Wutausbrüche nicht gleich unterdrücken oder abstrafen. In einem emotionalen Klima von Akzeptanz und Toleranz begreift das Kind die eigene Gefühlswelt als legitim, und es lernt den so wichtigen Unterschied zwischen negativen Gedanken, Phantasien und Wünschen – und der Ausführung dieser Ideen. Und schließlich lernt es die Dynamik von Verletzung und Versöhnung kennen. Die Eltern zeigen, dass auch liebevolle Menschen einander kränken können, sie leben vor, wie Wiedergutmachung möglich ist und dass bei allen Konflikten als oberstes Gesetz gilt: Die Beziehung wird aufrechterhalten. Was immer auch passiert ist, wir verzeihen einander und bleiben zusammen.

Von entscheidender Bedeutung ist die Qualität der Eltern-Kind-Beziehung in den kritischen Phasen der frühen Kindheit: Wie eng binden Eltern ihre Kinder an sich? Wie viel Geborgenheit und Sicherheit bieten sie ihnen? In welchem emotionalen Klima werden Ablösung und Autonomie verhandelt? Und wie viel Freiraum erhält das Kind, um die Welt jenseits der Familie zu erkunden? Die Bindungstheorie geht davon aus, dass sich im Kontext dieser Fragen der persönliche Stil herausbildet, mit dem ein Mensch seine sozialen Beziehungen gestaltet.

Die Erfahrung des Unsicher-Gebundenseins konstituiert unser »inneres Drama«. Wir wiederholen diese Kindheitsmuster in unseren Beziehungen zu anderen Menschen auf vielfache Weise. Das »verwundete Selbst« macht sich in unterschiedlichsten Situationen bemerkbar:

Wenn es sich ausgeschlossen fühlt, kommt die Ablehnung oder Gleichgültigkeit seitens der Eltern hoch.

Wenn es sich zurückgesetzt oder missachtet fühlt, steigt die Erinnerung daran auf, wie die Eltern ein Geschwister bevorzugt haben.

Wenn es sich beleidigt oder zu Unrecht kritisiert fühlt,

hört es die vorwurfsvollen Stimmen der Eltern wieder – und reagiert mit Trotz oder Rückzug.

Wir sind nicht dagegen gefeit, dass uns all das immer wieder zustößt, nämlich beleidigt, übergangen, gekränkt zu werden. Aber das innere Drama verschlimmert alles noch. Wir fallen in ein infantiles Muster zurück, das uns den Köder schlucken lässt. Unsere Bindungserfahrungen hindern uns auch daran, angemessen zu protestieren. Weil die elterliche Liebe nicht sicher genug internalisiert worden ist, durchleiden wir immer wieder die Abfolge von Kränkung, Wut, Trennungsangst. Der schottische Psychoanalytiker Ronald Fairbairn meint, dass wir uns zu diesem emotional aufwühlenden Drama hingezogen fühlen, obwohl es schmerzt, schon deshalb, weil es die einzige wirkliche Leidenschaft ist, die wir kennen. Das unüberwundene Spiel von Liebe und Hass verschafft uns eine Erregung, die wir auf eine verquere Art auch genießen. Wir sind stecken geblieben in der psychischen Entwicklung, weil wir nicht verzeihen können – und lieber im bittersüßen Schmerz des »Opfers« verharren.

In diesem festgefahrenen Entwicklungsstadium haben wir ein starkes Bedürfnis nach Schuldzuweisungen: Die Welt wird wieder binär, jemand muss der allein Schuldige, der Bösewicht sein. Beispielsweise inszenieren wir endlose Wer-hat-wem-was-angetan-Spiele mit unseren Geschwistern oder mit dem Ehepartner. Für Außenstehende wirkt dieser Wettbewerb darum, wer mehr verletzt worden ist, nicht nur kindisch, er ist infantil.

Lebewohl, Rambo!

Die obsessive Rechthaberei und das Bedürfnis nach Schuldzuweisungen bewahren uns davor, die Dinge näher und analytischer zu betrachten. Vielleicht würden wir bei diesem Tun auf unsere Anteile an einem Konflikt stoßen und müssten Mitverantwortung übernehmen.

Das Muster wirkt auch in größeren sozialen Zusammenhängen: Wir haben eine regelrechte Kultur der Schuldigensuche und Verrechtlichung im öffentlichen Leben geschaffen. Die ständige paranoide Suche nach Feindbildern der politischen Rechten und die bornierte *Political Correctness* der Linken sind zwei Seiten einer Medaille. Ideologische Sturheit, Fundamentalismus und der »kurze Prozess« sind Symptome dieser Mentalität. Das Schuldzuweisen und Anklagen kann zu einem habituellen Reaktionsmuster werden. Die hektische Suche nach Tätern, wenn es zu einer menschlichen Katastrophe gekommen ist, wie etwa nach dem Amoklauf von Erfurt, ist typisch dafür: Jemand muss doch dafür geradestehen! Schuldzuweisungen entheben den Anschuldiger der Aufgabe, komplexe Lösungen für komplexe Probleme erarbeiten zu müssen. Sie bieten ein Ziel für die Wut, und vor allem absorbieren sie die Trauer und die Scham. Auch der Täter von Erfurt, Robert S., hat auf seine Weise Schuldzuweisung betrieben: Seht, was ihr mir angetan habt! Wegen euch mache ich das alles – und wegen eurer Gleichgültigkeit begehe ich Selbstmord!

Opfer zu sein und Opfer um fast jeden Preis zu bleiben, ist eine Quelle von Macht, selbst wenn dieser Status letztlich selbstzerstörerisch ist. In der Rolle der verfolgten Unschuld mobilisieren Menschen mitunter katastrophale Energien. Lieber Hammer als Amboss sein! Zurückschlagen! Der Anlass wird zweitrangig. Der amerikanische Philosoph George Santayana definierte den Fanatiker so: »Er ist jemand, der seine Anstrengungen verdoppelt, wenn er sein Ziel aus den Augen verloren hat.« Zum Glück werden die meisten dieser inneren Dramen nur in der Phantasie ausagiert. Actionfilme bieten in idealer Weise das infantile Grundmuster des sich hemmungslos rächenden »Opfers«: Wie Rambo den anderen die Beleidigungen heimzahlen kann, das ist die Lieblingsphantasie nicht nur von Jugendlichen. Liebe und Hass und die voll entfaltete Paranoia können in Reinform ausgelebt werden, komplexe Problemlösungen sind nicht nötig.

Dieses infantile Reaktionsmuster zu überwinden, Versöhnung zu praktizieren oder sich auch nur von Rachegedanken zu lösen, ist nicht leicht. Aber die Mühe lohnt sich. Wenn wir nicht aus moralischen oder religiösen Gründen verzeihen können, so doch aus Einsicht – und um unserer selbst willen. Denn wenn wir vergeben, werfen wir Ballast ab: Wir geben unseren Anspruch auf völlige Wiedergutmachung, aufs Rechthaben auf, und den naiven Glauben an eine ideale, gerechte Welt, in der die Menschen sich wie gute Mütter oder Freunde verhalten – vor allem uns gegenüber.

Wenn wir daran arbeiten, eine Kränkung zu verzeihen, bringt es uns weiter. Wägen wir die seelischen Kosten des Ressentiments und des Grolls gegen die kleine Mühe ab, die es uns kostet, eine Versöhnung einzuleiten, dann ist viel getan. Der Schritt zur Versöhnung bedeutet:

- Wir verschaffen uns wieder Seelenruhe.
- Wir retten Beziehungen, die noch zu retten sind, oder wir beenden unrettbare auf eine Weise, die uns nicht länger quält und nachhängt.
- Wir geben unsere Opferrolle auf und werden wieder voll handlungsfähig, können uns neuen Lebensaufgaben zuwenden.

Vergeben und Vergessenkönnen brauchen ihre Zeit. Wut und Vorwürfe, auch der Wunsch nach Vergeltung und Wiedergutmachung, gehen dem Prozess des Verzeihens fast immer voraus: Verzeihen bedeutet keineswegs, eine kritische Haltung gegenüber einem Verletzer aufzugeben, aber sie artet eben nicht in Verdammung und Dämonisierung aus. Man kann einen Übeltäter durchaus hassen, es sollte jedoch in einer nicht-obsessiven Weise geschehen. Wer verzeihen kann, muss seine Identität nicht auf den Verletzungen aufbauen, die ihm zugefügt wurden. Dazu bedarf es einer facettenreicheren inneren Gefühlslandschaft als der binär-infantilen des chronischen Opfers. Diese komplexeren Gefühle lassen sich zum Glück selbst dann entwickeln, wenn jemand als unsicher gebundenes Kind aufgewachsen ist. Denn Verzeihen ist nicht nur Gefühlssache. Versöhnungsbereitschaft entsteht, wenn wir einen Konflikt intellektuell bearbeiten können und uns mit den Wurzeln der eigenen Reaktionsmuster auseinander setzen. Vergeben ist möglich, wenn wir uns aus der Idealisierungs-/Dämonisierungsfalle befreien und sagen können: »Der Mensch, den ich liebe, kann eine fürchterliche Nervensäge sein. Aber ich liebe ihn trotzdem.« Oder: »Dieser Freund, Nachbar, Kollege hat sich zwar unmöglich benommen. Aber ich erkenne auch seine guten Seiten und will die Beziehung aufrechterhalten.« Oder: »Ich weiß nicht, ob ich jemals verzeihen kann, was mir dieser Mensch angetan hat. Aber ich will mich mit ihm nicht länger beschäftigen. Ich versuche, die Sache als erledigt abzuhaken, und gehe ihm aus dem Weg.«

Natürlich fällt es uns leichter zu vergeben, wenn wir beim Täter echte Reue und das Streben nach Wiedergutmachung erkennen. Eine trotzige Pro-forma-Entschuldigung macht das Verzeihen schwer. Jedoch auch bei verstockten Tätern lohnt es sich, von der Erwartung auf Reue und Einsicht irgendwann abzulassen. Das Verzeihen nimmt dann eher die Form des gleichgültigen Gewährenlassens an: Soll er doch! Wenden wir uns endlich anderen Dingen und Menschen zu!

Vergebenkönnen ist keine Selbstaufgabe – im Gegenteil: Selbstbehauptung ist die Kunst, seinen berechtigten Protest und seine negativen Gefühle wie Zorn und Ärger angemessen ausdrücken zu können. Verzeihen muss auch nichts Moralisierendes oder Religiöses an sich haben. Es ist Ausdruck psychischer Reife und der Einsicht: Wir sind alle nicht perfekt. Menschen machen Fehler, und wenn wir trotzdem weiter mit ihnen zusammenleben wollen, müssen wir uns und ihnen die Gnade des Neuanfangs gewähren, indem wir verzeihen. Nicht sofort, nicht jedem Menschen, nicht alle Fehler. Aber die grundsätzliche Bereitschaft dazu macht das Leben für alle erträglicher, friedfertiger. Und nur als Vergebende können wir dem entkommen, was Hannah Arendt als »Falle der Unumkehrbarkeit« beschrieb: Geschehenes ist nicht rückgängig zu machen. Ohne Vergebung blieben wir auf ewig Gefangene der Konsequenzen unserer Handlungen.

6 Die Alchemie der Seele

Glück im Unglück finden

Vom richtigen Umgang mit Unglück

Auch in der unruhigen, oft als unsicher und hektisch beschriebenen Welt der Gegenwart verläuft das Leben für die meisten Menschen in relativ festen und sicheren Bahnen. Oft bestimmt eine Routine bis an die Grenze der Langeweile den Alltag, ein Tag erscheint wie der andere. Aber die Wahrscheinlichkeit, dass auch das beschaulichste Dasein von Zeit zu Zeit kräftig durchgerüttelt wird, ist gestiegen: Krisen oder Krankheiten unterbrechen den normalen Gang der Dinge, große oder kleine Katastrophen erzwingen eine Neuanpassung an dramatisch veränderte Lebensumstände. Dann ist das gute Leben, an das man sich gewöhnt hat und das fast schon ein bisschen fade erschien, schlagartig gefährdet. Der gesamte Alltag versinkt plötzlich in einem Gefühlschaos, und der Sinn des Lebens wird durch ein Übermaß an Unglück infrage gestellt.

Manche kritischen Lebensereignisse brechen als Stresslawine blitzartig über uns herein – ein Herzinfarkt, eine Gewalttat, ein Autounfall. Mitunter kommen sie schleichend und unspektakulär daher, etwa in Gestalt chronischer Schmerzen oder einer schwelenden Ehekrise. Und manchmal sind es auch neutral erscheinende oder gesellschaftliche

Veränderungen, die sich auf die Lebensgestaltung und die Psyche des Einzelnen auswirken. So hat die Einführung des Euro vor allem bei älteren Menschen Misstrauen gesät und Ängste geweckt.

Auch Terroranschläge und lokale Kleinkriege als Vorboten eines drohenden großen »Krieges der Kulturen« und eines Kampfes um eine »neue Weltordnung« stellen für viele Menschen eine psychische Dauerbelastung dar: Gefühle der Bedrohung, Unruhe und Ohnmacht, Angst und Hysterie breiten sich aus. Die nach den Anschlägen des 11. September 2001 oft gebrauchte Phrase »Nichts wird wieder so sein wie zuvor!« gilt im Grunde für alle Krisen, Umbruchphasen und Herausforderungen – sie verändern uns nachhaltig. Für die individuellen Vorstellungen vom guten Leben und seiner Fortführung lautet die entscheidende Frage: zum Besseren oder zum Schlechteren?

Bei gewöhnlichem Alltagsstress reicht es oft aus, tief durchzuatmen, sich zu entspannen oder abzulenken. Wir haben gelernt, uns mit Sport, Meditation und Yoga, mit Wellness und Urlaub gegen die üblichen Belastungen zu wappnen und den Veränderungsdruck abzufedern. Viele dieser Antistresstechniken sind sinnvolle Soforthilfen. Aber wir brauchen mehr, wenn wir die großen Herausforderungen des Lebens nicht nur irgendwie überstehen, sondern sie als Lernchance nutzen und sogar seelisch an ihnen wachsen wollen. Eine Forschungsrichtung in der Psychologie untersucht seit einiger Zeit das *Coping:* Welches sind die Strategien und Taktiken, die uns helfen, Lebenskrisen zu bewältigen und stärker und kompetenter aus ihnen hervorzugehen? Welche inneren Stärken können Menschen in Krisenzeiten mobilisieren, um nicht nachhaltig geschädigt und auf Dauer unglücklich zu werden?

Coping – also das »Fertigwerden« oder »Bewältigen« – ist die Kunst, mit Stress zurande zu kommen, der *über das Normalmaß des Alltags* hinausgeht. Erfolgreiche Krisenbewältigung bedeutet, nach einem verstörenden, vielleicht sogar traumatischen Erlebnis wieder ein hohes Maß an Zufriedenheit oder gar Glück zu erreichen.

Jeder Mensch verfügt über ein Repertoire von mehr oder weniger tauglichen Bewältigungsstrategien, die er in Krisensituationen fast automatisch einsetzt: Manchmal ist es zum Beispiel hilfreich, wegzutauchen oder den Kopf für einige Zeit in den Sand zu stecken, um nicht emotional überfordert zu werden. Manchmal ist es dagegen sinnvoller, den Stier gleich bei den Hörnern zu packen und Probleme erst gar nicht auswachsen zu lassen. Die Psychologie der Krisenbewältigung erforscht, wann welche Strategie am sinnvollsten ist.

Wie geht es mir – im Vergleich zu anderen?

Wie fühlt sich ein Patient, bei dem soeben Krebs im Frühstadium diagnostiziert worden ist, in einer Klinik, in der er täglich viele Leidensgenossen mit fortgeschrittenen Erkrankungen sieht? Besser, weil er im Vergleich zu diesen Patienten noch relativ gut dasteht und froh sein kann, dass seine Erkrankung so früh erkannt wurde? Oder eher schlechter, weil er daran erinnert wird, wie schlimm es für ihn selbst hätte kommen können – und vielleicht noch kommt?

Wenn wir nicht so recht wissen, ob wir gut dran sind oder eher schlecht, ob wir uns »eigentlich« gut fühlen müssten oder eher mies, und wenn es keinen objektiven Maßstab für die Beantwortung dieser Frage gibt (und den gibt es im Leben fast nie), dann vergleichen wir uns mit anderen: Wie geht es denen? Und wie gesund oder krank sind wir im Vergleich dazu? Wie erfolgreich, fit, großzügig, beliebt, informiert oder schlagfertig sind wir? Der wahre Maßstab – das sind die anderen. Der amerikanische Sozialpsychologe Leon Festinger hat diese Erkenntnis in seiner Theorie des sozialen Vergleichens 1954 formuliert, und Generationen von Psychologen haben sie in zahllosen Experimenten bestätigt. Allerdings ging Festinger davon aus, dass wir uns vorzugsweise mit Menschen vergleichen, denen es etwas besser geht als uns: Ein tief verwurzelter Antrieb zur Selbstverbesserung lasse uns Maßstäbe wählen, die uns erreichbar erscheinen, wenn wir uns nur ein bisschen anstrengen. Der Hang zum *Aufwärtsvergleich* mag für manche Bezugsgrößen immer noch gelten, etwa für Einkommen, Fitness, Aussehen. Inzwischen hat die Psychologie aber auch die enorme Bedeutung von *Abwärtsvergleichen* vor allem in kritischen Lebenssituationen entdeckt. Der Abwärtsvergleich ist eine Copingstrategie ersten Ranges: Wer in einer Krise steckt oder Rückschläge, Krankheiten und Niederlagen überwinden muss, kann sein Selbstwertgefühl wieder steigern und damit handlungsfähiger werden, wenn er sich »nach unten« vergleicht. Das wirkt wie ein Stimmungsaufheller, weil der Mensch so den Schluss zieht: Es hätte noch viel schlimmer sein können! Ich bin noch relativ gut davongekommen! Andere sind viel schlechter dran. Der Passagier mit moderater Flugangst fühlt sich plötzlich gar nicht mehr so miserabel, wenn er die nackte Panik im Gesicht eines anderen sieht. Der Student, der gerade eine Klausur vermasselt hat, tröstet sich damit, dass einige seiner Kommilitonen noch schlechtere Noten haben.

Die Maßstäbe für unsere Vergleiche können wir auf unterschiedliche Weisen finden: Wir können gezielt dort nach ihnen suchen, wo sich mit einiger Sicherheit ein für uns tröstlicher Vergleich finden lässt. Das gute Gefühl ergibt sich aber oft schon durch simple Mediennutzung: In Presse, Funk und Fernsehen gilt ohnehin das Gesetz, dass nur schlechte Nachrichten gute Nachrichten sind – wir erfahren permanent vom Unglück anderer. Und in den zahllosen Serien und Seifenopern wimmelt es nur so von menschlichen Katastrophen.

Die Krisenbewältigung durch Kontrastierungen funktioniert sogar mit *fiktiven* oder erfundenen Vergleichen: Chronisch Kranke betonen gegenüber ihren Ärzten und gegenüber Mitpatienten überdurchschnittlich häufig, dass sie noch gut dran seien, weil sie die Unterstützung ihres Ehepartners genießen – viele andere in ihrer Lage würden von ihren Partnern verlassen. Diese Behauptung lässt sich zwar statistisch widerlegen – chronisch Kranke werden *nicht* häufiger von ihren Partnern verlassen als Gesunde –, aber der konstruierte Vergleich verschafft den Betroffenen ein gutes Gefühl.

Abwärtsvergleiche funktionieren sogar dann, wenn sie tatsachenwidrig sind, also nur in der Phantasie ihren Maßstab finden: In verschiedenen Verlustsituationen und Krankheitsfällen verbessert sich das psychische Wohlbefinden von Versuchspersonen, wenn sie aufgefordert werden, sich noch schlimmere Situationen auszumalen.

Allerdings sucht sich die Vorstellungswelt in Leistungskrisen ihre Vergleiche lieber »aufwärts«, zum Ausdruck gebracht in einem Satz wie: »Beim nächsten Mal werde ich es besser machen!« Aufwärtsvergleiche mobilisieren den Ehrgeiz und die Motivation, eine Niederlage zu überwinden, während Abwärtsvergleiche eher trösten und mit dem Schicksal versöhnen. Eine Studie bei Olympiateilnehmern bestätigt dies: Bronzemedaillisten sind im Allgemeinen deutlich glücklicher als die Gewinner der Silbernen. Warum? Sie sind froh, überhaupt eine Medaille gewonnen zu haben und nicht etwa auf dem undankbaren vierten Platz gelandet zu sein, während die Zweiten sich meistens mit der Frage quälen, warum sie nicht auch noch Gold geschafft haben – sie waren doch so dicht dran.

Aber auch der Abwärtsvergleich ist nicht immer die erfolgversprechendste Strategie: Krebspatienten im Frühstadium – um auf die Eingangsfrage dieses Abschnitts zurückzukommen – empfinden die Nähe noch kränkerer Patienten eher als bedrohlich. Überhaupt suchen Kranke lieber nach Beispielen, die ihren Optimismus beflügeln, weil sie zeigen, dass es »wieder aufwärts geht«.

Generell gilt jedoch: Wir neigen fast automatisch dazu, uns in schwierigen Zeiten abwärts zu vergleichen. Wenn Aufwärtsvergleiche nicht zu vermeiden sind, versuchen wir sie zu entwerten (»Der Konkurrent hat zwar besser abgeschnitten, aber wahrscheinlich hat er gemogelt«). Dieser mentale Mechanismus ist Teil einer durchgängigen Verzerrung unserer Selbstwahrnehmung zu unseren Gunsten. Wir brauchen die Illusion, in einigen wichtigen Persönlichkeitsmerkmalen besser zu sein als der Durchschnitt, und wir brauchen sie erst recht in Krisensituationen.

Den eigenen Gefühlen trauen

Schwierige Zeiten sind zuerst und vor allem emotional aufwühlende Zeiten: Bevor wir überhaupt an die Lösung eines Problems denken können, werden wir von heftigen Gefühlen gebeutelt. Als Bugwelle kritischer Lebensereignisse überschwemmen uns negative Emotionen, wir kämpfen mit Angst und Verzweiflung, Wut und Aggression, Trauer und Depression. Weil diese Gefühle oft sehr schmerzlich und verstörend sind, versuchen wir, sie möglichst schnell in den Griff zu kriegen. Wir neigen dazu, sie entweder zu ignorieren oder sie hastig zu überwinden oder zu überspielen.

Auch die Copingforschung hat Emotionen lange als dysfunktionale, der rationalen Problembewältigung nur hinderliche Störfaktoren betrachtet. Wenn ein Mensch von seinen Gefühlen überwältigt wird, so lautete der wissenschaftliche Mythos, ist er nicht zu vernünftigen und angemessenen Lösungen fähig. Diese Auffassung ist falsch: Emotionen sind keine lästige Begleiterscheinung von Problemen, sondern sie liefern uns wertvolle Informationen und Lösungshinweise.

Allerdings müssen wir erst wieder lernen, dieser Informationsquelle zu trauen und sie zu nutzen. Denn nicht die Gefühle sind das Problem, sondern unsere Entfremdung von ihnen, meint der amerikanische Psychotherapeut Michael Mahoney. Negative Emotionen sind das Signal, dass etwas nicht stimmt. Sie sind der klarste Spiegel einer Realität, der wir uns stellen müssen – auch wenn der Blick in diesen Spiegel unangenehm ist.

Gute Bewältigungsstrategien basieren auf emotionaler Kompetenz: Wer seine eigenen Gefühle deutlich erkennen und verarbeiten kann, wer sie angemessen ausdrückt und schließlich zu regulieren lernt, profitiert von ihrer Weisheit.

Die emotionale Kompetenz beginnt mit Achtsamkeit: Was genau geht in mir vor? Was fühle ich überhaupt? Viele Menschen weichen der Aufgabe aus, das eigene Gefühlschaos und ihre gemischten Gefühle zu sortieren, sie stürzen sich zu schnell in Aktionismus oder Ablenkung oder verharren in einer Art Selbstlähmung. Die Gefühlsforschung zeigt, dass emotionales Unterscheidungsvermögen eine zentrale Fähigkeit ist: Wer sich Klarheit über seine Gefühle verschaffen kann, wer sie richtig einordnet, etikettiert und ihre Wirkung auf das Denken kennt – und sie deshalb auch beeinflussen und moderieren kann –, kommt schneller aus Stimmungstiefs heraus. Wer dagegen in Lebenskrisen die ehrliche Gefühlsinventur scheut, verfällt häufig in unproduktives Brüten und Grübeln.

Sich den eigenen Emotionen zu stellen ist nur der erste Schritt in der konstruktiven Bewältigung einer Lebenskrise. Die US-Emotionsforscherin Susan Nolen-Hoeksema sieht den zweiten Schritt so: Wenn wir uns unsere negativen Gefühle eingestanden, sie identifiziert und sortiert haben, können wir über sie nachdenken – und diese Reflexion hilft, uns allmählich von ihnen zu distanzieren.

Die Erfinder des Konzepts der »Emotionalen Intelligenz«, Peter Salovey und John Mayer, sehen in den Emotionen eine Art kondensierter und gespeicherter Weisheit, der wir folgen sollten. In ihren Studien über Resilienz – die Fähigkeit, aus Schicksalsschlägen zu lernen und daraus stärker und klüger hervorzugehen – erwies sich die emotionale Intelligenz als Schlüsselfähigkeit: Resiliente Menschen wissen, wie Gefühle das Denken beeinflussen und das Gedächtnis färben können. Sie kennen die »Sprache« und das reiche Vokabular der Emotionen. Sie können Emotionen transformieren, das heißt, sie können ein negatives Gefühl in ein weniger negatives überführen: etwa aus depressiver Verzweiflung milde Trauer und schließlich Akzeptanz machen. Und sie wissen, wie sie Gefühle im Umgang mit anderen ausdrücken und einsetzen können, um etwa Unterstützung oder Verständnis zu erhalten.

Wenn es uns doch trifft: Überstehen ist nicht alles

Wie gelingt es manchen Menschen, ihre Lebenskrisen nicht nur irgendwie zu überstehen, sondern auch schweren Schicksalsschlägen etwas Positives abzugewinnen? Wie lässt sich extremer Stress – eine Vergewaltigung, eine Verstümmelung, der Verlust eines Kindes – für das weitere Leben nutzen? Die Copingforschung untersucht, wie wir Nutzen aus Schaden ziehen und von »posttraumatischem Wachstum« profitieren können. Auf der Suche nach diesen besonderen Bewältigungsstrategien hat sie sich zunächst den Überlebenden schwerer und schwerster Krankheiten und lebenslang behinderten Unfallopfern zugewandt. Dabei zeigte sich: Erfolgreiche Krisenbewältiger haben viel Zeit und gedankliche Anstrengung investiert, um dem traumatischen Ereignis einen Sinn abzugewinnen und es zu einem Teil der eigenen Lebensgeschichte zu machen. Sie haben das böse Erlebnis nicht abgespalten, sondern in ihre Geschichte integriert.

Jedes Trauma erschüttert zum einen unseren naiven und unrealistisch-optimistischen Glauben an eine gerechte Welt, zum anderen die Zuversicht, dass man selbst von zufälligen und »ungerechten« Schicksalsschlägen verschont bleibe. Die Illusion »Mich trifft es nicht!« wird durch das traumatische Ereignis gründlich ad absurdum geführt. Plötzlich erleben wir die Welt als einen Ort, an dem es nicht gerecht und berechenbar zugeht und an dem niemand vor Zufall und Willkür geschützt bleibt. Auf den Trümmern der alten unbedarften Annahmen und der zerstörten Zuversicht muss das Traumaopfer ein neues Weltbild konstruieren – ein Weltbild, das ein Weiterleben ermöglicht und Vertrauen wiederherstellt, dabei aber die Erfahrung nicht verleugnet, dass die Welt nur bedingt ein sicherer Ort ist. Ergänzend dazu ist auch ein revidiertes Selbstbild nötig: »Ich bin kompetent und lebe sicher – *aber nicht immer.*« Um diese neue, realistische Weltsicht aufbauen zu können, ist oft fremde Hilfe nötig; Traumaopfer brauchen die Zuwendung und Unterstützung von anderen, um nicht in Pessimismus und Nihilismus zu verharren.

Von besonderer Bedeutung ist für sie die posttraumatische Neuordnung ihrer Prioritäten und sozialen Beziehungen und die Neubewertung ihrer Erfahrungen. »Ich weiß jetzt, was wirklich wichtig ist für mich! Und ich weiß auch, auf wen ich mich verlassen kann!« ist eine typische Äußerung von Menschen, die dem traumatischen Erlebnis eine Lehre oder eine tiefere Erkenntnis für ihr Leben abgewinnen konnten. Diese Erkenntnis macht sie einerseits toleranter und geduldiger gegenüber den Schwächen der Mitmenschen, andererseits aber auch intoleranter gegenüber Zeitverschwendung oder überflüssigem Streit. Die Bindung zu treuen Freunden und Familienangehörigen wird durch die Krise gefestigt und noch wertvoller als zuvor.

Erfolgreiche Überwinder von Traumata geben zu Protokoll, nach dem überstandenen Unglück zu neuer Selbstachtung gefunden zu haben: Weil sie besonderen Mut und Kampfgeist in der Auseinandersetzung mit ihrer Krise bewiesen haben, sind sie stolz darauf. Viele Traumatisierte – etwa HIV-Infizierte, Unfallopfer, Ex-Drogensüchtige – ziehen ihren neuen Lebenssinn aus der Aufgabe, die sie nach der Überwindung ihrer persönlichen Krise sehen und der sie sich nun stellen: andere Menschen in ähnlicher Situation zu beraten, ihnen zu helfen, sie zu schützen.

Die amerikanische Stressforscherin Susan Folkman berichtet, dass in einer von ihr begleiteten Gruppe chronischer Schmerzpatienten allmählich die positiven Gefühle die negativen überwogen: Die Patienten zogen Stärke und Stolz aus der Tatsache, dass sie selbst Strategien gegen den Schmerz gefunden haben und dass sie trotz allem ihren Alltag bewältigten und ein Mindestmaß an Kompetenz bewiesen. Folkman hat in einer anderen Studie die Lebensgefährten und Pfleger von sterbenden AIDS-Kranken in San Francisco untersucht: Wie verkraften diese die niederdrückende Erfahrung von Schmerz und Tod ihres Freundes? Die Krise wurde von den meisten als Gelegenheit erfahren, die eigenen Fähigkeiten und Qualitäten zu beweisen. Eine typische Äußerung: »Ich kann einem anderen Menschen helfen, ich bin nicht zusammengeklappt, sondern kontrolliert, stabil und verlässlich geblieben.« Eine besondere Wertschätzung der vielen kleinen Dinge des Lebens charakterisiert ihre veränderte Einstellung, jedes Lächeln, jeder Sonnenaufgang wird ihnen zum Fest.

An der Unsterblichkeit arbeiten

Im Grunde gibt es für uns keinen schrecklicheren Gedanken als den an die eigene Endlichkeit. Das gute Leben bleibt überschattet von seinem Ende, die Gewissheit des eigenen Todes ist das Lebensproblem schlechthin. Als einziges Lebewesen kann der Mensch bewusst in die Zukunft denken – und deshalb auch sein biologisches Ende antizipieren. Die ständige Präsenz dieses Gedankens wäre in unserem Alltag kaum zu ertragen, und wir verdrängen die meiste Zeit alles, was uns zu sehr an das Ende mahnt.

Aber hin und wieder werden wir daran erinnert, dass unsere Tage gezählt sind, etwa bei einem Trauerfall, oder wenn wir Zeuge eines Unglücks oder einer Katastrophe werden, deren Opfer wir ebenso gut hätten sein können. Manchmal reicht es auch schon aus, wenn wir die Formulare der Lebensversicherung durchsehen und an den Worten »im Sterbefall« hängen bleiben. Dann beschleicht uns die Angst, abtreten zu müssen, bevor wir mit dem Leben abgeschlossen haben und »fertig« sind. Denn zur Vorstellung eines guten Lebens gehört unverrückbar seine Rundung, seine »gute Gestalt« – es soll sein wie ein vollendetes Kunstwerk.

Neue psychologische Forschungsrichtungen beschäftigen sich damit, wie wir diese Angst beherrschen und wie die diversen Hinweise auf die eigene Sterblichkeit unser Verhalten auch im Alltag weit mehr beeinflussen, als wir gemeinhin glauben. Thanatopsychologie und die Terror-Management-Theorie gehen davon aus, dass wir als Lebewesen, die wie alle anderen biologisch auf Überleben programmiert sind, das Bewusstsein der Vergänglichkeit durch kulturelle Mechanismen kompensieren müssen. So haben wir uns verschiedene Rituale, Mythen und Religionen ersonnen, die uns die Illusion der Unsterblichkeit ermöglichen. Wir glauben an eine wortwörtliche Unsterblichkeit – in einem Paradies oder einem Nirwana – oder versuchen, symbolisch weiterzuleben, indem wir Kinder zeugen oder durch unsere Taten Teil eines größeren Ganzen werden, einer bestimmten Kultur, ihrer Moral, ihrer Religion oder Weltanschauung. Jede Gesellschaft definiert für ihre Mitglieder ganz praktisch die Regeln und Gesetze des alltäglichen Verhaltens und sorgt für deren Einhaltung. Sie bietet ihnen aber auch eine Möglichkeit, ihre irdische Existenz zu transzendieren. Die Terror-Management-Theorie besagt, dass wir immer dann, wenn wir an unsere Sterblichkeit erinnert werden, zu besonders treuen Mitgliedern unserer Kultur werden und ihre Regeln und Werte sorgfältiger als sonst beachten. Wir sind angesichts des Todes stärker auf Konsens mit den für uns wichtigen Gruppen bedacht und werden nachsichtiger mit »Unseresgleichen«. Gleichzeitig gehen wir aber kritischer und intoleranter mit Außenseitern oder Fremden um und sind strenger gegenüber Zerstörern unserer Zivilisation. Nach dem Terrorattentat vom 11. September 2001 ließen sich die Terror-Management-Strategien deutlich am Verhalten der meisten Amerikaner ablesen: Eine ungeheure Welle des Patriotismus überflutete das Land, die New Yorker übertrafen sich an Hilfsbereitschaft und Solidarität. Gleichzeitig – das ist die Kehrseite des Terror-Management – lehnten sie vehement jede andere als die eigene Interpretation der Attentate ab. Auf der anderen Seite fühlten sich auch die Anhänger der Terroristen in der arabischen Welt noch stärker an ihre Tradition gebunden; die Selbstmordattentate »erinnerten« sie an die speziellen Unsterblichkeitsvorstellungen des Islam.

Was für die Gläubigen jenseitsverheißender Religionen selbstverständlich ist – nämlich der Handel, also »gute Taten im Diesseits gegen ewiges Leben im Jenseits« –, funktioniert auch in einem säkularen Kontext. Wie subtil und unbewusst dieser Mechanismus wirkt, haben die amerikanischen Sozialpsychologen Jeff Greenberg und Arthur Rosenblatt in einem Experiment mit Strafrichtern gezeigt: Diese hatten an einem Tag lauter Fälle zu beurteilen, in denen es um die Festsetzung von Kautionen für Straftäter ging. Eine Gruppe von Richtern erhielt am Morgen, vor Beginn des Arbeitstages, den Anruf eines Beerdigungsinstituts. Der Anrufer fragte, ob man schon ausreichend Vorsorge für die eigene Bestattung getroffen hätte. Die andere Gruppe ging ohne dieses Memento mori an ihre Fälle. Am Abend wurde dann registriert, wie hoch die Kautionen jeweils angesetzt worden waren: Die Richter der ersten Gruppe gingen erheblich strenger zu Werke, ihre durchschnittlichen Kautionen für kleinere Vergehen lagen bei 455 Dollar. Die Richter der zweiten Gruppe waren neunmal nachsichtiger, sie verlangten im Durchschnitt nur 50 Dollar!

Fazit: Indem wir die Regeln unseres kulturellen Systems hoch halten, machen wir uns selbst zu einem »guten«, funktionierenden Teil dieses Systems – und sichern uns zumindest auf symbolische Weise Unsterblichkeit. Wir bannen die

Angst vor dem Tod durch besonders gesetzestreues, moralisches und gruppensolidarisches Verhalten.

Religion und die »Fenster der Verwundbarkeit«

Die Erfahrung von Not, Leid, Schmerz, Krankheit und Konflikt ist unvermeidlicher Teil des menschlichen Daseins, und die Auseinandersetzung damit ist das zentrale Thema der meisten großen Religionen. Der amerikanische Anthropologe Clifford Geertz schrieb, dass jede Religion sich damit beschäftigen müsse, »wie man leidet, wie man mit physischem Schmerz umgeht, wie mit persönlichen Verlusten, mit weltlichen Niederlagen, aber auch mit dem hilflosen Zuschauenmüssen bei der Qual anderer, und sie (die Religion) muss aus alledem etwas machen, was wir aushalten, ertragen, erleiden können.« Religion kommt auf unterschiedlichste Weise immer dann ins Spiel, wenn Menschen dem unterworfen sind, was wir Bewährungen, Krisen oder, in christlicher Terminologie, »Prüfungen« nennen.

Es gibt deutliche Parallelen zwischen Religion und der Psychologie der Krisenbewältigung: In extremen Prüfungen und Krisenzeiten werden wir für einige Zeit »demaskiert«, unsere wahre Natur, unser Innerstes kommt zum Vorschein, das Heilige und das Tierische. In Notzeiten sind wir fähig zu äußerster Selbstsucht und größter Opferbereitschaft gleichermaßen, wir mobilisieren den Lebenswillen oder geben uns der Verzweiflung hin, wir flüchten in Selbsttäuschungen oder dringen zu tiefster Selbsterkenntnis vor.

Religion ist deshalb weit mehr als ein abstraktes System von Regeln und Ritualen, Glaubensartikeln und Symbolen. Sie hat etwas mit unseren Beziehungen zur Umwelt zu tun, mit unserem Verhalten in konkreten Momenten und kritischen Situationen des Lebens. Es gibt deshalb kein besseres

Studienfeld, um Religion zu erforschen, als die Phasen der Not und der Krise und ihrer Bewältigung.

Krisen knipsen eine Art Religions-Schalter in uns an. Nahezu alle Menschen können auf einen Vorrat an religiösen Ressourcen in Krisenzeiten zurückgreifen, und sie erinnern sich nicht selten an eine der ältesten Bewältigungstechniken: Not lehrt beten.

Große Psychologen und Theologen wie Augustinus, Moses Maimonides, Paul Tillich und William James haben sich bei ihrer Erkundung des Religiösen in uns auf die »Fenster der Verwundbarkeit« konzentriert, die von Not und Krisen geöffnet werden und den Blick freigeben auf unser Innerstes. Wenn wir erschüttert werden durch Not, Leid und Krisen, ist das oft das Vorspiel für eine Veränderung in unseren Lebensplänen, im Verhalten, in den Werten. Diese Erkenntnis machen sich übrigens Psychotherapie und Religion gleichermaßen zu Nutzen, indem sie manchmal gezielte Erschütterungen herbeiführen, etwa wenn Zen-Schüler in verwirrende und paradoxe Situationen gestürzt werden, um ihre alten Gewissheiten abzulegen und neue Richtungen vorzugeben. Krisen sind vor allem auch Transformations- und Übergangschancen zum Besseren, Höheren, Sublimeren.

Das am häufigsten genannte Motiv für eine Hinwendung zur Religion ist die Sinnsuche: Ich glaube, weil ich einen Sinn brauche. Religion vermittelt jedoch nicht nur Lebenssinn, sie wirkt in Lebenskrisen auf vielfache Weise: Sie mildert Anspannung und Angst. Sie schützt vor den eigenen Impulsen und destruktiven Trieben, weil sie auch ein System der Selbstkontrolle darstellt. Sie beeinflusst über die Psyche die körperliche Gesundheit.

Das Motiv des Heilens ist in allen spirituellen Angeboten und Bewegungen präsent und inhärent, wie die Inflation der »Heiler« des New Age zeigt, aber auch die Renaissance der Schamanen und der Meditation in unserer Zeit. Es geht um die Verbindung von Seelenheil und Gesundheit. Ein drittes Motiv ist die Suche nach tieferen Wahrheiten und Sinn – Religion als kontinuierliches Ringen um Wahrheit und spirituelle Selbstentwicklung. Die »Sucher« stellen sich den komplexen Fragen der Religiosität, lassen sich in ihren Gewissheiten erschüttern und gehen differenzierter und ergebnisoffener an Glaubensfragen heran als orthodox oder dogmatisch Gläubige.

Der psychische Bewältigungsprozess ist jedoch der zentrale Mechanismus, an dem sich die potenziell heilsamen Wirkungen von unterschiedlichen Überzeugungen, Einstellungen und Glauben studieren lassen. Dieser Prozess verläuft idealtypisch in mehreren Stadien.

Zunächst suchen wir nach der Bedeutung: Was ist uns jetzt, in der Krise, so außerordentlich wichtig und wertvoll? Was möchten wir bewahren? Zu wem oder was fühlen wir uns hingezogen?

Dann werden die Ereignisse entsprechend der Bedeutung, die wir ihnen geben, strukturiert: Die Dinge passieren nicht einfach so. Wir arrangieren unser Leben um unsere bedeutungsvollen Werte, Ziele und Beziehungen herum, wir planen und antizipieren entsprechend. Alle Ereignisse und Belastungen werden nach ihren Folgen für unser Leben bewertet und gedeutet, etwa eine Behinderung, eine Krankheit, eine Niederlage.

Es folgt die Frage: Kann ich die Situation meistern? Welche Ressourcen und Hilfsmittel habe ich? Von dieser Einschätzung hängt das Ausmaß an erlebtem Stress ab. Der größtenteils gelähmte Physiker Stephen Hawking kommentiert sein Schicksal so: »Ich habe Glück, dass mein wichtigstes Organ funktioniert!«

Ob wir optimistisch, fatalistisch oder kämpferisch an die Bewältigung von Lebenskrisen herangehen, hängt auch von unseren früheren Erfahrungen mit Problemen ab, und von der Unterstützung, die wir erhalten. Im Wesentlichen gibt es vier strategische Phasen und Richtungen für uns, eine Krise anzugehen. Ein Paar, dem der Kinderwunsch versagt bleibt, kann beispielsweise:

- das Ziel und die Methoden zu seiner Erreichung beibehalten, indem es seine Anstrengungen verdoppelt, Unterstützung und Ermutigung sucht und die Möglichkeit, dass es doch nicht klappen könnte, völlig verleugnet;
- das Ziel beibehalten, aber die ihm zugrunde liegenden Annahmen prüfen. So gelangt es zu dem Schluss, völlig neue Mittel – etwa künstliche Befruchtung, Leihmutterschaft – zu erproben;
- das ursprüngliche Ziel überprüfen und infrage stellen, eventuell über eine Adoption nachdenken;
- neue Ziele finden, wenn sich das ursprüngliche nicht erreichen lässt oder die Wege dorthin nicht gangbar sind. Eine völlige Neuorientierung auf eine gleichwertige Perspektive steht an.

Der Bewältigungsprozess folgt den Wegen, die dem Menschen in der Krise überzeugend und attraktiv erscheinen. Wir haben fast immer eine Wahl, aber wir müssen Pro und Contra von Zielen und Wegen abwägen, müssen Kompromisse schließen: Was bringt uns und unseren Wertvorstellungen die wenigsten Verluste, was den relativ größten Gewinn?

Wie die Psyche aus Blei Gold macht

»Was ist der Mensch anderes als ein kleiner Staat, der von Tollköpfen beherrscht wird«, schrieb Georg Christoph Lichtenberg in seinen *Sudelbüchern*. Mit diesem, das »multiple Selbst« der postmodernen Psychologie vorwegnehmenden Bild für das menschliche Innenleben hat der witzigste aller deutschen Philosophen lange auch vor Freud illustriert, dass wir nicht die vernünftigen, innerlich gefestigten Wesen sind, für die wir uns gerne halten. Jede Biografie gleicht einer klinischen Fallstudie, sie ist die Summe widersprüchlichster Rollen, Triebe, Überzeugungen und Absichten. Jeder Mensch ist ein Konglomerat von Paradoxien und Absurditäten.

Erstaunlich muss aber schon für Lichtenberg gewesen sein, dass trotz des Chaos, das die Tollköpfe anrichten können, der »Staat« dennoch nicht auseinander bricht. In den meisten Fällen existiert er weiter, bringt vielleicht sogar eine halbwegs vernünftige Innenpolitik zustande und verkehrt friedlich mit den anderen Tollköpfen solcher »Kleinstaaten«. Wie ist das möglich? Neutralisieren sich die Bewohner der geschlossenen Anstalt Mensch gegenseitig? Oder gibt es eine Instanz, die es schafft, sie zu bändigen und ihre Tollheit sogar für etwas Vernünftiges einzuspannen?

Eine solche Instanz ist ausdrücklich vorgesehen in der anderen, berühmteren und detaillierteren Metapher für das menschliche Innenleben: Das Ich, so meinte Sigmund Freud, ist zwar nicht Herr im eigenen (Toll-)Haus, aber es lernt im Laufe der Zeit doch ein paar Tricks, um die Insassen zur Räson zu bringen. Das Ich versucht unablässig, die gefährlichsten Triebwünsche des Es und die strangulierenden Zwänge des Über-Ich unter einen Hut zu bringen. Seine Tricks sind nichts anderes als Kunstgriffe des Bewusstseins, die die Anpassung des Menschen an innere und äußere Realitäten ermöglichen.

Das Ich gilt in der modernen Ich-Psychologie nicht mehr allein als nervöser Hauswart, der nur das Schlimmste verhüten kann und sich dabei selbst bis zur Neurose verbiegen muss. In der Metaphorik der nach-freudianischen Lehre ist es ein hoch entwickeltes Organ, mit Weisheit und erstaunlichem Einfallsreichtum begabt. Es kann die Widersprüche des Lebens nicht nur miteinander versöhnen, sondern es destilliert oft genug aus seinen Verrücktheiten und Absurditäten die menschlichen Qualitäten, die auch zum Signum eines guten und gelingenden Lebens geworden sind – Altruismus, Kreativität, Humor.

Das Immunsystem der Seele

Manchmal ist das Leben unerträglich, buchstäblich »zum Verrücktwerden«. Stress und Sorgen zerfressen den Alltag. Niederlagen, Verluste, Trennungen und die damit verbundene Trauer oder Wut drohen, unser Fühlen und Denken zu vergiften. Kränkungen, Zurücksetzungen oder Benachteiligungen brennen wie Wunden in der Seele. Ängste und Unsicherheiten rauben den Schlaf. Unausweichliche Konflikte, Enttäuschungen und Frustrationen zehren an der Seele. Viele dieser Probleme lösen wir, indem wir alle geistigen Kräfte mobilisieren und uns durch Erfahrung und Vernunft wieder etwas Seelenruhe verschaffen, oder indem wir Hilfe und Trost von Familie und Freunden in Anspruch nehmen. Aber es gibt Probleme, die wir mit der Vernunft oder mit Erfahrung nicht oder nicht sofort lösen können, Probleme, die uns überwältigen und allmählich wirklich verrückt machen würden, wenn nicht die Psyche über ein besonderes Immunsystem verfügte, das sie vor solchen Bedrohungen schützt.

So wie der Körper sich in einem ständigen Abwehrkampf gegen Krankheitserreger, gegen Viren und Bazillen befindet und dabei selbst Krebszellen vernichtet, ohne dass wir dieses Kampfes gewahr werden, so verteidigt auch die Psyche unsere seelische Gesundheit – vorbewusst und »automatisch«, mit einem reichhaltigen Arsenal von Schutzmechanismen. Für die überlebensnotwendige Homöostase, die gesundheitsbewahrende Balance aller biologischen Lebensprozesse, sorgt die »Weisheit des Körpers«, wie der große amerikanische Physiologe Walter Cannon dieses unbewusst ablaufende Regulierungsprogramm genannt hat. In Anlehnung daran spricht der Psychotherapeut und Lebenslaufforscher George E. Vaillant von der »Weisheit des Ich«: Unser Ich mobilisiert sein eigenes Immunsystem, die entscheidenden Mechanismen, um die Bedrohungen der seelischen Gesundheit abzuwehren.

Das Ich ist für unsere Anpassung an die Realität verantwortlich. Dabei muss es zwischen den Trieben und Begierden des Es und den moralischen Forderungen des Über-Ich (oder Gewissens) ausgleichen. Das Ich ist oft als eine Art Vermittlungsausschuss beschrieben worden, der die Triebwünsche eines aggressiven Sexmonsters im »Souterrain« der Psyche und die strengen Moralvorstellungen einer alten Jungfer im »Dachgeschoss« versöhnen muss. Dabei bedient es sich der »beschränkt-bewussten Abwehrmechanismen«, wie sie Freud beschrieben hat: Das Ich formt und knetet die Realität so, dass immer wieder eine erträgliche Balance zwischen den heimlichen Triebwünschen der Seele und den durch Erziehung und äußerlichen Zwang auferlegten moralischen Regeln entsteht.

Freud sah in den Abwehrmechanismen eher krankhafte und neurotische Versuche, mit der Realität fertig zu werden. Für ihn waren sie eine Art psychischer Notlösung, um den inneren Triebkonflikten auszuweichen. Er betonte die verzerrende, realitätsentstellende Seite dieser Mechanismen und übersah, dass sie eine unverzichtbare und lebenserhaltende Funktion haben. Die lange vernachlässigte konstruktive Seite der Abwehrmechanismen ist heute in den Blickpunkt gerückt. Die neuere Ich-Psychologie hat in umfangreichen Längsschnittstudien gezeigt: Nicht die ersten fünf Lebensjahre entscheiden darüber, welches Muster der Abwehr von Triebkonflikten der Mensch für den Rest seines Lebens abrufen kann, die Abwehrmechanismen entwickeln und verändern sich im Laufe des Lebens. Der entscheidende Punkt ist dabei: Im Idealfall entwickeln wir Schutzmechanismen, die uns zu reiferen, klügeren Menschen machen. Bedingung ist, dass wir von den eher primitiven oder neurotischen Formen der Abwehr zu kreativeren und »weiseren« fortschreiten.

Und auch ein anderer Irrtum Sigmund Freuds wird durch neuere Studien korrigiert: Abwehrmechanismen taugen nicht nur dazu, sexuelle Triebwünsche zu unterdrücken und zu verbergen. Das Ich muss sich mit einer ganzen Bandbreite von Gefühlen auseinander setzen, die es zu überwältigen drohen, Aggression, Trauer, Abhängigkeit, Neid, und so weiter. Abwehrmechanismen beherrschen also nicht nur die innere psychische Realität, sondern formen vor allem auch die Beziehung zu anderen Menschen und die damit verbundenen sozialen Gefühle.

Die vielfältigen Formen der Selbsttäuschung

Damit wir psychisch gesund bleiben, müssen wir uns permanent selbst über die raue Wirklichkeit um uns herum täuschen. Niemand kann unablässig alle brutalen Fakten des Lebens ertragen – und dazu gehören auch die Tatsachen über uns selbst. Bis auf die wenigen Momente der Wahrheit, in denen wir nicht mehr umhin können, uns kritisch und unverzerrt zu prüfen, sehen wir uns in einem milden Licht, und nur so bleiben wir handlungsfähig und selbstbewusst genug, überhaupt weiterzuleben und größere Aufgaben anzugehen. Dieses raffinierte System der Selbsttäuschung muss genau austariert sein – zu viel rosiges Licht macht uns auf Dauer überheblich und unvorsichtig, zu wenig macht uns befangen und unsicher. Die nützlichen Illusionen, die positiven Phantasien und Realitätsverzerrungen »in eigener Sache« sind Höchstleistungen der Psyche, und die Abwehrmechanismen gleichen einem komplizierten Filter- und Reinigungssystem. Das Wirken der Abwehrmechanismen lässt sich in Träumen, Phobien und Halluzinationen, im Humor, in religiösen Erfahrungen oder in künstlerischen Ausdrucksformen finden. Alle diese seelischen Prozesse helfen uns, die Wirklichkeit zu ertragen, sie dienen der Konfliktverarbeitung und Schmerzminderung.

Die Abwehrmechanismen sind größtenteils unbewusst: Ihr Benutzer erkennt sie selbst nicht als solche, zumindest nicht in dem Augenblick, in dem er von ihnen Gebrauch macht.

Sie verzerren, verleugnen oder unterdrücken wesentliche Teile der Realität, die uns zu überwältigen droht. Wenn wir vom Tod eines geliebten Menschen hören, ist die erste, fast reflexartige Reaktion: Das ist nicht wahr! Ich will es nicht glauben! So bizarr, unvernünftig und verrückt manche Abwehrstrategien auf den Beobachter wirken, so sind sie doch der Beweis für ein anpassungsfähiges und um seine seelische Gesundheit bemühtes Ich. So wie manche Reaktionen des körperlichen Immunsystems selbst als Krankheit erscheinen, dennoch aber ganz im Dienste der Krankheitsabwehr stehen – etwa Fieber oder Husten –, so funktioniert auch das seelische Immunsystem letztlich im Dienste der inneren Balance.

Unsere Psyche hat ein weites Spektrum von Techniken erfunden, um die Wirklichkeit abzufedern und verarbeiten zu helfen, primitivere und elaboriertere, einfache und komplexe, unreife und reife. Die psychotischen Abwehrmechanismen stellen die einfachste Lösung eines seelischen Konflikts dar – die Realität wird einfach verleugnet oder abgeändert. Das Kind, das stundenlang neben seiner toten Katze darauf wartet, dass sie doch wieder aufwacht, verleugnet die grausame Realität. Aufwändiger als das simple Ignorieren der Tatsachen ist die Verzerrung der äußeren Realität, um sie einer inneren, seelischen Notwendigkeit anzupassen: Wahnhaft verhält sich der Teenager, der sich sexy Klamotten kauft, um sich auf ein nie stattfindendes Rendezvous mit dem berühmten Popstar vorzubereiten. So können aber immerhin die sexuellen Wünsche des *realen* Freundes ausgeblendet und abgewehrt werden. Alle seelische Energie gilt der erfolgreichen Selbsttäuschung. Die Verleugnung der externen Realität ist in der Regel ein Privileg der Kindheit und der Träume. Sie wird aber auch dort aufrechterhalten, wo Realität nie wirklich überprüft werden muss – in religiösen oder politischen Glaubenssystemen.

Die primitiveren Abwehrmechanismen sind so etwas wie ein Notprogramm der Psyche, das auch in frühen Lebensstadien sofort verfügbar ist und schnell wirkt, um das Ich vor einem plötzlich hereinbrechenden Chaos der Gefühle und des Schmerzes zu schützen.

Das Ich schützen, um jeden Preis

Eine zweite Gruppe der Abwehrmechanismen ist deutlich differenzierter und raffinierter. Diese Seelentricks werden vorwiegend dann eingesetzt, wenn lang anhaltende und unlösbar erscheinende Konflikte auftauchen. Diese »unreifen« Abwehrmechanismen wirken auf Außenstehende oft als seltsame, mitunter bizarr anmutende Verhaltensweisen. Wenn sie das Seelenleben eines Menschen zu dominieren beginnen, wachsen sie sich oft zu Persönlichkeitseigenschaften mit paranoidem oder schizoidem Einschlag aus. Menschen, die beispielsweise stark an ihrem Selbstwert zweifeln oder befürchten, die Liebe von ihnen wichtigen Personen zu verlieren, projizieren ihre Komplexe und verbotenen Wünsche auf andere: Der politisch Korrekte wittert überall Frauenfeindlichkeit oder Unfairness, der untreue Ehemann verdächtigt seine Frau, der rassistische Kleinbürger schreibt seinen Geiz und seine Geilheit einer Minderheit zu. Das Subjekt wird zum Objekt, und umgekehrt: Aus Selbstanklage wird Vorurteil, und die Unsicherheit über die eigenen aufwühlenden Gefühle kann kontrolliert werden, indem sie anderen zugeschrieben werden.

Auch der oft autistisch anmutende Rückzug in Phantasiewelten ist einer dieser unreifen Abwehrmechanismen: In der reinen Imagination lassen sich risikolos alle Wünsche verwirklichen. Jeder von uns hat seine mehr oder weniger wilden Tagträume, aber wir wissen in der Regel, dass dies nur Träume sind und wir gleich wieder in die reale Welt zurückkehren müssen. Aber das Phantasieren und Tagträumen kann überhand nehmen und viele Stunden des Tages okkupieren, wenn damit ein andauernder, quälender und nicht lösbar erscheinender Konflikt ausgeblendet werden kann.

Auch Hypochondrie ist eine Möglichkeit, einen psychischen Konflikt relativ risikolos »zur Sprache zu bringen«: Der Körper wird als Abwehrwaffe ins Spiel gebracht. In der Krankheit liegt der stille Vorwurf des Hypochonders, es ist die ihm einzig möglich erscheinende, »erlaubte« Form, um aggressive oder traurige Gefühle, die das Ich zu überwältigen drohen, auszudrücken.

Unter allen Abwehrmechanismen gibt es nur einen, der bewusst eingesetzt werden kann – die willentliche Abspaltung eines Teils der Realität. Sie wird »auf Morgen« vertagt, wie dies Scarlett O'Hara am Ende des Filmes *Vom Winde verweht* tut: Wenn allzu viele Probleme über uns hereinbrechen, hilft nur, sie ganz gezielt zu ignorieren. Bestimmte Bewusstseinsinhalte lassen sich derart wegschließen, sodass sie nicht weiter beunruhigen und bedrohen können. Auch durch Flucht in alternative Bewusstseinszustände – mithilfe von Selbsthypnose, Meditation, Drogen – ist es möglich, zumindest vorübergehend die Realität auszusperren.

Eine Gruppe von Abwehrmechanismen baut jedoch nicht auf krasser Selbsttäuschung oder auf extremer Verzerrung der Realität auf. Die so genannte neurotische Abwehr zielt weniger auf Alles-oder-Nichts-Lösungen, sondern auf erträgliche Kompromisse zwischen den Erwartungen und Anforderungen der Außenwelt und den inneren Zwängen und Wünschen. Deshalb erscheinen uns die neurotischen Abwehrmechanismen auch weniger auffällig oder krankhaft. Neurotiker fliehen nicht aus der Realität, sie versuchen vielmehr, ihre Ideen und Gefühle derart zu arrangieren, dass sie das Alltagsleben nicht allzu sehr behindern (und, wie Psychoanalytiker ironisch hinzufügen würden, dass sie gut genug funktionieren, um ihre Therapierechnungen bezahlen zu können). Zu den »Klassikern« dieser Abwehrmechanismen zählt die *Verschiebung:* Ein unakzeptabler Triebwunsch, der das Ich beunruhigt und in immer neue quälende Konflikte stürzt, wird auf ein Objekt verschoben, das vergleichsweise harmlos erscheint. Weibliche Teenager lenken ihre Affekte oft auf »ungefährliche« Objekte – statt junger Männer werden bevorzugt Pferde zum Objekt der Begierde. Auch das *Rationalisieren* ist ein Versuch, bedrohliche Gefühle auf akzeptable Weise in den Griff zu bekommen. Das Objekt unserer heftigen Gefühlsbewegung wird versachlicht: Indem wir uns gedanklich intensiv mit den Äußerlichkeiten und der organisatorischen Seite des Begräbnisses eines Verwandten befassen, können wir den Schmerz der Trauer in Schach halten. Wer diese Form der Abwehr praktiziert, wirkt deshalb auf Außenstehende vielfach kalt oder zwanghaft.

Der bessere Weg, das Ich zu schützen

Bei den primitiveren Formen der Abwehr geht es immer darum, einen Teil der inneren oder äußeren Realität entweder ganz auszusperren oder zumindest erheblich zu entstellen. Es gibt jedoch auch hoch entwickelte und reife Abwehrmechanismen, die eher einem alchemistischen Prozess gleichen: Aus dem Blei des Lebens, aus seinen schmerzhaften, unangenehmen Erfahrungen, machen sie Gold. Das »Gold« sind die erfolgreichen, kreativen und sozial akzeptablen Strategien, um mit den chaotischen, peinigenden und bedrohlichen Tatsachen des Lebens fertig zu werden: Sublimation, Humor, Altruismus, Stoizismus und Antizipation.

Die Abwehrtechniken des Ich sind keineswegs festgeschrieben und starr, sie können sich weiterentwickeln und bis ins hohe Alter verfeinert und verbessert werden. Diese Erkenntnis wirft ein neues Licht auf die integrativen und kreativen Potenziale der menschlichen Psyche. Die Gefühle stürzen uns in manches Chaos, aber sie besitzen auch eine erstaunliche Intelligenz, die es zu nutzen gilt; und unser Unbewusstes ist in höchstem Maße einfallsreich, wenn es darum geht, uns in einer positiven emotionalen Zone zu halten und die Schwerkräfte, die uns ins Negative ziehen, abzuwehren. Wir haben uns angewöhnt, Problemlösungen ganz aus Vernunft und Erfahrung abzuleiten, und sicher sind Reife und Intelligenz unverzichtbare Elemente, wenn wir Schwierigkeiten bewusst und rational bewältigen wollen. Aber Reife und Intelligenz sind und waren auch bei der Evolution der größtenteils unbewussten Problemlösungsstrategien maßgeblich beteiligt.

Was meint die Ich-Psychologie mit »Reife« – einer Qualität, die sie nun auch den Abwehrmechanismen zubilligt? Reife umschließt die Fähigkeit zu lieben und zu hoffen, realistische und angemessene Ziele für sich zu definieren und sie auch erreichen zu können. Reife bedeutet, auch negative Gefühle ausdrücken zu können, ohne sich selbst dabei zu schaden oder andere über Gebühr zu verletzen. Reife bedeutet jedoch auch, seine Identität als Erwachsener vorübergehend suspendieren zu können und bewusst wieder zum Kind zu werden, das spielen und intensiv fühlen kann. Reife bedeutet schließlich, sich an Veränderungen anpassen und Frustrationen und Verluste aushalten zu können. Reife Menschen können aus solchen Erfahrungen die Kraft zu altruistischem Engagement gewinnen. So ist das gereifte Ich der wahre Träger von Moral und Menschlichkeit – und nicht das Gewissen als innerer Agent äußerer moralischer Zwänge und Fesseln.

Die Persönlichkeit eines Menschen entfaltet sich in verschiedenen Phasen, Stufen oder Lebenszyklen, wie sie etwa der nach Amerika emigrierte große Psychologe Erik Erikson beschrieben hat: Nachdem die wichtigsten psychischen Konflikte der Kindheit und der Jugend gelöst sind, muss der Erwachsene vor allem drei Lebensaufgaben bewältigen: die Vertiefung von Partnerschaft und Intimität, die Organisation des Berufslebens, und bezogen auf die Generativität, den Ertrag des eigenen Lebens der nächsten Generation zur Verfügung stellen.

Jede dieser Aufgaben baut auf der vorhergehenden auf. Erst wenn es gelungen ist, die mit diesen Funktionen verbundenen inneren und äußeren Konflikte zu bewältigen, kann die nächste Stufe mit Erfolg angegangen werden. In der Gestalt des Willi Lomann in Arthur Millers *Tod eines Handlungsreisenden* wird anschaulich, wie ein Mensch die komplexen Anforderungen eines Ehemanns, Vaters und Berufstätigen nicht packen kann, weil er im Grunde unreife Formen der Konfliktbearbeitung beibehält: Er verleugnet und verzerrt die Realität, er projiziert und phantasiert. Seine Persönlichkeitsentwicklung ist arretiert auf einer Vorstufe des Erwachsenseins. Lomann fühlt sich denn auch »irgendwie vorläufig«, er hat »keine Wurzeln« und scheitert an seiner Unfähigkeit, differenziertere und reifere Abwehrmechanismen zu entwickeln.

Der Leim, der uns im Innersten zusammenhält

Neben der Reife ist Kreativität das zweite Schlüsselwort der psychologischen Ich-Entwicklung: Kreativität ist nicht nur in der künstlerischen Sublimation die treibende Kraft, auch im Leben jedes »Normal«-Menschen spielt sie eine entscheidende Rolle bei der Lösung psychischer Krisen und Konflikte. Das Ich ist letztlich nichts anderes als die Summe seiner mehr oder weniger einfallsreichen Versuche, innere Stabilität und Kohärenz herzustellen, sich an eine komplizierte Umwelt anzupassen und dennoch als Person weiterzuwachsen.

Der Psychoanalytiker George Vaillant beschreibt den Prozess der Ich-Entwicklung so: »Der Mensch wird als Bruchstückwesen geboren, er lebt, weil er sich repariert – und die Weisheit seines Ichs versorgt ihn dabei mit Leim.« Das heißt: Er lernt, aus Niederlagen Siege zu machen, über sich selbst zu lachen, Haltung zu bewahren, sich um andere zu kümmern, auch wenn es ihm selbst nicht so gut geht, und sein Leben realistisch zu planen. Mit anderen Worten: Er entwickelt reife Abwehrmechanismen.

Ein dreißigjähriger Musiker schrieb seinem Freund: »Ich führe ein unglückliches Leben, bin mit der Natur und ihrem Schöpfer über Kreuz, verfluche den letzteren dafür, dass er seine Kreaturen dem nacktesten Zufall überlässt, der oft die schönsten Blüten bricht oder zerstört.« Auslöser für diesen Brief war die zunehmende Schwerhörigkeit, die ihn sich allmählich von allen sozialen Ereignissen zurückziehen ließ. Immer häufiger kreisten seine Gedanken um Selbstmord. Ein Jahr später setzte er sein Testament auf, ein Dokument seiner Verzweiflung: »Welch eine Erniedrigung für mich, neben jemandem zu stehen, der von Ferne Flötentöne hört – und ich höre gar nichts! ... Mit Freuden eile ich, um dem Tod zu begegnen.«

Ein Vierteljahrhundert später war dieser Musiker immer noch am Leben. Im Alter von 53 Jahren stand er auf dem Podium des Hoftheaters in Wien, starrte auf die Noten seiner Sinfonie, deren Erstaufführung er gerade zu Ende dirigiert hatte. Einer der Solisten zupfte ihm am Ärmel und lenkte seine Aufmerksamkeit auf das Publikum hinter ihm, damit er sehe, was er nicht hören konnte: den enthusiastischen Jubel des Publikums, das Händeklatschen, Hütewerfen und Winken. Der völlig taube Ludwig van Beethoven triumphierte mit der Neunten Sinfonie. 23 Jahre zuvor hatte dieser menschenfeindliche, behinderte Musiker in seinem Testament geschrieben: »Oh Vorsehung – gewähre mir noch einen einzigen Tag purer Freude, ... oh Göttliche, wann werde ich sie jemals wieder fühlen, wäre ich doch nur diesen Zustand los, ich würde die Welt umarmen.«

Jetzt tauchten diese Wünsche nach »purer Freude« in seiner Sinfonie auf – in Schillers *Ode an die Freude*, deren Text er in reinste Musik verwandelte: »Seid umschlungen, Millionen, diesen Kuss der ganzen Welt. Brüder, hinterm Sternenzelt muss ein guter Vater wohnen.« Sein eigener Vater war ein Alkoholiker, den Beethoven oft verflucht hatte, und jener göttliche Vater hat ihn mit Taubheit geschlagen. Der Komponist ertrank nicht im Selbstmitleid, er flüchtete sich auch nicht in Selbstzerstörung oder in Phantasiewelten. Im künstlerischen Prozess der Sublimation überwand er auf einzigartige Weise sein psychisches und physisches Elend.

Bei der *Sublimation* werden Affekte und Wünsche nicht verdrängt oder maskiert, sondern zu Gold gemacht – der innere Tumult, psychische Krisen und Konflikte werden »veredelt« und auf einer höheren Stufe nutzbar gemacht. In zahllosen Künstlerbiografien lässt sich diese Verarbeitung von bedrückenden Erfahrungen, seelischen Konflikten und Nöten nachvollziehen. Sublimation bedeutet, Impulse und Triebwünsche so in Einklang mit den Ansprüchen des Gewissens und der äußeren Realität zu bringen, dass alle zu ihrem Recht kommen. Die Triebwünsche können ausgelebt werden, allerdings in akzeptabler Form. Sublimationen sind für das Gewissen und für die soziale Umwelt aber meistens nicht nur akzeptabel, sie werden oft sogar bewundert.

Eine Form reifer Abwehr ist auch die *Unterdrückung*: Sie kann praktiziert werden, wenn das Ich stark genug ist, um alle in Widerstreit liegenden Wünsche und Gedanken wahrzunehmen, sie aber unter Kontrolle zu halten und den Schmerz zu ertragen. Im Grunde entspricht diese Verarbeitung der Konflikte der philosophischen Lehre der Stoiker, den unvermeidlichen Problemen des Lebens beherrscht und gelassen zu begegnen. Ich-Stärke bedeutet beispielsweise auch, Schmerzen aushalten und Triebbefriedigungen aufschieben zu können – von jeher die Markenzeichen psychischer Reife.

Die Vorwegnahme oder *Antizipation* ist ein Abwehrmechanismus, der fast gänzlich auf das Neuarrangement von innerer und äußerer Realität verzichtet. Das Ich baut sich selbst Widerstandkraft auf, indem es sich auf absehbare, schmerzhafte Konflikte vorbereitet und sich quasi gegen die kommenden Bedrohungen impft. Es portioniert und segmentiert die unangenehmen Gefühle und macht sie so handhabbar. Indem ein Problem immer wieder durchgespielt wird, verliert dessen seelisches Gift allmählich an Kraft.

Humor – eine reife Leistung

Schon Sigmund Freud hielt *Humor* für einen besonders effektiven und hoch entwickelten Abwehrmechanismus. Humor erlaubt es, sich den Realitäten des Lebens zu stellen, ohne von ihnen überwältigt zu werden oder sie bis zur Unkenntlichkeit zu verzerren. Mit Humor lassen sich seelische Konflikte ausdrücken, ohne sich damit selbst zu behindern oder andere zu verstören, zu verletzen oder auszubeuten. Während der Witz nur eine Form der Verschiebung ist und die Realität maskiert, ermöglicht ein heiterer Sinn, den Tatsachen ins Auge zu sehen, sie auszusprechen und sie zu fühlen, und dennoch unverletzt aus dieser Konfrontation hervorzugehen.

Viele Biografien großer Clowns und Entertainer sind Fallgeschichten der Lebensbewältigung durch Humor: Charlie Chaplin transformierte seine fürchterlichen Kindheitserfahrungen in unvergleichliche Komik. Mithilfe des Humors sublimierte er seinen Schmerz, und seine »Abwehrleistungen« ließen die ganze Welt mitlachen und mitweinen. Woody Allen verarbeitet in seinen Filmen die Frustrationen und Konflikte seines Lebens und zeigt, wie man sich gegen die Absurditäten einer verwirrenden, sinnlos erscheinenden, manchmal auch bösartigen und rachsüchtigen Welt stemmt.

Arthur Koestler hat in seiner Studie *Der göttliche Funke* drei Sphären der Kreativität unterschieden. Einmal die künstlerische Leistung, die uns ein bewunderndes »Ah!« entlockt (und die der Sublimation entspricht). Dann die Sphäre der Problemlösung in Form einer Inspiration, als plötzliche Erkenntnis nach längerem Suchen und Probieren – das »Aha«-

Erlebnis. Und zuletzt existiert die Entladung innerer Spannung in einem befreienden Gelächter: die »Haha«-Reaktion, ausgelöst durch Witz und Humor.

Alle drei kreativen Akte sind das Produkt komplizierter psychischer Prozesse. Das Ich integriert und synthetisiert den bewussten Input – all die rationalen Gedanken und Erfahrungen – mit dem unbewussten und intuitiven Repertoire an Techniken zur bestmöglichen Bewältigung eines Problems. Der Output ist buchstäblich eine »reife Leistung«. Die hoch entwickelten Abwehrmechanismen des Ich zeichnen sich durch genau diese kreative, synthetisierende Fähigkeit aus; sie ermöglichen uns, die oft unerträgliche Realität nicht nur auszuhalten, sondern sie zu unserem Vorteil – und zu dem anderer – zu nutzen. Die sich so entwickelnde Ich-Stärke hatte Anna Freud im Sinn, als sie schrieb: »Das Ich bleibt siegreich, wenn seine Abwehrmaßnahmen es dazu befähigen, die Entstehung von Angst und Schmerz zu unterbinden und die Triebe so zu transformieren, dass auch unter schwierigsten Umständen ein bestimmtes Maß an Befriedigung erreicht wird.«

Wendepunkte: Wenn das Leben eine neue Richtung nimmt

Das Leben jedes Menschen ist eine Folge von mehr oder weniger deutlich voneinander unterscheidbarer Phasen. Psychische Gesundheit und Lebensglück hängen davon ab, wie gut die *Übergänge* zwischen diesen Abschnitten gemeistert werden. Einige Wegmarken wie Einschulung, Abitur, Berufseinstieg, Heirat oder das Ausscheiden aus dem Beruf signalisieren zwar äußerlich, dass eine Lebensphase abgeschlossen ist und eine neue beginnt, aber nicht immer wird der Übergang auch psychisch bewältigt.

Neben den kulturell oder zeitlich vorgegebenen Wendepunkten – markiert durch Schultüten, Eheringe oder die goldene Uhr zur Pensionierung – hält das Leben eine Vielzahl weiterer Wendepunkte bereit: Umzüge, Trennungen, Arbeitslosigkeit oder Scheidung, Berufswechsel, Krankheiten. Aber auch positive Ereignisse wie Beförderungen oder Familienzuwachs erzwingen – oder ermöglichen – einen Neuanfang.

Jeder dieser Wendepunkte stellt eine kritische Situation dar. Die Neujustierung erzeugt Turbulenzen, Stress, Gefühlschaos, Ängste und Unsicherheiten. Die Möglichkeiten, einen Übergang zu verpatzen, sind vielfältig; man kann im Alten, Gewohnten stecken bleiben, sich in der Vielfalt der neuen Möglichkeiten verirren oder allzu viel seelischen Ballast aus früheren Lebensphasen in die neue mitschleppen.

An einem Wendepunkt des Lebens angelangt, sind drei Schritte zu bewältigen:

Wir müssen ein gutes Ende finden: Jeder neue Anfang beginnt immer mit einem Ende. Die bisherigen Beziehungen, Gewohnheiten und Einstellungen müssen nicht nur äußerlich, sondern auch psychisch beendet und »abgeschlossen« werden.

Wir müssen uns neu orientieren: Wendepunkte sind Chancen zur Neubesinnung, zur Kurskorrektur und zur persönlichen Weiterentwicklung. Allerdings brauchen wir Zeit und Gelegenheit, um zu überlegen, wie es weitergehen soll.

Wir müssen das Neue beginnen: Nur unbelastet von Unerledigtem aus der vorherigen Lebensphase und mit neuem Ziel können wir die persönliche Entwicklung vorantreiben und einen Neuanfang wagen.

Die drei Schritte entsprechen dem Muster der Übergangsrituale, der *rites de passage*, die der Anthropologe Arnold van Gennepp in unterschiedlichsten traditionellen Kulturen beobachtet und beschrieben hat. Diese Riten kreisen um die drei Entwicklungsphasen »Symbolischer Tod«, »Chaos« und »Wiedergeburt«. In unserer modernen Gesellschaft gibt es kaum noch Rituale, die von der Gemeinschaft inszeniert werden, um dem Individuum die Übergänge von einer Lebensphase in die nächste zu erleichtern. Der Einzelne muss die Wendepunkte selbst erkennen und die Krisen und Kursänderungen auch alleine bewältigen. Viel häufiger als Menschen in früheren Zeiten sieht sich der Mensch der Gegenwart mit der Notwendigkeit konfrontiert, mit unvorhergesehenen Brüchen und Richtungsänderungen im Lebensplan fertig zu werden. Ständige Kurswechsel und Neuanfänge sind geradezu das Markenzeichen heutiger Lebensläufe: Die Zahl der freiwilligen oder erzwungenen Berufs- und Ortswechsel oder die Scheidungsziffern zeigen schon rein statistisch, wie viel Neuanpassung, wie viele Rollenwechsel inzwischen verlangt werden.

Schon früh im Leben erfahren wir mehr oder minder dramatische Veränderungen und Brüche, und entsprechend unserem Temperament und unserer Erziehungserfahrungen entwickeln wir persönliche Übergangsstile, mit denen wir im späteren Leben auf Wendepunkte reagieren: Fällt es uns leicht oder schwer, etwas Neues zu beginnen und Altes zurückzulassen? Sind wir »Klammerer«, die nur schwer loslassen können, oder eher »Leichtfüße«, die schnell für Neues zu haben sind? Ein Rückblick auf früh erlebte Trennungs- und Übergangssituationen gibt uns Aufschluss über den Stil, den wir auch bei künftigen Veränderungen praktizieren.

Schon bei den ersten Schritten in einer Übergangsphase können wir vieles falsch machen. Eine Sache zu beenden, ein gutes Ende zu finden, fällt fast allen Menschen schwer. Unabhängig davon, dass unsere Kultur den schnellen Trennungsstil favorisiert: Wir haben gelernt, dass man nicht über verschüttete Milch lamentieren soll, dass alles im Leben ein Ende hat, dass man nach vorne schauen muss, und was der Alltagsweisheiten mehr sind. Und so versuchen wir auch möglichst »schnell darüber wegzukommen« und ohne Verzug neu anzufangen, wenn ein Übergang ansteht. Wir bedauern oder kritisieren jene, die sich schwer tun, eine Ende zu finden.

Die Mentalität des schnellen Wechsels verkennt, dass auch in unserer beschleunigten Kultur die anthropologische Tatsache nicht außer Kraft gesetzt werden kann: Jedes Ende muss verarbeitet werden und braucht seine Zeit. Wer einen herben Verlust, den Tod eines Familienmitglieds, eine Scheidung oder eine andere gravierende Veränderung wie einen Umzug oder den Wechsel des Arbeitsplatzes zu schnell hinter sich bringt, riskiert längerfristig psychische Probleme.

Wir neigen dazu, jede Veränderung als Wachstum, als ständiges Aufwärts und Vorwärts, als einen Zugewinn an Chancen und Erfahrungen anzusehen. Aber eine wirkliche Weiterentwicklung der Persönlichkeit setzt die Dialektik von Des-Organisation und Neu-Organisation voraus, von Verlust und Gewinn.

Der Abschied von gestern

Erst wenn wir etwas ver-lernt oder ent-sorgt haben, können wir einen neuen Lern- und Lebensabschnitt beginnen. Wir sind an den Wendepunkten unseres Lebens mit einem vierfachen Verlust konfrontiert:

- Häufig beginnt der Übergang in eine neue Lebensphase mit dem *Verlust des Alltäglichen*, mit dem abrupten Ende einer Gewohnheit, dem Zerbrechen einer Routine: Ein Herzanfall, eine Trennung, ein Ortswechsel bedeuten, dass wir aus einem Kontext herausfallen. Die äußeren Lebensumstände verändern sich dramatisch – und wir müssen darauf reagieren.
- Und wir verlieren zumindest vorübergehend unsere *Identität:* Manche Wendepunkte erzeugen das beklemmende Gefühl: »Passiert das wirklich mir? Was mache ich da eigentlich?« Wir stehen »neben uns« und sind nicht mehr »wir selbst«.

- Mit dem Erreichen des Wendepunkts müssen wir uns von lieb gewordenen Illusionen verabschieden und ernüchtert feststellen, wie sehr wir uns getäuscht haben. In jedem Leben gibt es eine endlose Kette von Ernüchterungen: Als Kinder begreifen wir früher oder später, dass es keinen Osterhasen gibt und dass die Eltern keine allmächtigen und unfehlbaren Wesen sind. Später macht uns die Undankbarkeit eines Vorgesetzten oder der Treuebruch eines Freundes zu schaffen. Die Idole der Jugendzeit entpuppen sich als dumm und egoistisch. Die wenigen Politiker, die man für integer hielt, sind genauso korrupt wie die anderen. Der Partner missbraucht unser Vertrauen. Der Traumurlaub wird zum Horrortrip. Ent-Täuschungen sollten zu Korrekturen von (unrealistischen) Idealvorstellungen führen: Erst wenn wir Illusionen aufgeben, können wir Neues lernen. Häufig sind Entzauberungen aber Anlass für fortdauerndes Gekränktsein. Und weil keine wirkliche Desillusionierung stattgefunden hat, ist auch keine Veränderung, keine Weiterentwicklung möglich: Wir suchen einzig treuere Freunde, loyalere Firmen, glaubwürdigere Idole. Das Szenario dreht sich im Kreis, weil wir glauben, »dieses Mal« jemanden zu finden, der uns nicht enttäuscht – bis zum nächsten Mal. Oder wir werden verbittert, zynisch und chronisch misstrauisch.
- Schließlich verlieren wir vorübergehend die Orientierung: Wenn etwas endet, ist das Neue oft noch nicht in Sicht. Wir fühlen uns gestrandet, verloren, innerlich leer. In der Übergangsmythologie ist dies die Phase, in der sich der Held im Labyrinth oder in einem Wald verirrt oder von einem Tier verschluckt wird.

Auch wenn wir die Tatsache anerkannt haben, dass etwas zu Ende geht, sind wir noch längst nicht über den Berg. Wir finden uns in einer ungewohnten Situation wieder, wir haben das Niemandsland der Neutralen Zone betreten: Die eigentliche Übergangsphase ist die Zeit zwischen zwei Kapiteln, zwei Geschichten, zwei Träumen. Ein Lebensabschnitt ist abgeschlossen, der neue hat noch nicht (wirklich) begonnen. Solche Leerzeiten ertragen wir oft nur schwer – und wir neigen heute besonders dazu, uns übergangslos in neue Aktivitäten, Bindungen und Beziehungen zu stürzen, so als ob wir eine Straße möglichst schnell überqueren müssten.

Die Neutrale Zone ist aber ein wichtiges Moratorium für die Psyche, eine dringend benötigte Auszeit: Richtig genutzt, setzen diese Phasen einen Schub an Selbsterkenntnis in Gang. Deshalb sollten wir nicht versuchen, Zwischen-Zeiten möglichst schnell zu überwinden, sondern sie zu nutzen. Wenn wir uns in die Leere dieser Zwischen-Zeit fallen lassen, sehen wir plötzlich schärfer und nehmen unsere Umwelt sensibler wahr. Wir gewinnen Distanz zum Alltag, der auf seltsame Weise transparent wird. Wir durchschauen vieles, sehen hinter die Dinge – und gewinnen ein Stück Lebensweisheit hinzu.

Die Neutrale Zone gleicht oft einem quasi meditativen Zustand des Entrücktseins. Vieles steigt plötzlich in uns auf, was längst verdrängt und vergessen war. Dieser Zustand macht mitunter Angst, aber er sollte nicht unterdrückt, sondern noch intensiviert werden. Dabei hilft es, sich aus der Alltagsroutine zurückzuziehen, für einige Zeit die Einsamkeit zu suchen und das Gefühl der inneren Leere zu akzeptieren. In der Neutralen Zone ist es kontraproduktiv, sich unter Druck zu setzen und Lösungen erzwingen zu wollen. Ebenso wenig sollte man das aufkommende Gefühl der Leere – vielleicht auch der Melancholie – mit Ablenkungen und Zerstreuungen überspielen.

Kontemplation und das In-sich-Hineinhören fördern Erinnerungen, Gedanken, Gefühle und Wünsche zutage, die uns zu neuartigen Einsichten verhelfen können. Eine gewisse Systematik ermöglicht uns, dieses Material für die Weiterentwicklung zu nutzen. Die Zeit zwischen zwei Lebensphasen ist besonders geeignet, eine autobiografische Zwischenbilanz zu ziehen, die eigenen Erinnerungen systematisch durchzuarbeiten und sich selbst Rechenschaft abzulegen.

Auszeiten sensibilisieren für die eigenen Wünsche und Motive: Was will ich wirklich? Welche Pflichten, welche Zwiespältigkeiten haben mich bisher beeinflusst? Lebe ich, um die Erwartungen anderer zu erfüllen? Was wäre, wenn mein Leben heute endete? Was bliebe ungelebt, was wäre vollendet? Was würden wir in einem Nachruf auf uns selbst schreiben?

Spätestens nach dieser Übung können wir den Blick nach vorn richten: Wir entwickeln Szenarien und Phantasien darüber, wie es nun weitergehen soll, und spielen unsere Zukunft gedanklich durch. Denn die kontemplative Zwischen-Zeit ist kein Daueraufenthalt, kein Selbstzweck. Wir sollten sie zwar bewusst und sorgfältig nutzen, aber nicht endlos in ihr verharren. Man kann auch zu viel über sich selbst und den weiteren Weg nachdenken. *Stop getting ready*! Selbst Hamlet schritt irgendwann zur Tat.

Zehn Schritte nach vorn

Nach einem Wort des britischen Historikers Edward Gibbon werden wir im Leben zweimal erzogen: Die erste Erziehung leisten Elternhaus und Schulen. Die zweite lassen wir uns selbst angedeihen. Erst die Selbsterziehung macht uns zu reifen und wahrhaft gebildeten Menschen. Die Übergangszeiten des Lebens sind Phasen, in denen diese Selbsterziehung mit besonderer Intensität vorangetrieben werden kann – wir können uns in eine neue »Klasse« in der Schule des Lebens versetzen, wenn wir unsere Erfahrungen richtig verarbeiten und diese Maximen befolgen:

1. Sich ausreichend Zeit nehmen: Äußere Umstände mögen sich sehr schnell verändern, der innere Prozess der Anpassung braucht seine Zeit und kann nicht forciert werden.
2. Zwischenlösungen einplanen: Damit die innere Anpassung stattfinden kann, ohne dass alles zum Stillstand

kommt, muss manchmal die Alltagsroutine durch Zwischenlösungen verändert werden – vorübergehende Wohn- oder Arbeitsarrangements helfen, die Zeit der Orientierung zu überbrücken.

3. Nichts tun, damit ist auch etwas getan: Übergangszeiten sind oft beunruhigend und stressig – und die Versuchung ist groß, irgendetwas zu tun, damit es endlich weitergeht.
4. Sich in Selbstbeobachtung üben: Angst und Unruhe signalisieren häufig, dass man in einer Übergangsphase steckt.
5. Sich selbst verwöhnen: Gerade in Phasen des Übergangs sind kleine Kontinuitäten wichtig, Gewohnheiten, die uns gut tun, ohne den großen Veränderungsprozess zu beeinflussen, wie das Hören einer Lieblingsmusik, Entspannungsrituale, gutes Essen.
6. Das andere Ufer erforschen: Ganz gleich, ob eine Veränderung freiwillig oder unfreiwillig erfolgt, in jedem Fall ist es sinnvoll, sich gedanklich mit den Kosten und Nutzen der Situation »danach« auseinander zu setzen.
7. Jemanden finden, der zuhören kann: Es ist wichtig, über die Veränderungen zu sprechen, die ein Übergang mit sich bringt. Dabei geht es weniger darum, sich Rat zu holen, sondern darum, den inneren Prozess auszuformulieren und ihn dadurch selbst klarer zu erkennen.
8. Das eigene Potenzial erforschen: Was könnte in der neuen Lebensphase an bisher vernachlässigten Talenten und Fähigkeiten zum Zuge kommen? Welche Interessen könnten sich entfalten?
9. Zu neuem Lernen bereit sein: Die neue Phase erfordert meist neue Kenntnisse und Fähigkeiten – intellektuelle und soziale. Die alten Kenntnisse und Techniken tragen uns nicht mehr.
10. Das Grundmuster des Übergangs erkennen: Die Auflösung einer alten Ordnung, das daraus entstehende Chaos und das Entstehen einer neuen Gestalt – das ist das Grundmuster jedes Übergangs.

Für die Bewältigung der dritten Phase des Übergangs, für den Neuanfang und die »Wiedergeburt«, gibt es keine Ideallösungen. Beeinflusst von einem mechanistischen Menschenbild und der entsprechenden Reparaturmentalität suchen wir bei Brüchen und schwierigen Passagen oft die Soforthilfe von How-to-do-Rezepten, oder wir konsultieren psychologisch-therapeutische »Geburtshelfer« oder andere Experten. Wir wollen möglichst schnell wieder funktionieren. Aber niemand kann uns die Entscheidungen über den weiteren Lebensweg abnehmen. Niemand kann für uns über den Graben springen. In welcher Verfassung wir nach einem Wendepunkt sind und wohin die Reise nun geht, hängt davon ab, wie gut wir das Gefühlschaos der Endphase und die Selbstbeobachtung der Zwischen-Zeit bewältigt haben.

Viele Neuanfänge beginnen als unscharfe Idee, als vages Gefühl, als Intuition. Ein inneres Bild nimmt langsam Gestalt an. Manchmal löst die zufällige Bemerkung eines Außenstehenden ein Aha-Erlebnis aus – plötzlich wird die neue Richtung, die neue Rolle klar. Der Neuanfang ist nie so neu, wie wir hoffen oder fürchten: Wir nehmen immer die in früheren Lebensphasen gewachsene Identität mit. Neubeginn heißt, diese alte Identität mit der neuen zu verschmelzen und frühere Erfahrungen so in das »neue Leben« zu integrieren, dass sie nicht Ballast, sondern Ressourcen sind.

Nach der Zeit des Rückzugs, der Besinnung und des Alleinseins müssen wir uns mit dem Neuanfang auch wieder den Reaktionen unserer Mitmenschen stellen. Oft begegnen sie dem »erneuerten Ich« mit Angst oder Misstrauen, sie fürchten Entfremdung oder das eigene Zurückbleiben. Aber jeder Übergang, selbst wenn er uns aufgenötigt wird, eröffnet die Chance zu persönlichem Wachstum.

Die Tragödie der Nicht-Ereignisse

Die Notwendigkeit, Übergänge im Leben zu meistern, bleibt nicht auf Wendepunkte beschränkt, die wir selbst definieren oder auf die wir durch äußere Ereignisse gestoßen werden. Sehr viel schwieriger wird die Aufgabe, wenn keine klar markierte Weggabelung sichtbar ist, wenn wir in unserer Entwicklung gerade deshalb stecken bleiben, weil etwas *nicht* passiert.

Nicht-Ereignisse sind für die psychische Gesundheit und das Wohlbefinden mindestens ebenso gefährlich wie die Konfusionen und Krisen, die mit erkennbaren Übergangssituationen verbunden sind. Wir leiden darunter, dass etwas nicht eintritt: Wir finden keinen passenden Lebenspartner, schon gar nicht die große Liebe. Wir können nicht in dem Beruf arbeiten, den wir wollten. Wir werden nicht befördert. Wir haben eine große Chance, vielleicht die Chance unseres Lebens, nicht wahrgenommen. Wir erhalten nicht die Anerkennung, die wir erwarten. Wir haben nicht den Erfolg, den wir uns erhoffen. Wir können das ersehnte Kind nicht bekommen. Und wenn doch: Das Kind tritt nicht in unsere Fußstapfen. Wir hoffen vergeblich auf etwas, das nicht mehr eintreten wird. Wir warten auf Godot.

Nicht-Ereignisse sind Enttäuschungen, nicht erfüllte Erwartungen und geplatzte Lebensträume. Das Nicht-Ereignis ist meist kein Drama, sondern eine stille Tragödie. Wir sind in eine Sackgasse geraten – und sehen keinen Ausweg: Wir haben längst »innerlich gekündigt«, sehen aber keine Chance, den ungeliebten Arbeitsplatz zu verlassen. Wir fühlen uns in einer Beziehung gefangen, wollen jedoch die Scheidung nicht riskieren, denn da sind ja noch die Kinder und die Hypothek fürs Haus. Wir können berufliche Chancen und privates Glück nicht verwirklichen, weil wir ein altes Elternteil pflegen und es nicht in ein Heim »abschieben« können.

Nicht-Ereignisse nagen am Selbstbewusstsein und sind die häufig übersehene Ursache für Depressionen. Das Gefühl, etwas Wesentliches versäumt und keine Perspektive mehr zu haben, lähmt und blockiert die seelische Entwicklung. Nicht-Ereignisse können uns buchstäblich das Herz brechen.

Sich dieser Verzweiflung zu stellen, die Enttäuschungen überhaupt zu erkennen und sich von unerfüllten und unerfüllbaren Träumen rechtzeitig zu verabschieden, das ist eine der zentralen Lebensaufgaben, mit der sich fast alle Menschen spätestens ab dem 30. Lebensjahr konfrontiert sehen. Diese Aufgabe wird häufig nicht angegangen, weil es sehr schmerzhaft sein kann, sich Fehlschläge einzugestehen und von Hoffnungen Abschied zu nehmen. So klammern sich viele unbewusst an ihre Pläne und Wünsche – auch wenn deutlich geworden ist, dass sie nie erfüllt werden. Sie verharren lieber in Unzufriedenheit und schließlich stiller Verzweiflung, anstatt einen »Plan B«, eine Alternative zu entwerfen und ihrem Leben eine neue Wendung zu geben.

Manche Nicht-Ereignisse erkennt man blitzartig, weil man mit der Nase darauf gestoßen wird: Ein Absagebrief oder die Diagnose »unfruchtbar« lassen an Deutlichkeit nicht zu wünschen übrig. Oder wir treffen einen Studienfreund, der beruflich weit an uns vorbeigezogen ist und sich zudem seines privaten Glücks rühmt. Andere Nicht-Ereignisse werden uns in kleinen Dosen beigebracht: das immer wieder abgelehnte Romanmanuskript, die endlose Verlobungszeit, das mehrfache Übergangenwerden bei der Beförderung. Wieder andere Nicht-Ereignisse dämmern uns erst nach langen Jahren – eine Habilitationsschrift wird einfach nicht fertig, die Professur rückt in weite, langsam unerreichbare Ferne. Manche Zuversicht nutzt sich nur langsam ab, und manchmal nähern wir uns nur in kleinen Schritten dem Abschied von Träumen und Zielen.

Einige Nicht-Ereignisse schmerzen, weil sie uns bloßstellen und Zeugnisse unseres Versagens werden: Wir haben es in den Augen der Mitmenschen nicht geschafft, müssen mit dem Stigma des Versagers leben. Andere dagegen bedrücken, weil sie ganz privat sind und wir alleine damit fertig werden müssen. In jedem Fall machen uns negative Gefühle zu schaffen, sie sind die deutlichsten Signale, dass wir es mit einem Nicht-Ereignis zu tun haben: Scham, Trauer, Wut und Neid, aber auch Apathie und Lethargie.

In manchen Lebensbereichen quälen Nicht-Ereignisse besonders häufig: Der Wunsch nach erfüllter Liebe, nach Intimität und Partnerschaft ist ein Nährboden für enttäuschte Hoffnungen und Träume. Wie hoch beispielsweise die Erwartungen an das Glück mit einem Lebenspartner oder wenigstens einem »Lebensabschnittsgefährten« sind, lässt sich jede Woche neu in den Heiratsannoncen der Zeitungen besichtigen. Da man sich selbst als Traumpartner (mit höchstens kleinen, aber umso liebenswerteren Macken) stilisiert, kommt als Partner natürlich nur ein anderer Ideal-Mensch infrage. Romantische Wünsche, häufig gepaart mit Torschlusspanik, beflügeln eine beeindruckende Lyrik der Hoffnung – der in der Regel eine prosaische Wirklichkeit folgt.

Wenn zwei sich gefunden haben, wird das Familienleben zum Schauplatz von Nicht-Ereignissen. Enttäuschungen lauern überall: Der Kinderwunsch bleibt unerfüllt. Oder die Kinder entwickeln sich nicht so, wie erhofft, sie sind undankbar. Schon König Lear musste feststellen: »Schärfer als der Zahn der Natter ist's, undankbare Kinder zu haben.« Oder die Kinder »versagen« in der Schule oder erfüllen andere elterliche »Aufträge« nicht, sie sind schwul oder lesbisch oder sonst auf eine Art anders als die Wunschvorstellung.

Für die meisten Menschen ist der Beruf die wichtigste Quelle der Selbstwertgefühle. Das Urbedürfnis, wichtig und nützlich zu sein, die eigenen Fähigkeiten beweisen zu können und einem größeren Ganzen anzugehören, ist so stark, dass wir in der Regel den größten Teil unserer Energie in den Job investieren. Das Ansehen in der Gesellschaft hängt immer noch in hohem Maße vom beruflichen Erfolg ab. Umso traumatischer sind entsprechende Nicht-Ereignisse, Frustrationen und Enttäuschungen. Oft bis weit in die Verrentung hinein schmerzen Kränkungen im Arbeitsleben: Nicht-Anerkennung, Nicht-Beförderungen, Nicht-Erfolge, Karriereknicks. Dabei sind unter den heutigen Arbeitsmarktbedingungen die Nicht-Ereignisse programmiert: Die Traumkarriere im Traumberuf ist schon rein statistisch die große Ausnahme, die Aufstiegschancen sind – nach dem Gesetz der Pyramide – sehr begrenzt. Eines der schlimmsten Nicht-Ereignisse lauert schon viel früher: Überhaupt einen Job zu finden ist heute oft ein Glücksfall. Selbst eine gute Ausbildung garantiert längst keinen Arbeitsplatz mehr. Und wer einen Job hat, darf ihn weder als Lebensstellung begreifen noch sich auf die Dankbarkeit oder wenigstens Loyalität seiner Firma verlassen.

Berufliche Sackgassen und Nicht-Ereignisse sind leichter zu bewältigen, wenn man sich nicht zu sehr auf ein Wunschziel, eine bestimmte Laufbahn fixiert, Erfolg nicht durch Statussymbole und Gehalt definiert, sondern durch eine Job-Zufriedenheit, also durch Entscheidungsspielräume, Anerkennung durch Kollegen sowie Mitspracherecht. Und sich damit abfinden kann, dass auch bei guten Leistungen der Aufstieg nicht programmierbar ist. Aufstieg bedeutet häufig weniger Freizeit, weniger Familie, mehr Stress.

Wann es Zeit wird für Plan B

Nicht-Ereignisse sind deshalb so häufig die Ursache für Unzufriedenheit, Depressionen und stille Tragödien in der Biografie der heutigen Menschen geworden, weil sie sich einem gewaltigen Erwartungsdruck gegenübersehen: die Erwartungen einer Gesellschaft, die Leistung, Fitness, Erfolg zu ihren Götzen gemacht hat und uns ständig neue Modelle vorgibt, denen wir nacheifern sollen. Gleichzeitig beschränkt dieselbe Gesellschaft die Chancen, diese Vorbilder erreichen zu können. Die Erwartungen, die wir selbst an uns stellen (und die wir kaum noch von fremden Erwartungen unterscheiden können): Wir erhoffen enorm viel von uns selbst.

Wir haben die Erfolgsideologie verinnerlicht und wollen all das erreichen, was uns als erreichbar vorgegaukelt wird: Glück ohne Ende in der Liebe, toller Sex, linearer beruflicher Aufstieg, wohlgeratene Kinder, Schlankheit, Fitness, Kreativität, Intelligenz.

Die amerikanische Entwicklungspsychologin Bernice Neugarten hat festgestellt, dass die heutigen Erwachsenen fast ständig zur Selbstbeobachtung neigen: Wie bin ich? Wo stehe ich? Dabei wird meist ein heimlicher Zeitplan zugrunde gelegt: Bin ich noch »im Plan«? Oder habe ich das übliche Zeitlimit für das Erreichen eines Lebensziels schon überschritten?

Unser Selbstbild gleicht unter dem Zwang, es ständig mit Idealvorstellungen kontrastieren zu müssen, immer häufiger einer negativen Bilanz: Was haben wir alles nicht gemacht, nicht erreicht, nicht geleistet? Wir sind wenig nachsichtig mit uns, und noch zu selten begreifen wir, dass Nicht-Ereignisse vor allem Herausforderungen an Charakter und Phantasie sind. Es gibt immer einen anderen Weg, einen Plan B. Aus Fehlschlägen kann man lernen, und wenn es die Erkenntnis ist, nicht länger Zeit an unerreichbare Ziele oder die Erwartungen anderer zu verschwenden.

Das Gefühl der Lähmung und des Verlusts, das von einem Nicht-Ereignis ausgeht, lässt sich leichter überwinden, wenn wir es als Wendepunkt definieren und beginnen, nach einem Plan B zu suchen. Wir müssen uns der Wahrheit stellen und Illusionen als Illusionen identifizieren: Die Anerkennung und der Ruhm, die wir verdient zu haben glauben, sind in diesem Leben außer Reichweite. Wir finden unsere Traumpartner nicht. Wir können die Liebe eines Kindes oder den Respekt eines Vorgesetzten nicht gewinnen, und wenn wir uns noch so anstrengen. Der amerikanische Psychologe James Bugenthal hat beobachtet, dass wir besonders um die Lebensmitte herum von »Nie wieder!«-Erkenntnissen geplagt werden. In einem Song von Marianne Faithfull kommt dieses Gefühl zum Ausdruck:

»Mit 37 erkannte sie, dass sie eine Hausfrau ist und nicht mehr mit dem Cabrio im warmen Sommerwind durch Paris fahren wird...«

Wenn uns das Gefühl beschleicht, dass wir uns im Leben verirrt haben, dann suchen wir – wie in einer fremden Stadt – nach einem jener Pläne, der uns zeigt: Du bist hier! Wenn wir unseren Standort kennen, können wir überlegen: Wo geht es weiter? Welche Wege stehen mir noch offen? Welche Mittel und Möglichkeiten habe ich?

Die amerikanische Psychologin Nancy Schlossberg schlägt eine 75-Prozent-Regel vor: Wenn wir uns in einer Lebenssituation drei Viertel der Zeit unglücklich fühlen und über verpasste Chancen und nicht erfüllte Wünsche grübeln, wird es notwendig für einen Ausbruch. Wir müssen den seelischen Ballast des Plan A abwerfen und uns dem Entwurf eines Plan B zuwenden.

Ein Lehrgang in Selbstverleugnung

Die Lebensmitte ist für die meisten Menschen eine Übergangszeit, in der sie verstärkt über Lebensziele und Richtungsänderungen, über Erfolge und Nicht-Ereignisse nachdenken: Wie soll es in der zweiten Hälfte weitergehen? Die viel zitierte Krise der Lebensmitte tritt ein, wenn die Nicht-Ereignisse überwiegen: Das Gefühl, etwas Wesentliches versäumt zu haben, verleitet viele zu panikartigen Nachholaktionen. Andere versinken in Selbstmitleid, weil von jetzt ab alles nur noch Routine und Wiederholung sein würde.

Resignation oder Aktionismus sind wenig hilfreich – die Wendemarke »Lebensmitte« erfordert eine besonders bewusste Auseinandersetzung mit der bevorstehenden Passage. Welche Klippen in dieser Passage zu umschiffen sind, zeigt die Geschichte des Odysseus. Die *Odyssee* kann auch als Epos der zweiten Lebenshälfte gelesen werden: Die gefährliche Heimreise ist das Bild für eine allmähliche Charakterumwandlung. Die (zweifelhaften) Heldentaten werden in der *Ilias* vollbracht, dem Epos der ersten Lebenshälfte: Abenteuer, Raub, Kampf, Eroberung, Prahlerei und Ruhmsucht. Das Thema der *Odyssee* hingegen ist die Heimfahrt des müden Kriegers, der den Kampf gründlich satt hat und sich nach Frieden am heimischen Herd sehnt. Aber davor muss er erst eine Irrfahrt bestehen, eine *Magical Mystery Tour*, eine Reise, die sich auf den ersten Blick als eine Serie von Niederlagen, mysteriösen Begegnungen und Fluchten darstellt. Die Fahrt des Odysseus ist ein Abnutzungsprozess: Er verliert fast alle Schiffe und Gefährten, bis er endlich mit wenigen Überlebenden zu Hause ankommt. Vor allem aber verliert Odysseus seine alte Identität. Er muss sich Schritt für Schritt von seinem Ego lösen, das auf Ruhm und Macht gründete. Neue Taktiken müssen erlernt werden. Schließlich hängt sogar sein Leben davon ab, dass er sich selbst verleugnet: In der Begegnung mit dem Zyklopen Polyphem (dem Vielberühmten) nennt sich der Held von Troja »Niemand« (Oudeis). Die Nicht-Identität wird nun zur neuen Quelle von Stärke und Überlebensfähigkeit.

Mehrmals gerät Odysseus in Versuchung, die Heimreise abzubrechen und sich dem bequemen und angenehmen Leben an exotischen Gestaden hinzugeben. Circe bezirzt ihn, Kalypso verspricht: Du wirst niemals alt! Aber irgendwie weiß er, dass dies Erschlaffung und Selbstaufgabe bedeuten würde. Er reißt sich los und setzt seine Reise in die Heimat fort.

Zu Hause steht ihm aber die Hauptarbeit noch bevor. Sein Heim ist in Unordnung, üble und anmaßende Gestalten haben sich eingenistet und bedrängen die treue Penelope. Noch einmal muss Odysseus sich verleugnen, um den Saustall ausmisten zu können – und um endlich anzukommen. Die Sage zeigt uns, dass drei Entwicklungsschritte nötig sind, um die »Heimreise« der zweiten Lebenshälfte zu überstehen: Wir müssen alte Ziele und Werte aufgeben und gewohnte Verhaltensmuster verlernen können, wir müssen der Verführung zum Stillstand widerstehen, wir müssen unser Zuhause, unser Leben in Ordnung bringen.

7 Der Rausch des Gärtners

Das gute Leben und das Glück

Wie viel Glück braucht das gute Leben?

Obwohl es permanent beschworen, ersehnt und gesucht wird, und obwohl jeder zu wissen scheint, wovon er redet, wenn er das Wort »Glück« in den Mund nimmt, entzieht es sich der schnellen Definition. Glück ist einfach zu erkennen, wenn es uns widerfährt, so glauben wir; aber wir verstehen es am besten immer dann, wenn es schon vorbei ist. Meist wissen wir erst im Rückblick, dass wir eine Spanne Zeit glücklich waren. Und selbst dann kann uns die Erinnerung täuschen: Wir verklären eine vermeintlich gute, alte Zeit und tauchen selbst schwierige Lebensphasen in ein mildes Licht der Nostalgie.

Verstehen, was das Glück ist oder was es sein kann, heißt, zentrale Fragen nach dem Sinn des Lebens selbst, nach dem Stellenwert von Liebe, Arbeit, Politik und Vergnügen darin zu beantworten. Der britische Autor Michael Frayn schreibt in seinem Roman *Sonnenlandung*: »Die Idee des Glücks ist sicher das Zentralgestirn unseres gedanklichen Sonnensystems – und es erweist sich als genau so schwierig, direkt darauf zu starren.«

Deshalb haben wir lange vermieden, allzu oft und allzu direkt vom Glück zu reden. Aber der Widerschein des

»Zentralgestirns« spiegelt sich in unseren alltäglichen Entscheidungen und Projekten: Wir machen unser Glück – oder versuchen es zumindest – in der Berufswahl und Karriereplanung, in der Liebe oder, prosaischer, in der Gestaltung unserer Partnerbeziehungen, in der Zukunftssicherung wie in der Freizeitgestaltung, in unserem Konsumverhalten und in der Nutzung von Medien.

Die Skepsis gegenüber dem Glück

Wenn Menschen direkt gefragt werden, ob und wie sie glücklich sind, dann drücken sie sich oft sehr vorsichtig aus – so als ob sie, fast abergläubisch, den Neid der Götter heraufbeschwören könnten, wenn sie sich zu deutlich als glücklich bezeichneten.

Die Rubrik »Glücklich. Was hat Sie in der letzten Zeit zu einem besseren Menschen gemacht?« in der *Süddeutschen Zeitung*, in der mehr oder weniger bekannte Zeitgenossen von ihren Empfindungen und Erlebnissen berichten, ist eine Fundgrube, wenn man nach Definitionen des guten Lebens und des persönlichen Glücks sucht. Fast alle, die über sich selbst und ihre Haltung zum Glück nachdenken, artikulieren ein eudämonisches Lebensgefühl: Es ist geprägt von tiefen, skeptischen Einsichten in die komplizierte Dialektik von Genuss und Verzicht. Die meisten der Befragten schildern Augenblicke des Gelingens oder der Erfüllung, Momente des tiefsten Genusses, des unerwarteten Glücks durch ein künstlerisches Erlebnis, eine beglückende Begegnung oder einen unerwarteten und umso mehr genossenen Akt der Menschlichkeit. Der Schauspieler Herbert Knaup gibt beispielsweise zu Protokoll: »Glücklich bin ich immer, wenn ich mit meinem elfjährigen Sohn zusammenkomme … wir können die gemeinsame Zeit genießen. … Wir sind durch den Wald gestreift, und da sah ich meinen Sohn, wie er mit einem Stock imaginäre Feinde bekämpfte, und ich erinnerte mich an die eigene Kindheit, in der man diese Reinheit und Unschuld hatte, die sich später verliert.« Und weiter sagt er: »Es gibt da diesen Satz aus Eugene O'Neills Stück *Eines langen Tages Reise in die Nacht*, der mir sehr viel bedeutet: ›Sie dauern nicht, die Tage des Glückes und der Rosen, aus einem Nebelraum entsteigt ein Weg eine Weile, verschwindet wie im Traum‹ ... Dieser Satz hat mich ein Leben lang begleitet, man kann das Glück nicht festhalten.«

Und die Berliner Senatorin für Wissenschaft, Kultur und Forschung, Adrienne Goehler, schildert ihr Glückserlebnis so: »›Glücklich‹ ist ein großes Wort. Ich reserviere es vorsichtshalber für den kleinen Augenblick. Schon Handkes geglückter Tag kommt mir reichlich lang vor. Das Wort löst ein Ziehen in mir aus. Es evoziert eine Sehnsucht nach etwas, von dem ich nicht wirklich weiß, was es ist. Sagen wir: die verlorene Zeit, im Sinne eines Verlustes. Es ist, als ob der Verlust geträumter Paradiese für einen flüchtigen Moment geheilt würde. Dafür gibt es ein Wort, das wir nicht mehr aussprechen können: *home*.«

Die vorsichtige Annäherung an das persönliche Glück spiegelt sich auch in der zeitgenössischen Literatur. John McGahern lässt in seinem Roman *By the Lake* den Protagonisten Ruttledge sagen: »Glück kann nicht gesucht oder herbeigesorgt oder auch nur begriffen werden. Man sollte ihm sein eigenes, langsames Tempo lassen, sodass es unbemerkt kommen kann, wenn es überhaupt kommt.«

Glück – gar nicht jedermanns Sache?

Glück ist das ewige Leitmotiv des menschlichen Lebens, gleichgültig, ob man gezielt nach ihm strebt, ob man es nimmt, wie es kommt, oder ob man es gar als eine Illusion ansieht. Für Glücksverächter ist die allgemeine Vorstellung vom Glück die Negativfolie für ein individuelles Kontrastprogramm: Einsiedelei, Askese, Selbstmitleid oder Masochismus. Selbst absichtliche Unzufriedenheit oder forciertes Unglück können ein Gegenglück sein, das einem Praktiker subjektive Zufriedenheit verschafft. Auch Masochisten sind glücklich, wenn ihre Pein richtig dosiert ist. Glück ist eine individuelle, mitunter höchst eigenartige Sache.

Die Gefühle, die jeder Glücksempfindung zugrunde liegen, sind seit der Menschwerdung die gleichen geblieben. Die Literaturwissenschaftlerin Hannelore Schlaffer schrieb in einer Rezension über zeitgenössische Glückstraktate in der *FAZ*: »Alle Epochen der Geistesgeschichte reden stets aufs Neue vom Glück, die Lösungen aber widerstehen jeglichem epochalen Wandel. Die zeitgebundene Bestimmung dessen, was Glück sei, ist immer an die Vorstellung einer zeitlosen Befindlichkeit des Menschen gebunden.«

Glück galt über Jahrhunderte, Jahrtausende hinweg als der einzig lohnende Gegenstand der Philosophie und als das einzig wirklich lohnende Ziel im menschlichen Leben. Aristoteles meinte, wir schätzen viele Dinge im Grunde nur deshalb, weil wir glauben, dass sie unser Glück vermehren könnten. Ruhm, Gesundheit oder Geld sind aber nur Mittel, nicht Zweck. Das Glück streben wir allein um seiner selbst willen an, es ist der Fluchtpunkt aller menschlichen Sehnsucht, das fundamentale Ziel des Daseins. Stimmt das überhaupt? Hat es jemals gestimmt?

Ein Journalist fragte einmal Charles de Gaulle: »Monsieur le Président, sind Sie ein glücklicher Mensch?« Der fuhr ihn empört an: »Halten Sie mich für einen Narren?« Zu den konservativen Standards aller Epochen gehörte immer eine ausgesprochene Glücksskepsis: Das Glück ist eine Chimäre, der nur Verblendete nachjagen. Auch hieß es: Glücklich sein zu wollen zeugt von Beschränktheit. Mit Herablassung blicken Konservative auf etwas, das in ihrer Werteskala nicht oder nur ganz unten auftaucht: Jeder Gefühlsüberschwang macht sie misstrauisch, denn er ist Ausdruck ungezähmter Natur.

Ordnung und Beherrschung als konservative Werte lassen höchstens ein kleines, stilles Glück zu, das zudem als Sedativum wirkt. Die große Masse der Menschen sei im Grunde schon in Maßen und auf ihre Weise glücklich: »Hier ist des Volkes wahrer Himmel«, kommentiert Faust gönnerhaft-herablassend die Festivitäten der »kleinen Leute«, die Wonnen der Gewöhnlichkeit. Und Gottfried Benn schrieb: »Dumm sein und Arbeit haben, das ist das Glück.« Der Status quo ist die beste Versicherung dieses kleinen Glücks; seine Bewahrung mag Ziel des autoritär-fürsorglichen Staates sein, seine Politik ist die Verhinderung von Unordnung und damit größeren Unglücks.

Linke und Revolutionäre aller Epochen rebellierten gegen die Verhinderung des Glücks der Vielen durch die gesellschaftlichen Verhältnisse. Ihr Veränderungsdrang galt immer der Beweisführung, dass wesentlich mehr Glück für alle möglich sei, einzig die Verhältnisse müssten überwunden werden, wenn nötig blutig und gewalttätig. Irgendwo zwischen dem konservativen und dem revolutionären Pol hat sich in den meisten europäischen Ländern ein »dritter Weg«, der sozialdemokratische Wohlfahrtsstaat etabliert, der unverschuldetes Unglück mildern und die allgemeinen Chancen auf ein gutes Leben optimieren will.

Ist das Streben nach Glück ein Nullsummenspiel? »Die Tränen der Welt sind unvergänglich«, meint Pozzo in Samuel Becketts *Warten auf Godot.* »Für jeden, der anfängt zu weinen, hört irgendwo ein anderer auf. Genauso ist es mit dem Lachen. Sagen wir also nichts Schlechtes von unserer Epoche. Sie ist nicht unglücklicher als die vergangene.«

Diese Annahme von der Erhaltung der Glücks-/Unglücksmasse unterstellt, dass Leid und Lust quantifizierbar seien und eine kosmische Buchhaltung auf ausgeglichene Bilanzen achtet. Ob eine solche Buchführung des Glücks, die schon im Leben des Einzelnen nicht möglich ist, im Leben von Nationen funktioniert, kann bezweifelt werden, wenn man Glück nicht mit Lebensstandard oder Bruttosozialeinkommen oder einem anderen Index gleichsetzt. Der Historiker Jakob Burckhardt wollte deshalb das Wort »Glück« aus dem Vokabular der Geschichtswissenschaft gestrichen sehen.

Glück ist eine Option

Der Gründer der modernen Psychologie, Sigmund Freud, hat die Möglichkeit des Glücks als ziemlich gering veranschlagt. Ihn faszinierten eher die vielfältigen Varianten menschlichen Unglücklichseins und die Bizarrerien des Seelenlebens. Freud drückte seine Skepsis gegenüber den Glücksmöglichkeiten in jenem programmatischen Satz aus, dass schon viel gewonnen sei, wenn man neurotisches Elend in alltägliches Unglück überführen könne. In *Das Unbehagen in der Kultur* schreibt er: »Der zivilisierte Mensch hat einen Teil seiner Glücksmöglichkeiten für einen Teil Sicherheit eingetauscht.«

Aber auch für die anderen Gründerfiguren der wissenschaftlichen Psychologie, etwa Wilhelm Wundt oder William James, blieb Glück ein unzugängliches Feld menschlicher Existenz. Der Amerikaner William James meinte, Glück sei ein privates Phänomen, das von den inneren Dispositionen des Einzelnen abhänge. Damit argumentierte er gegen die Möglichkeit, Glück wissenschaftlich zu erfassen – und das hieß für ihn: objektivierbar, vergleichbar zu machen.

Diese Einstellung änderte sich in der zweiten Hälfte des 20. Jahrhunderts. Das zentrale Motiv des Menschen ließ sich nicht auf Dauer ignorieren. In mehreren Etappen näherten sich einige Psychologen dem Glück. Der österreichische Psychoanalytiker Hanns Sachs schrieb 1939: »Die normale Funktion des menschlichen Geistes ist das Streben nach Glück. Dass die Seele dem Menschen gegeben ist als ein Mittel, um ihn zum Glück zu führen – wenn nicht hier, dann im Nachleben –, ist Beweis für die tief verwurzelte universale Überzeugung, dass Glück der ultimative, wenn nicht der exklusive Zweck der Psyche ist.«

Das Glück ist in der Möglichkeitsgesellschaft von heute vor allem eine Option. In ihrem durch Erfahrung gespeisten Realismus konzentrieren sich die Menschen darauf, ihre Techniken und Kunstfertigkeiten im Kampf um das gute Leben einzuüben und zu verfeinern, um wenigstens einen Teil der Möglichkeiten auszuschöpfen. Und dabei ist auch heute für die meisten schon viel gewonnen, wenn es ihnen gelingt, Unglück abzuwehren oder zu vermeiden.

Glück kann so Unterschiedliches in der menschlichen Erfahrung sein, dass es sich allen objektivierenden Annäherungen durch die Wissenschaften zu entziehen scheint. Hinter sachlich-schwerfälligen Begriffen wie »Lebensqualität« oder »Lebensstandard« verbergen sich notwendige, aber nicht hinreichende Bedingungen des Glücks: Das gute Leben braucht kulturelle Rahmenbedingungen und eine materielle Minimalausstattung, aber darüber hinaus ist es Privatsache.

Das gilt selbst in einer Überflussgesellschaft: Die allgemeine Wohlfahrt, das Glück der großen Zahl, markiert günstige äußere Verhältnisse. Das subjektive Wohlbefinden ist damit noch nicht garantiert.

Das individuelle Glück blieb lange Zeit methodisch unzugänglich, bis Psychologen jüngst darauf verfielen, das Vorhandensein von Glück nicht indirekt zu erschließen, wie die Soziologen, oder nach Indikatoren zu suchen, wie die Ökonomen, sondern – ganz einfach – die Menschen direkt zu fragen: Sind Sie glücklich? Wann? Warum? Wie sehr? Kreuzen Sie an auf einer Skala von minus fünf bis plus fünf!

Was Glück ist, oder was dafür gehalten wird, basiert im Wesentlichen immer auf einer auf Selbstbeobachtung zurückgehenden Selbsteinschätzung und auf Vergleichen mit Glücksmaßstäben. Wer nach dem Glück fragt, muss berücksichtigen, dass heute der Wunsch, in den Augen der anderen glücklich zu erscheinen, besonders stark ausgeprägt ist. Möglicherweise stoßen die Glücksforscher bei ihren Umfragen auf eine hohe, wahrscheinlich zu hohe Zahl von Menschen, die sich als glücklich oder sogar sehr glücklich bezeichnen, jedenfalls als glücklicher als der Durchschnitt. Allein die Tatsache, dass überhaupt und immer häufiger nach der Befindlichkeit gefragt wird, verweist auf das inzwischen starke Bedürfnis, den eigenen und den allgemeinen Glückszustand zu vermessen.

Dieses Bedürfnis entstand historisch mit der utilitaristischen Philosophie Jeremy Benthams (1748-1832). Der Engländer führte das *felicific calculus* – das glücksstiftende Kalkül – in die Staatsphilosophie ein. Der Erfolg eines Staatswesens sei demzufolge auch an dem Glück seiner Bürger abzulesen. Die Voraussetzung dafür ist wiederum die Reduktion des Glücks auf messbare Parameter, am besten auf eine einzige, für alle verbindliche Skala, auf der die Werte so unterschiedlicher Glücksmomente wie das Hören einer Sinfonie oder das Genießen einer Torte miteinander verglichen werden können. In dieser Objektivierung gibt es nur noch Plus- und Minusgrade von Glück, aber keine Artenvielfalt mehr. Die französischen Glücksvorstellungen kreisten dagegen zur selben Zeit, als in England der Utilitarismus blühte, eher um die möglichst weite Diversifizierung der Genüsse, um Geschmack und Begierde, als um Wohlbefindenskalküle.

Ein anderer englischer Denker, John St. Mill, führte später die Qualität wieder ein: »Besser ein unzufriedener Sokrates sein als ein zufriedener Narr.« Aber der utilitaristische Gedanke lebt weiter. Die Neo-Utilitaristen wollen »Lebensstandards« messen, um doch einer vergleichbaren, quantifizierbaren »Lebensqualität« auf die Spur zu kommen.

Was ist überhaupt Glück?

Das Merkmal der Moderne ist – seit Descartes – der ausgeprägte Individualismus. Weil das denkende Ich das Ziel und die Quelle aller Erkenntnis wird, weil es selbst alle moralischen und politischen Entscheidungen fällen kann, wird es zur letzten und im Grunde einzigen Instanz: Seine Welt wird eine Welt der persönlichen Projekte. Damit beginnt das Ideal der Authentizität, des »wahren Selbst«, seinen Siegeslauf durch die westliche Geistesgeschichte. Die Idee des persönlichen Glücks ist nun ein legitimes Ziel des Lebens.

Für Nietzsche war Glück das Gefühl, »dass die Macht wächst und Widerstand überwunden wird«. Ähnlich meinte der Schriftsteller und Adlerianer Manès Sperber: »Glück ist eine Überwindungsprämie.« Rousseau sah, ungewohnt ironisch, das Glück im Besitz eines gefüllten Bankkontos, eines guten Kochs und einer ausgezeichneten Verdauung. Die Schauspielerin Ingrid Bergman sagte: »Glück ist eine gute Gesundheit und ein schlechtes Gedächtnis«. Cicero, Hendrik Ibsen, Bertrand Russell waren sich einig darin: Glück ist vor allem Seelenruhe. Montesquieu, George Bernard Shaw und Victor Hugo betonten die soziale Variante: Das größte Glück ist das geteilte Glück. Epikur, Thomas a Kempis und La Rochefoucauld meinten: Glück ist möglich durch vernünftige Mäßigung des aktuellen Genießens um künftiger Genüsse willen. Aristoteles und der Kirchenvater Augustinus sahen das Glück als gelebte Tugend und erfolgreiches Streben nach Vortrefflichkeit.

Wie schwammig der Glücksbegriff ist, beweisen die unzähligen banalen und tautologischen, sich selbst parodierenden Weisheiten der Wissenschaftler und Forscher: Glück, so lassen sich viele Definitionen auf den simplen Punkt bringen, ist ein Nettoüberschuss an Freude. Banal klingt selbst Wittgenstein: »Die Welt des glücklichen Menschen ist eine völlig andere als die des unglücklichen.« Tautologisch wird der englische Philosoph A.J. Ayer in einer Vorlesung: »Glück ist eine Befriedigung, die anhaltend befriedigend bleibt.« Und, die Komik dieser Tautologie spürend, fuhr er trotzig fort: »Finden Sie doch eine bessere Erklärung!« Spöttisch merkte schon Voltaire an: »Was das Offensichtliche betrifft – überlasst es den Philosophen.« Die Tiefe und Unergründlichkeit der philosophischen Fragen nach dem Glück stehen oft im seltsamen Kontrast zur Banalität vieler Glücksanlässe und -empfindungen. Henri de Montherlant meinte: »Glück schreibt weiß auf weiß.«

Zeitlos gültige, immer wiederkehrende und auch heute noch ungebrochen virulente Mythen kreisen um das Glück: Glück kann man sich aneignen, lernen, einwerfen: an einem Seminarwochenende, durch die Einnahme einer bunten Pille, durch die Anwendung einer oder mehrerer richtiger Psychotechniken. Glück kann in einem Wellness-Hotel gebucht werden.

Glück liegt in der Einfachheit: Die Pseudoweisheiten des einfachen Lebens und der aktuell propagierte Slogan des *Simplify Your Life!* sind ein Nachhall der christlichen Entsagungslehre, buddhistischer Bedürfnislosigkeit oder der großen Aussteigevorbilder wie Thoreau am Walden-Pond in Neuengland. Der wahre Kern dieser Lehren, dass weniger oft mehr ist, verdeckt, dass Armut kein erstrebenswerter Lebensstil ist, wenn man nicht gerade Franziskus heißt.

Glück ist irgendwie amoralisch: Immanuel Kant hat das Gutsein vom Glücklichsein abgetrennt: »Es ist eine Sache, den Menschen glücklich zu machen, es ist eine andere, ihn gut zu machen.« Kant spricht auch von den negativen Genüssen – er meinte damit gelegentliche »unvernünftige« Exzesse. Sein Urteil bestärkte die ohnehin schon praktizierte puritanische Abspaltung des Angenehmen, Lustbetonten und Hedonistischen vom Guten. Die griechischen Philosophen der Antike hatten nicht unterschieden zwischen Glück und Gutsein, sie sahen das Moralische im Glück und das Glück in der Moral, und dieses moralische oder »gute«

Glück sei mithin überlegen, weil es alle flüchtigen Genüsse und Lüste verblassen lässt.

Glück ist ein Zustand der Verrücktheit, etwas Abnormes: Eine medizinische Fachzeitschrift beschrieb Glück als Geistesverfassung, die alle Kriterien einer psychischen Störung erfülle, beispielsweise eine abnorme Gehirnaktivität, Ideen, die mit der Realität nichts zu tun haben, eine erhebliche Verzerrung der Wahrnehmung und unrealistische Erwartungen. Ist großes Glück also eine Art Geisteskrankheit, ein mentaler und emotionaler Ausnahmezustand – etwa so wie Verliebtheit, die ja ebenfalls als abnorm gilt?

Alte Weisheiten, neu verpackt

Aus solchen und anderen Mythen drehen die Glücksgurus unserer Tage ihre Glückspillen, sie berufen sich dabei auf die gleichen Maximen, wie sie die großen Philosophen – Plato, die Stoiker, Buddha und Lao Tse – als fundamentale Glücksideen und -rezepte anboten. Sie alle lassen sich auf drei Basisideen zurückführen.

Erstens: Runter mit den Erwartungen! Glück ist demnach möglich, wenn wir unsere Begierden und Bedürfnisse zurückschrauben oder gar völlig eliminieren. Der Gefangene seiner Begierden zu sein macht unglücklich, weil sie nicht immer und nicht ausreichend befriedigt werden können. Glück ist im Grunde Zufriedenheit, und die beste Glücksstrategie ist die »Therapie der Begierden«, so die amerikanische Philosophin Martha Nussbaum in ihrem gleichnamigen Traktat über stoische und kynische Philosophie.

Zweitens: Gelassen bleiben, es geht alles vorbei! Glücklich wird nur, wer den Sorgen nicht zu viel Herrschaft über sein Leben einräumt. Die Vergänglichkeit unserer Erfolge und Misserfolge, Freuden und Leiden zu erkennen, schenkt uns das wahre Glück der Gelassenheit. *Sub specie aeternitatis*, im

Angesicht der Ewigkeit wird letztlich alles belanglos, die Welt wird von unseren Angelegenheiten nicht tangiert, das Universum ist gleichgültig.

Drittens: Das Glas ist halb voll, siehst du das nicht? Glück ist eine Frage der Einstellung. Es kommt ganz darauf an, dem Leben die positiven Seiten abzugewinnen: Always look at the bright side of life! Unter den Halden des alltäglichen Unglücks finden wir die Goldkörnchen, die uns mit der Existenz versöhnen. Wenn wir uns nur auf die schönen Aspekte des Lebens konzentrieren, statt auf die negativen, wenn wir schätzen, was wir haben, anstatt das zu begehren, was wir nicht haben können, dann können wir auch glücklich sein.

Optimal leben oder maximal genießen?

Ein altes chinesisches Sprichwort sagt: »Wenn du für eine Stunde glücklich sein willst, betrinke dich. Willst du drei Tage glücklich sein, dann heirate. Wenn du aber für immer glücklich sein willst, werde Gärtner.« Im Wesentlichen bestätigen die Glücksforscher diese Spruchweisheit. Der Rausch ist tatsächlich der schnelle Weg zum kurzen Glück. Die Glückszentren des Gehirns können rasant, direkt und wirkungsvoll durch eine Vielzahl von Stoffen stimuliert werden. Allerdings führen diese Schnellwege nur in ein flüchtiges Glück, die Wirkung der Stimulanzien lässt schnell nach, der Kater danach ist oft schmerzhaft, und die Dosis der Glücklichmacher muss bald gesteigert werden. Peyote, Heroin, Cannabis, Alkohol – auf vielfache Weise lassen sich der mentale Zustand und die Erlebnisqualitäten beeinflussen. Bei diesen Abkürzungen zum Glück fehlt die wichtigste Ingredienz: das Wissen, dass man sein Hochgefühl selbst herbeigeführt hat. Glück kann nicht etwas sein, das uns zufällig oder anstrengungslos widerfährt, sondern ist etwas, das wir selbst erzeugen.

Es sind nicht die Hoch-Zeiten oder ekstatischen Gipfelerlebnisse im Leben, die sich auf Dauer in der Glücksbilanz niederschlagen. Die emotionale Reichweite von Hochzeiten, Ehrungen, Beförderungen oder Traumurlauben ist begrenzt. Allerdings sind sie häufig die Basis für ein gutes Leben und können für anhaltendes Wohlbefinden, für Zufriedenheit und Ausgeglichenheit sorgen, etwa wenn eine Ehe nach berauschenden Anfängen in einen beglückenden Alltag gerettet werden kann oder wenn gemeinsame positive Erinnerungen ein emotionales Band festigen.

Der Gärtner ist das Symbol für eine stimmige und stressarme Lebensform – vielleicht sogar für das gute Leben. Denn das Gärtnerdasein vereint eine ganze Reihe wissenschaftlich gestützter Maximen für ein umfassenderes und anhaltendes Glück: eine nützliche und sinnvolle Tätigkeit im Einklang mit den Zyklen der Natur und mit dem eigenen Rhythmus, eine gesund haltende und regelmäßige körperliche Aktivität, die sichtbaren Erfolg bringt, sich an den Früchten der eigenen Leistung freuen.

Glück ist, als reine Lust oder schnelle Befriedigung, manchmal das direkte Ziel menschlichen Strebens. Manchmal ist es aber auch ein Mittel (unter anderen), um das Fernziel einer umfassenden Zufriedenheit mit der eigenen Existenz zu erreichen. Es erscheint rationaler, solchen Ingredienzien des Glücks nachzujagen als dem Glück selbst. Ein großer Unglücklicher, Nietzsche, meinte sogar verächtlich: »Der Mensch strebt nicht nach Glück. Das tun nur die Engländer.« Wahrscheinlich hatte er die Amerikaner im Sinn, die das oft zitierte »Streben nach Glück« als Grundrecht in ihre Verfassung aufgenommen haben.

Glück als überdauernder Zustand

Es stiftet also eher Verwirrung, wenn wir vom Glück reden, ohne zu erläutern, was wir jeweils damit meinen. Die wissenschaftlichen Glücksforscher einigten sich auf folgende Arbeitsdefinition, die jedoch auch nicht gerade durch Präzision glänzt: Glück ist anhaltendes subjektives Wohlbefinden. Das unausgesprochene Forschungsinteresse der Happyologen ist: Kann man das Glück, wenn man die Bedingungen des »subjektiven Wohlbefindens« hinreichend erforscht hat, mit größerer Sicherheit planen, herbeiführen – oder wenigstens doch anlocken? Oder bleibt das Subjektive im Wohlbefinden so individuell, dass sich überhaupt keine Gesetzmäßigkeiten aufstellen lassen?

Für einige ist Glück das Intervall zwischen Zeiten des Unglücklichseins, das Nachlassen eines Schmerzes oder die Abwesenheit von Stress. Eine Mehrheit der Menschen definiert für sich selbst das Glück als ein ausgeprägtes positives Gefühl, was den amerikanischen Sozialpsychologen David Myers zu dieser Präzisierung der Definition brachte: »Glück ist die anhaltende Wahrnehmung des eigenen Lebens als erfüllt, sinnvoll und angenehm.« Das Wort »anhaltend« macht den Unterschied; das sozialpsychologische Glücksverständnis ist ein anderes als jenes, das der Glücksskeptiker Sigmund Freud entwarf: »Was man im strengsten Sinne Glück heißt, entspringt der eher plötzlichen Befriedigung hoch aufgestauter Bedürfnisse und ist seiner Natur nach nur als episodisches Phänomen möglich. Jede Fortdauer einer vom Lustprinzip ersehnten Situation ergibt nur ein Gefühl von lauem Behagen; wir sind so eingerichtet, dass wir nur den Kontrast intensiv genießen können, den Zustand sehr wenig. Somit sind unsere Glücksmöglichkeiten durch unsere Konstitution beschränkt.«

Die neuere Psychologie koppelt Glück nicht mehr so ausschließlich an die Episoden sexueller und anderer Lust. Glück entspringt demnach nicht nur dem Gefälle von Spannung und Entspannung, es ist aber auch mehr als ein anhaltend »laues Behagen«. Zwischen dem Sekundenglück des Orgasmus und dem anhaltenden Lebensglück erstreckt sich eine komplexe psychische Landschaft, die noch bis vor kurzem wissenschaftliche *Terra incognita* war – ganz im Gegensatz zum Kontinent des Unglücks, den die Psychologie fast ausschließlich und intensiv erforscht hat.

Die heutigen Glücksforscher protokollieren zunächst stichprobenartig die Befindlichkeit großer Bevölkerungsgruppen – wann schätzen sich welche Menschen als glücklich ein? – und wenden sich dann der Frage zu: *Warum* fühlt sich jemand glücklich? Auf beide Fragen gibt es inzwischen differenzierte Antworten, mehr noch: Aus dem Datenwust haben sich inzwischen Rezepte und Empfehlungen herausgefiltert, in unterschiedlichen Verdünnungsstufen: Schokolade macht glücklich, heißt es nun, positive Gemütszustände werden auf die »Ausschüttung von Glückshormonen« zurückgeführt, oder man müsse nur joggen oder flirten oder heiß baden (nicht zu heiß!), um glücklich zu werden. Richtig ist dennoch: Anders als etwa das Lotto-Glück lässt sich am persönlichen Lebensglück arbeiten, man kann sein »anhaltendes Wohlbefinden« tatsächlich beeinflussen und gestalten. Das gute Leben ist keine reine Glückssache.

Die Merkmale glücklicher Menschen

Wodurch unterscheiden sich glückliche Menschen von ihren weniger glücklichen Zeitgenossen? Glückliche sehen sich als die Kapitäne ihres Lebens: Jenseits des »Widerfahrnischarakters« des Lebens und seiner Unwägbarkeiten ist es weit weniger »Schicksal«, als es unglückliche Menschen oft glauben wollen. Für unsere Empfindungen sind wir selbst zuständig – und Glück können wir nur dann wirklich genießen, wenn wir es selbst herbeigeführt haben, wenn es einer

Eigenleistung entspringt. Erfolg macht erst dann wirklich glücklich, wenn es unser Erfolg ist. Es gehört zu den Merkwürdigkeiten der Glücksmechanik, dass ein »unverdientes«, blindes Glück – etwa ein großer Lottogewinn – uns nur relativ kurze Zeit in Hochstimmung versetzt. Untersuchungen bei Lotto-Glückspilzen zeigten, dass sie schon wenige Wochen nach dem Treffer, spätestens aber nach einem Jahr, auf normale, manchmal sogar unterhalb ihres normalen Niveaus befindliche Stufen des »subjektiven Wohlbefindens« zurückgefallen sind.

Geld mag beruhigen, aber es macht auf Dauer nicht glücklich. Denn mit Geld und Reichtum verhält es sich wie mit der Gesundheit – wir gewöhnen uns sehr schnell an einen positiven Zustand. Wenn bestimmte Mindestbedürfnisse befriedigt sind, bringt jeder weitere Zuwachs eine immer geringere emotionale Dividende. Dieses Gesetz des abnehmenden Grenznutzens erklärt auch, warum sich in internationalen Glücksvergleichen reiche Nationen (gemessen am Bruttosozialprodukt und am Pro-Kopf-Einkommen) oft als weniger glücklich und zufrieden einstufen als wesentlich ärmere. Das Fazit der Glücksforschung zum Thema Wohlstand klingt fast wie ein Satz aus einem Traktätchen: Glück bedeutet nicht, das zu kriegen, was wir wollen, sondern damit zufrieden zu sein, was wir haben.

Nicht nur materieller Wohlstand, auch andere Lebensumstände, die wir häufig als ideale Voraussetzungen für das Lebensglück ansehen, haben erstaunlich wenig Einfluss darauf. So wird der Zusammenhang von Intelligenz und Glück weit überschätzt, ebenso wie der von körperlicher Schönheit und Glück. Kluge und schöne Menschen werden beneidet, und sie mögen auch manche Vorteile im Leben haben – glücklicher als der Durchschnitt sind sie deshalb nicht.

Das Glück ist eine höchst elastische Sache: Menschen können auch dann glücklich sein oder es wieder werden, wenn ihnen ein großes Unglück zugestoßen ist. Selbst eine so schwere und irreparable Verletzung wie eine Querschnittslähmung macht die Betroffenen nicht für den Rest des Lebens unglücklich. Etwa ein Jahr nach dem Unfall, das zeigte eine Untersuchung, stieg das Glücksempfinden der Gelähmten – nach einer Zeit des Schmerzes, des Zorns und der Depression – wieder auf das durchschnittliche Niveau. Sie fühlten sich nicht unglücklicher als Nichtbehinderte. Dieses Phänomen weist auf die schier unglaubliche Elastizität und Anpassungsfähigkeit der Psyche hin; sie reguliert ihr Anspruchsniveau entsprechend den objektiven Lebensumständen. Ein Starkicker grämt sich, weil er statt 2,5 Millionen Euro nur 2,2 Millionen im Jahr verdient, während dem Langzeitarbeitslosen schon ein schlecht bezahlter Teilzeitjob Selbstachtung und Lebensfreude zurückgibt.

Der amerikanische Reiseschriftsteller Bill Bryson beobachtete in seinem Buch *Notes from a Small Island* ein britisches Ehepaar, das sich an einem handtuchbreiten Strand der englischen Westküste vor einer Art Strandhaus niedergelassen hatte. Es wehte ein eiskalter Wind von der See. Der Mann versuchte eine Zeitung zu lesen, die ihm die Windböen immer wieder um die Ohren schlugen: »Sie sahen beide recht glücklich aus – zumindest sehr zufrieden, so als ob dies die Seychellen seien und sie Ginfizz unter nickenden Palmen tränken und nicht halb erfroren in einer steifen englischen Brise säßen. Sie waren zufrieden, weil sie ein winziges Stück kostbarer Küste besaßen, für das es sicher eine lange Warteliste gab, und – das ist das wahre Geheimnis ihres Glücks – weil sie sich jederzeit in dieses Häuschen zurückziehen könnten und ein kleines bisschen weniger frieren. Sie könnten sich jederzeit eine Tasse Tee machen, und wenn sie sich in der verwegenen Stimmung dafür fühlen sollten, würden sie einen Diätschokoladenkeks essen.«

Bryson hält die Engländer ohnehin für die glücklichsten Menschen auf Erden, weil sie diese Kunst der fröhlich heruntergeschraubten Erwartungen beherrschen. Das drücke sich auch in ihren Alltagsphrasen aus: *You could do worse* (Könnte schlimmer sein) oder *It's not much, but it's cheap and cheerful* (Macht nicht viel her, aber es ist preiswert und gemütlich) oder *It was quite nice, really*! (Doch, war ganz nett!). Eine Tasse dünnen Tee, ein Stück trockenen Kuchen in einem tristen, ungeheizten Café an der trostlosen Promenade – für Engländer wird das zum Genuss, was für Angehörige anderer westlicher Nationen eine Zumutung wäre.

Das unterschätzte Glück der Arbeit

Arbeit ist die Quelle für positive Gefühle, die von den meisten Menschen weit unterschätzt wird. Gefragt, ob sie in ihrer Freizeit durchschnittlich glücklicher seien oder an ihrem Arbeitsplatz, meinte eine deutliche Mehrheit der Befragten: »In der Freizeit, natürlich!« Sie straften sich aber selbst Lügen und sahen ihre Glücksrealität völlig verzerrt, folgt man dem Glücks- und Kreativitätsforscher Mihaly Csikszentmihalyi. Er fand nämlich in einer groß angelegten Studie heraus, dass die meisten Glücksmomente am Arbeitsplatz erlebt werden. Über mehrere Wochen hinweg ließ er die Versuchsteilnehmer zu unterschiedlichsten Zeiten ihre gegenwärtige Befindlichkeit in ein Logbuch eintragen. So entstand ein Protokoll, das Muster von emotionalen Höhen und Tiefen, von Launen und Empfindungen, von Langeweile und Glück abbildete. Die hoch geschätzte Freizeit, so zeigte sich, ist für viele Menschen eher eine Zeit, die von Stress, Langeweile und enttäuschten Erwartungen beeinträchtigt wird.

Je aktiver ein Mensch ist, desto größer ist die Wahrscheinlichkeit, dass er auch ein glücklicher Mensch ist. Intensives Aktivsein ist eine Form der Selbstvergessenheit – wir sind abgelenkt von unseren inneren Monologen, unserer Selbstzentriertheit. Zwar ist die Beschäftigung mit unserem Innenleben, unseren Gedanken und Gefühlen, eine wichtige und nützliche Fähigkeit, aber es gibt offenbar ein Maß an Ich-Zentriertheit, das unbekömmlich ist und auf Dauer mürrisch, unsicher und depressiv macht. Deshalb ist die gelegentliche Unterbrechung der Innenschau durch Außenorientierung und Aktivität so wichtig für die seelische Gesundheit. Wenn sich die Selbstvergessenheit in völliges Absorbiertsein steigert, weil die ausgeübte Tätigkeit Freude macht oder alle Aufmerksamkeit fordert, erreichen die Aktiven oft den Grad von Konzentration, der den so genannten Flow-Zustand auszeichnet: Flow entsteht, wenn wir etwas so vertieft tun, dass unsere psychischen und körperlichen Fähigkeiten aufs Äußerste gefordert sind. Jede Unterforderung erzeugt auf Dauer Langeweile, eine Überforderung verursacht Stress, Angst und Frustration. Das Meistern anspruchsvoller, gerade noch lösbarer Aufgaben jedoch erhöht das Selbstwertgefühl – wir erleben uns als kompetent, effektiv, in völligem Einklang mit uns selbst. Und wir sind glücklich. Die Glücksgefühle entstehen oft besonders intensiv, wenn wir nicht nur bis an die Grenzen unserer Fähigkeiten gehen, sondern sie sogar zu überschreiten versuchen. Selbstüberwindung mag erschöpfen und große Opfer verlangen, aber die Siege über die eigene Schwäche und Trägheit sind die schönsten – und sie wirken lange nach.

Aktivität und Muße, alles zu seiner Zeit

Glückliche Menschen machen das Tätigsein selten zum alleinigen Lebensinhalt, sie sind nicht manisch aktiv. Ihr Tun und Aktivsein hat nicht den Charakter einer Flucht oder einer Sucht – wie etwa bei Arbeitsbesessenen. Glückliche Aktive sind in der Lage, in den Muße-Modus umzuschalten, lockerzulassen und zu entspannen. Obwohl sie den psychischen Wert von Leistung und Selbstüberwindung für sich schätzen gelernt haben, sind sie doch nicht von Ehrgeiz zerfressen. Sie kennen das Wechselspiel von Anspannung und Entspannung, wissen, dass Glück nur dann der Preis für die

Vita activa ist, wenn sie durch die Fähigkeit zur *Vita contemplativa*, zur Muße und zur Reflexion des Tuns und Machens ergänzt wird.

Glück ist das komplizierte Ineinandergreifen von dem, was wir haben und dem, was wir noch anstreben. Wenn wir ohne größere Anstrengung alles bekommen können, was wir wollen, erlahmen Kreativität und Neugier – die selbst wieder wichtige Faktoren für das Wohlbefinden sind. Wenn wir umgekehrt *nichts* von dem erreichen, was wir anstreben, sind wir frustriert und deprimiert, oder wir verdoppeln unsere Anstrengungen und verschwenden Zeit und Energie an möglicherweise falsche Ziele. Glück entsteht aus der gelungenen Balance zwischen unseren Ansprüchen und Möglichkeiten. Diese Balance muss überwiegend in der Gegenwart bewerkstelligt werden: Wer zu sehr nur auf zukünftige Ziele fixiert ist oder zu häufig über Verluste und verpasste Chancen grübelt, verliert das innere Gleichgewicht.

Das Glück ist für glückliche Menschen weniger ein erklärtes Ziel als eine bestimmte Art zu »reisen«. Sie streben weniger den glücklichen Zustand an, sondern bemühen sich mehr darum, eine glücks-anziehende Einstellung zum Leben zu gewinnen: Das gute Leben ist das Ergebnis einer *Bereitschaft* zum Glück. Angenehme oder gar euphorische Zustände lassen sich kurzfristig herbeiführen – als rauschhafte Erlebnisse, als Vergnügen und Spaß. Die glücksstiftende Einstellung besteht aber darin, den Blick für die zahlreichen Glücksmöglichkeiten am Wegesrand zu schärfen.

Der englische Philosoph John Stuart Mill erprobte intensiv unterschiedliche Varianten des Glücks. Als junger Mann, so berichtet er, habe er dem Glück nachgejagt. Aber es habe sich ihm entzogen, und so sei er todunglücklich gewesen, habe sogar an Selbstmord gedacht. Bis ihm die Erkenntnis gekommen sei: »Nur die sind glücklich, die sich auf etwas anderes als ihr Glück konzentrieren. … Die Freuden des Lebens reichen aus, um es zu einer angenehmen Sache zu machen, wenn wir sie *en passant* mitnehmen, anstatt sie zu unserem Ziel zu machen. ... Sobald du dich fragst, ob du glücklich bist, hörst du auf, es zu sein.«

Glück, real und realistisch

»Glück ist die Häufigkeit, nicht die Intensität von positiven gegenüber negativen Ereignissen« – mit diesem Satz fasst der amerikanische Glücksforscher Ed Diener seine wichtigste Erkenntnis zusammen: Glückliche Menschen finden und stiften in ihrem Leben immer wieder Anlässe und Gründe, sich wohl zu fühlen und sich zu freuen. Wer sich dagegen zu sehr auf die wenigen Großereignisse des Glücks konzentriert, vielleicht über lange Zeit auf sie hinarbeitet, unter Vernachlässigung der kleinen Glückspotenziale, dessen Glücksbilanz schließt häufig negativ ab. Er ist zum einen anfälliger für die vielen unvermeidlichen Rückschläge und Krisen des Alltags, denn wer sich Genüsse, Spaß und andere Glücksmomente um der großen Aussicht willen versagt, hat keinen Puffer gegen den Stress und keinen Ausgleich für die vielen Enttäuschungen und Frustrationen. Und zum anderen zeigen wissenschaftliche Ergebnisse ebenso wie die praktische Lebenserfahrung, dass nach dem Erreichen der vermeintlich großen Glücksbringer die Erwartung oft grausam enttäuscht wird. Das eigene Haus, die oberste Stufe einer Karriereleiter, die Supertraumreise – sie machen längst nicht so glücklich, wie die Glückssucher erhofft hatten.

Glückliche Menschen sind Realisten, wenn es um die Einschätzung ihrer Ziele und Möglichkeiten geht. Glück ist, nach einer Formel von William James, der Quotient aus dem, was wir erreicht haben, und dem, was wir wollten. Deshalb kommt es letztlich darauf an, entweder die eigenen Ansprüche abzusenken, also den realen Verwirklichungschancen anzupassen, oder, wenn diese Chancen gesehen werden, die Anstrengungen zu intensivieren. Das Schlüsselwort heißt

»real« – es kommt darauf an zu erkennen, welche Strategie die beste ist. Der Realismus glücklicher Menschen zeigt sich auch darin, dass sie es besser als andere verstehen, sich ein Portfolio aus kurzfristigen und langfristigen Interessen, Wünschen und Lebenszielen zusammenzustellen. Sie mischen die kleinen Glücksspender des Alltags – Musik, Geselligkeit, leibliche Genüsse – mit eher langfristigen Zielen. So geben sie ihrer Existenz einen übergeordneten Sinn: Sie machen es zu einem guten Leben, weil sie die Schalheit und Freud'sche »Lauheit« eines augenblicksabhängigen, auf Genuss fixierten Lebens vermeiden. Gleichzeitig vermeiden sie damit auch die Frustration, sich für ein vielleicht nie erreichbares oder letztlich enttäuschendes Ziel aufgespart und dabei vergessen zu haben, im Hier und Jetzt zu leben.

Glückliche Menschen investieren viel Zeit und Energie in die Pflege ihrer sozialen Beziehungen. Dabei wollen sie keinesfalls *Everybody's Darling* sein, aber sie gehen sorgsam um mit den Bindungen zu Menschen, die ihnen wichtig sind. In den Untersuchungen der Glücksforscher zeigte sich eine besondere Einstellung: Glückliche neigen eher dazu zu glauben, dass sie von anderen Menschen geschätzt und gemocht werden. Das mag in vielen Fällen eine illusionäre Verkennung der Tatsachen sein, aber der Vorschuss an Vertrauen und die freundliche Grundhaltung wirken auf lange Sicht wie eine sich selbst erfüllende Prophezeiung.

Macht zu viel Glück träge?

»Ist Glück überhaupt eine gute Sache?«, fragte Ed Diener auf einem wissenschaftlichen Glückssymposium 2002 anlässlich eines Vortrags über seine Studien. Die Frage müsste ergänzt werden: gut für wen? Diener bezog sie auf den Glücklichen selbst und fragte weiter: Strahlen die guten Gefühle auf andere Eigenschaften und Fähigkeiten ab, oder sind glückliche Menschen vielleicht nicht genügend informiert, blenden die unangenehme Wirklichkeit aus, sind vielleicht sogar dümmer als andere?

Diener beantwortete seine Ausgangsfrage mit einem vorsichtigen: »Ja, Glück ist eine gute Sache.« Wer ein sonniges Gemüt besitzt, ist im Allgemeinen auch lebenstüchtiger, erfolgreicher, gesünder – und nicht unbedingt beschränkter. Wie immer bei Studien, die auf der Untersuchung von Wechselbeziehungen zwischen zwei Merkmalen oder Eigenschaften basieren, bleibt auch hier die Frage der Kausalität offen: Wer gesund und erfolgreich ist, hat der nicht auch mehr Grund, sich glücklich zu fühlen als der weniger Erfolgreiche oder der Kranke? Oder macht das Glück immun gegen Krankheiten und fit für die Leistung? In den Untersuchungen galt als »glücklich«, wer sich in mehrwöchigen Zeiträumen häufiger in einer positiven emotionalen Zone befand als in der negativen.

Die vorwiegend positiv Gestimmten fühlten sich in einigen zentralen Lebensbereichen durchaus beflügelt: Sie haben mehr Freunde, sie gehen bereitwilliger auf andere zu, beurteilen andere Menschen insgesamt positiver und suchen den Kontakt, etwa indem sie Vereinen oder Organisationen beitreten.

Macht gute Stimmung selbstzufrieden und geistig träge? Entgegen der landläufigen Ansicht wohl nicht: In verschiedenen Laborexperimenten erzeugten die Glücksforscher bei den Versuchspersonen gute Laune, indem sie deren Lieblingsmusik abspielten oder ihnen kleine Geschenke machten. In diesen Laborstudien lösten Glückliche die ihnen gestellten Aufgaben auf originellere Weise und dachten kreativer. Aber nicht nur diese »Alltagskreativität«, auch künstlerisches Schaffen scheint eher auf positiven Affekten zu gründen. Ed Diener hat in aufwändigen biografischen Studien herausgefunden, dass Dichter, die unter bipolarer Depression litten, ihre besten Werke immer nur dann schufen, wenn sie in ihrer manischen oder euphorischen Phase waren. An dem Mythos vom verquälten, depressiven Genie ist also kaum etwas dran.

Das Glück von Tag zu Tag

Menschen unterscheiden sich darin, wie intensiv oder extensiv sie Glück, Zufriedenheit oder Vitalität empfinden können. Sonnige Gemüter, Sanguiniker und Extrovertierte erleben sicher – aufgrund ihrer Disposition – mehr Glücksmomente als Ängstliche oder Introvertierte. Aber Glück ist weit weniger eine Frage der angeborenen Disposition, als vermutet wurde. Viel zu wenig beachtet wurden bisher die individuellen Schwankungen und Fluktuationen des Wohlbefindens im Laufe der Zeit: Wir sind eben nicht immer gleich glücklich oder »gut drauf« – aber auch nicht immer gleich unglücklich. Auch die Glücksbegabten rutschen hin und wieder in die negative Zone ab, und umgekehrt erleben auch introvertierte und emotional gedämpfte Menschen ihre Hochgefühle.

Für jeden Menschen gibt es eine Basislinie der emotionalen Gestimmtheit – diese prägt die durchschnittliche Alltagsbefindlichkeit. Sie wird jedoch überlagert und moduliert durch eine Verlaufskurve des Befindens, die sich täglich, wöchentlich und monatlich auf und ab bewegt – und stark beeinflusst wird von den Freiheitsgraden und Selbstausdrucksmöglichkeiten, die uns in bestimmten Situationen gegeben sind. Das Glück ist, öfter als wir glauben, eine Frage von Autonomie und erlebter Kompetenz.

Wir bewerten unser Wohlbefinden zu jedem gegebenen Zeitpunkt, indem wir den Übergang von der eben erlebten Vergangenheit in den Jetzt-Zustand prüfen. Die gerade vergangene Vergangenheit ist präsenter in unserem Bewusstsein als die weiter zurückliegende, zudem bildet sie den Maßstab für die Einschätzung der Gegenwart. Die Antwort auf die

Frage »Wie geht's?« gibt Auskunft über den Abstand dieser unmittelbaren Vergangenheit zum Standardbefinden, sie erklärt das eben Erlebte – und nicht so sehr die allgemeine Zufriedenheit oder den Vergleich mit anderen. (*Comment allez-vous à la selle?* Wie war der Stuhlgang? So lautete die Frage nach der Befindlichkeit ursprünglich in ihrem Herkunftsland Frankreich – ganz aufs Leibliche konzentriert.)

Für die »hedonische Bilanz« ist der Zeitrahmen ausschlaggebend, innerhalb dessen wir unsere Befindlichkeit beurteilen. Hinter dem buchhalterisch klingenden Begriff verbirgt sich eine Art Verrechnungsprogramm unseres psychischen Apparats, das, grob skizziert, so funktioniert: Weil wir nicht permanent unser gesamtes Leben Revue passieren lassen können, um zu beurteilen, wie es uns geht, erfassen wir unbewusst die angenehmen und die unangenehmen Ereignisse der jeweils letzten sieben bis zehn Tage. Für diesen Zeitraum erstellt ein innerer Buchhalter eine Art Wohlbefindens-Quotienten, in den die negativen und die positiven Erfahrungen und Ereignisse einfließen und gegeneinander verrechnet werden. Überwiegen die positiven Episoden gegenüber den belastenden und unangenehmen, dann geht es uns gut, fühlen wir uns wohl, zufrieden oder sogar glücklich – ohne immer im Detail zu wissen, warum wir es sind. Dieses Verrechnungssystem des Wohlbefindens, das letztlich bestimmt, ob wir uns glücklich fühlen oder nicht, ist angeboren. Als unbewusstes Programm der Psyche und des Körpers beeinflusst und steuert es unser Verhalten.

Das Leben leben, nicht verplanen

Aus der Beobachtung glücklicher Menschen, aus einer immensen Summe von Glücksstatistiken und Wohlbefindensprotokollen, die die Wissenschaft angehäuft hat, kristallisieren sich eine Reihe von »Anleitungen zum Glücklichsein«

heraus. Manche dieser Empfehlungen erscheinen wie Münchhausen-Tricks, weil sie helfen sollen, die Beharrungskräfte des erblichen Temperaments, der hartnäckigen Gewohnheiten und der Arrangements mit milderen Formen des Unglücklichseins zu überwinden.

Die Glücksstrategien der empirischen Psychologie unterscheiden sich durch ihre auf Erfahrung gründende Fundierung von einer Positiv-Denken-Psychologie oder von Operettenweisheiten (»Glücklich ist, wer vergisst, was doch nicht zu ändern ist!«). Glück als ein Hauptbestandteil des guten Lebens setzt eine Selbsterforschung voraus, beginnend mit der Frage: Was macht mich wirklich glücklich? Wann sagen wir, faustisch oder nicht, zum Augenblick: »Verweile doch, du bist so schön?«

Zunächst müssen wir bereit sein, diesen Augenblick überhaupt zu erkennen. Wir haben uns daran gewöhnt, so zu leben, als sei die Gegenwart nur das Mittel für die Zukunft, oder, wie Blaise Pascal schrieb: »Wir *leben* nicht, wir *hoffen*, irgendwann einmal zu leben.« Diese Zukunftsfixiertheit schneidet uns allzu oft von den Glücksmöglichkeiten des Alltags ab. Unsere Ziele, so wichtig sie für ein gutes Leben sind, fangen an, alles zu beherrschen. Um ihrer Verwirklichung willen gibt es ja immer etwas zu planen und vorzubereiten. Mit einem Tunnelblick starren wir nur noch auf mittelfristige und ferne Ziele. Die wichtigste Technik, um sich aus der Flugbahn in die Zukunft wieder ins Hier und Jetzt zu katapultieren, heißt Achtsamkeit: die Kunst, mit allen Sinnen und Gedanken in der Gegenwart zu leben, und das, was man gerade tut, mit voller Konzentration zu tun. Ganz bei einer Sache zu bleiben, und sei sie noch so unwichtig oder unangenehm, diese Kunst müssen wir erst wieder einüben.

Der Königsweg zum Glück ist es, den Beziehungen zu anderen Menschen die oberste Priorität zu geben, in den Ausbau unseres sozialen Netzwerks zu investieren. In nahezu allen Untersuchungen über das subjektive Wohlbefinden zeigte sich, dass Menschen sich am *häufigsten* und *intensivsten* glücklich fühlen, wenn sie mit anderen zusammen sind. Die positiven Formen des Zusammenlebens – Liebe, Freundschaft, Geselligkeit, Kameradschaft – sind für die meisten Menschen die Eckpfeiler des guten Lebens. Die Chance auf gegenseitige Hilfe in Notfällen, die Möglichkeit, sich aussprechen zu können, gemeinsame Unternehmungen sind nur einige der positiven Faktoren guter Beziehungen. Selbstisolation und Rückzug mögen wichtige Strategien sein, um sich zumindest vorübergehend vor negativen Formen des Sozialkontakts zu schützen – andere Menschen sind ja oft genug auch Ursache für tiefste Enttäuschung und Unglück. Aber langfristig erweist sich das immer wieder neue Bemühen um gute Sozialkontakte als die beste Investition in die eigene Zufriedenheit, in Gesundheit und Glück.

Dieser Rat wiegt im Zeitalter des Individualismus besonders schwer, in dem jeder zunächst »sein Ding durchzieht«. Autonomie, Selbstverwirklichung und Unabhängigkeit sind uns hohe und höchste Werte. Wenn sie mit sozialen Bindungen kollidieren, wenn wir auf ein Stück Autonomie zugunsten anderer verzichten sollen, dann verzichten wir eher auf Beziehungen und Bindungen, opfern sie jedenfalls leichter als noch vor wenigen Jahrzehnten. Aber in einer erneuerten gegenseitigen Abhängigkeit sehen die Glücksforscher das Gegenmittel zu den Zeitkrankheiten Depression, Angst und Einsamkeit.

Wir brauchen zum Glück und zum guten Leben Aufgaben, die uns fordern: Das Ausreizen der eigenen Fähigkeiten und Talente ist in mehrfacher Hinsicht beglückend. Zum einen können wir den *Flow*-Effekt auslösen – wenn wir alles Können aufbieten, um ein Problem zu lösen, einen Berg zu besteigen oder ein Gerät zu reparieren, vergessen wir Zeit und Raum, Müdigkeit und Alltagssorgen. Zum anderen hält der Stolz auf die Leistung lange vor, er stabilisiert unser Selbstwertgefühl und verschafft uns die Anerkennung unserer Mitmenschen.

Wie viel Spaß braucht, wer glücklich ist?

Wir leben (immer noch) in relativ großem Wohlstand, in einer gut ausgepolsterten Welt, in der viele Lebensrisiken gemindert sind und die Möglichkeiten unbegrenzt erscheinen, jeden Wunsch zu erfüllen, kaum dass er sich geregt hat. Jeder Appetit, jede Lust auf Nervenkitzel, auf Vergnügungen, Ablenkung, Unterhaltung kann sofort befriedigt werden. Und doch breitet sich eine ungeheure Langeweile epidemisch aus, oft verschärft durch ein Überdrusssymptom par excellence – die Anhedonie, die Unfähigkeit, Freude empfinden oder genießen zu können. Denn der ungebremste Hedonismus ist dabei, seine Voraussetzungen zu zerstören: Er schwächt die Funktionstüchtigkeit und Unterscheidungskraft der Sinne und stumpft die Fähigkeit zur Konzentration ab. Wir müssen lernen, den Überfluss des Angebots klug zu sichten und zu filtern und nicht länger wahllos zu konsumieren. Wir müssen die Bedingungen des Genießens kontrollieren, indem wir uns auf das Wesentliche konzentrieren und uns der Dauerberieselung und Überfütterung entziehen.

Der heimliche Lehrplan unserer Gesellschaft hat uns beigebracht, dass wir unsere Wünsche sofort erfüllen können – genieße jetzt, bezahle später. Die Schnelligkeit der Bedürfnisbefriedigung ist das Maß des Glücks geworden. Umso hektischer jagen wir der Erfüllung unserer Wünsche nach, wenn diese auf sich warten lässt. Das Ich wird zum alleinigen Bezugssystem: Glück ist das, was mir Lust und Genuss bringt. Unglück ist, wenn meine Bedürfnisse nicht sofort oder nicht ausreichend befriedigt werden. Dieser Narzissmus führt dazu, dass auch Beziehungen konsumiert und nur noch danach bewertet werden: Was bringen sie mir? Diese Form von Selbstbezogenheit macht auf Dauer unfähig, Frustrationen und Krisen ertragen zu können, ganz zu schweigen von wirklichen Schicksalsschlägen und Unglücksfällen. Glück setzt Gelassenheit voraus, Verzichten- und Aufschiebenkönnen, vor allem aber die Fähigkeit, sich nicht unablässig als

Nabel der Welt zu sehen. Glück ist das Vertrauen darauf, dass wir Enttäuschung und Schmerz aushalten können. Glück bedeutet, nicht an Lust und Genuss gefesselt, nicht von uns selbst besessen zu sein.

Zwei Wege zum guten Leben? Nein, nur einer

Es gibt zwei Strategien des Glücksstrebens: die hedonistische und die eudämonische. Beide sind philosophisch und psychologisch begründet und in Denkschulen organisiert, aber auch in den Privatphilosophien und Lebensarrangements des Einzelnen enthalten. Keine der beiden Strategien taugt als Lebensmaxime, wenn sie absolut und ausschließlich gelebt wird: Der hedonistische Weg führt in die Leere und Schalheit, die der Augenblicksmensch empfindet, der eudämonische artet leicht in selbstgerechte Prinzipienreiterei und intolerantes Aposteltum aus.

Das gute Leben gründet deshalb auf einer Glückskombination: auf dem Glück von Augenblick zu Augenblick, wenn wir unsere Wünsche und Triebe befriedigen können – *If it feels good, do it!* (Werbespruch von Nike). Und auf dem Bewusstsein, im Großen und Ganzen ein erfülltes, sinnvolles Leben zu führen – weil wir Wünsche und Triebe im Zaum halten und größeren Zielen unterordnen können.

Das reflektierte eudämonische Leben muss Spontaneität, Improvisation und den gelegentlichen Exzess zulassen und die kontrollierende Vernunft zeitweise auch außer Kraft setzen können. Umgekehrt müssen wir den Hedonimus in einen weiter reichenden Lebensentwurf einbetten und ihn kontrollieren, damit er nicht zum Selbstzweck wird.

Jeder Verzicht auf eine bestimmte Art des Glücks geschieht um eines anderen, bevorzugten Glücks willen. Die Philosophin Annemarie Pieper schreibt: »Die Flüchtigkeit des Glücks muss … aufgefangen und kompensiert werden, was im Entwurf eines gelungenen, als Ganzes geglückten Lebens geschieht. Um nicht in einer Phantasiewelt am wirklichen Glück vorbeizuleben, bedarf es eines Vergangenheit, Gegenwart und Zukunft übergreifenden Sinnentwurfes zur Stabilisierung des von Augenblick zu Augenblick gelebten Lebens. … Die Verzweiflung darüber, dass man nicht ununterbrochen glücklich sein kann, weicht dann der Gewissheit, im festen Rahmen einer Lebensform jenen Halt gefunden zu haben, der die Flüchtigkeit des Glücks erträglich macht.«

Die eudämonische Konzeption von Glück, Zufriedenheit und Wohlbefinden verlangt, in Übereinstimmung mit dem *Daimon*, dem wahren inneren Selbst, zu leben. Kongruent mit den selbst gesetzten Werten denken und handeln zu können, erzeugt in uns das intensive Gefühl der Authentizität und des Selbstausdrucks. Hedonische und eudämonische Erfahrungen sind zwar eng aufeinander bezogen, sie werden jedoch als deutlich unterscheidbar von uns erlebt: Hedonisches Wohlbefinden ist eng verknüpft mit entspannten Zuständen, mit der Abwesenheit von Stress und Problemen und mit der Gegenwart von freudvollen Genüssen. Eudämonisches Wohlbefinden stellt sich als Folge von Aktivitäten ein, die auf persönliches Wachstum und Entwicklung abzielen oder mit dem Meistern von Herausforderungen und Problemen verbunden werden.

Hedonismus ist der Versuch, möglichst oft und möglichst intensiv angenehme Gefühle zu erleben. Eudämonie bedeutet, das eigene Potenzial auszuschöpfen, selbst wenn das zeitweise mit Gefühlen der Unlust einhergeht. Lust und Genuss sind nicht der Zweck, sondern das längerfristige Nebenprodukt eudämonischer Lebensformen und Aktivitäten.

Die eudämonische Lebensform ist praktizierter Stoizismus: In dieser Lebensphilosophie ist Glück nicht das höchste Ziel des Daseins. Im Gegenteil – das ständige Räsonnieren über seine Erreichbarkeit kann leicht lästig und unwürdig werden und gleitet schnell in einen flachen Hedonismus ab. Nichts spricht dagegen, die kleinen Freuden und großen Genüsse, die das Leben bietet, »mitzunehmen«. Aber das Glück, ein gutes Leben geführt zu haben, ist nicht die Summe flüchtiger psychischer Zustände, sondern einer Lebensweise, die uns im Rückblick stolz und zufrieden macht.

Literatur

Baltes, Paul B./Staudinger, Ursula M.: »Wisdom: A Metaheuristic to Orchestrate Mind and Virtue Toward Excellence«, in: *American Psychologist*, 1/2000, S. 122–135

Bandura, Albert (Hg.): *Self-Efficacy in Changing Societies*, New York 1995

Bridges, William: *Managing Transitions. Making the Most of Change*, London 1996

Bruckner, Pascal: *Verdammt zum Glück. Der Fluch der Moderne*, Berlin 2001

Buss, David M.: »The Evolution of Happiness«, in: *American Psychologist*, 1/2000, S. 15–23

Ciaramicoli, Arthur/Ketcham, Katherine: *Der Empathie-Faktor. Mitgefühl, Toleranz, Verständnis*, München 2001

Claxton, Guy: *Wise Up. The Challenge of Lifelong Learning*, New York 1999

Cooper, Kenneth H.: *Can Stress Heal? Converting a Major Health Hazard into a Surprising Health Benefit*, Nashville 1997

Csikszentmihalyi, Mihaly: »If We Are So Rich, Why Aren't We Happy?«, in: *American Psychologist*, 10/1999, S. 821–827

Csikszentmihalyi, Mihaly: *Flow. Das Geheimnis des Glücks*, Stuttgart 1999

Dertouzos, Michael L.: *What will be. Die Zukunft des Informationszeitalters*, Wien/New York 1999

Diener, Ed: »Subjective Well-Being: The Science of Happiness and a Proposal for a National Index«, in: *American Psychologist*, 1/2000, S. 34–43

Duerr, Hans-Peter: *Vom Nomaden zur Monade. 10 000 Jahre Menschheitsgeschichte*, Graz 2002

Enright, Robert D./North, Joanna (Hg.): *Exploring Forgiveness*, Madison 1998

Ernst, Heiko: »Wie wir wurden, was wir sind. Psychologie der Evolution«, in: *Psychologie Heute*, 12/1996, S. 20–29

Freeman, Mark: *Rewriting the Self. History, Memory, Narrative*, London 1993

Freud, Anna: *Das Ich und die Abwehrmechanismen*, Frankfurt am Main 1968

Freud, Sigmund: *Gesammelte Werke. In 18 Bänden und einem Nachtragsband*, Frankfurt am Main 1995

Hillman, James: *Charakter und Bestimmung. Eine Entdeckungsreise zum individuellen Sinn des Lebens*, München 1998

Hodges, Sara/Wegner, Daniel: »Automatic and Controlled Empathy«, in: *Empathic Accuracy*. Hg. von William Ickes, New York 1977, S. 311–339

Ickes, William (Hg.): *Empathic Accuracy*, New York 1997

Kahneman, Daniel: »Objective Happiness«, in: *Well-Being. The Foundations of Hedonic Psychology*. Hg. von Kahneman, Daniel/Diener, Ed/Schwarz, Norbert, New York 1999

Karen, Robert: *The Forgiving Self. The Road from Resentment to Connection*, New York 2001

Kennyon, Gary M./Randall, Milliam L.: *Restorying our Lives. Personal Growth Through Autobiografical Reflection*, Westport CT 1997

Kingwell, Mark: *In Pursuit of Happiness. Better Living from Plato to Prozac*, New York 1998

Koenig, Harold George: *The Healing Power of Faith. Science Explores Medicin's Last Great Frontier*, New York 1999

Leider, Richard/Shapiro, David: *Lass endlich los und lebe*, Frankfurt am Main 2002

Leonard, George: *Der längere Atem. Die fünf Prinzipien für langfristigen Erfolg im Leben*, München 1998
Levoy, Gregg Michael: *Callings. Finding and Following an Authentic Life*, New York 1997
Marquard, Odo: *Philosophie des Stattdessen. Studien*, Stuttgart 2000
McCoullough, Michael E./Pargament, Kenneth I./Thoresen, Carl E. (Hg.): *Forgiveness. Theory, Research and Practice*, New York 2000
Myers, David G.: *The Pursuit of Happiness. What Makes a Person Happy – And Why*, New York 1992
Nussbaum, Martha C.: *The Therapy of Desire. Theory and Practice in Hellenistic Ethics*, Princeton 1994
Olbrich, Erhard: »Die Grenzen des Coping«, in: *Psychologie der Bewältigung*. Hg. von Tesch-Römer, Clemens/Salewski, Christel/Schwarz, Gudrun, Weinheim 1997
Pargament, Kenneth I.: *The Psychology of Religion and Coping. Theory, Research, Practice*, New York 1997
Pieper, Annemarie: *Glückssache. Die Kunst, gut zu leben*, Hamburg 2001
Pollack, William F.: *Jungen. Ein neues Bild von unseren Söhnen*, Bern 1998
Randall, William Lowell: *The Stories We Are. An Essay on Self-Creation*, Toronto 1995
Reis, H. T./Kennon, M. S./Gable, S.L./Roscoe J./Ryan, R.M.: »Daily Well-Being: The Role of Autonomy, Competence, and Relatedness«, in: *Personal and Social Psychology Bulletin*, Nr. 4, April 2000, S. 419–435
The Reutter Group: Was zeichnet erfolgreiche Automobilhändler aus? http://www.reutter-group.de
Rogers, Carl: *On Becoming a Person*, Boston/New York 1961
Ruggiero, Vincent Ryan: *The Art of Thinking. A Guide to Critical and Creative Thought*, New York 1998
Russell, Bertrand Arthur: *Eroberung des Glücks. Neue Wege zu einer besseren Lebensgestaltung*, Frankfurt am Main 1977

Ryan, Richard M./Deci, Edward L.: »On Happiness and Human Potentials: A Review of Research on Hedonic and Eudaimonic Well-Being«, in: *American Review of Psychology*, 2001, 52, S. 141–166

Ryan, Richard M./Deci, Edward L.: »Self-Determination Theory and the Facilitation of Intrinsic Motivation, Social Development and Well-Being«, in: *American Psychologist*, 1/2000, S. 68–78

Samuelson, Robert J.: *The Good Life and Its Discontents. The American Dream in the Age of Entitlement*, New York 1997

Schlossberg, Nancy K./Porter Robinson, Susan: *Going to Plan B. How You Can Cope, Regroup and Start Your Life on a New Path*, New York 1996

Schmid, Wilhelm: *Auf der Suche nach einer neuen Lebenskunst. Die Frage nach dem Grund und die Neubegründung der Ethik bei Foucault*, Frankfurt am Main 1992

Schmid, Wilhelm: *Schönes Leben? Einführung in die Lebenskunst*, Frankfurt am Main 2002

Schulze, Gerhard: *Die beste aller Welten. Wohin bewegt sich die Gesellschaft im 21. Jahrhundert?*, München 2003

Schulze, Gerhard: *Die Erlebnisgesellschaft. Kultursoziologie der Gegenwart*, Frankfurt am Main 1992

Schulze, Gerhard: *Kulissen des Glücks. Streifzüge durch die Eventkultur*, Frankfurt am Main 1999

Seligman, Martin E.P.: *Der Glücks-Faktor. Warum Optimisten länger leben*, München 2003

Seligman, Martin E.P.: »Wie können wir uns von plus zwei auf plus fünf verbessern?« Interview mit Heiko Ernst, in: *Psychologie Heute*, 6/2001, S. 62–63

Shenk, David: *Datenmüll und Infosmog. Wege aus der Informationsflut*, München 1998

Snyder, C.R. (Hg.): *Coping. The Psychology of What Works*, New York 1999

Snyder, C.R. (Hg.): *Coping with Stress. Effective People and Processes*, New York 2001

Snyder, C.R./Lopez, Shane J. (Hg.): *Handbook of Positive Psychology*, New York 2002
Sternberg, Robert J. (Hg.): *Wisdom. Its Nature, Origins, and Development*, New York 1990
Taylor, Daniel: *The Healing Power of Stories. Creating Yourself Through the Stories of Your Life*, New York 1996
Vaillant, George E.: »Adaptive Mental Mechanisms: Their Role in a Positive Psychology«, in: *American Psychologist*, 1/2000, S. 89–98.
Vaillant, George E.: *The Wisdom of the Ego*, Cambridge 1993
Van Gennep, Arnold: *Übergangsriten*, Frankfurt am Main 1986
Weil, Michelle M./Rosen, Larry D.: *Verflixte Technik!? So überwinden Sie den täglichen Stress mit Computern, Videorecordern & Co*, Frankfurt am Main 1998
Wright, Robert: »The Evolution of Despair«, in: *TIME*, 28. August 1995